startup.BwR

Betriebswirtschaftslehre / Rechnungswesen
für die Realschule in Bayern, 10 II

Bearbeitet von

Jens Geiger
Katrin Gorzitzke
Constanze Meier

C.C.BUCHNER

startup■BwR Realschule Bayern

Betriebswirtschaftslehre / Rechnungswesen
Band 10 II

Bearbeitet von Jens Geiger, Katrin Gorzitzke und Constanze Meier

Zu diesem Lehrwerk sind erhältlich:

- Digitales Lehrmaterial **click & teach** Einzellizenz, Bestell-Nr. 822321
- Digitales Lehrmaterial **click & teach** 10 II Box (Karte mit Freischaltcode), ISBN 978-3-661-82232-7

Weitere Materialien finden Sie unter www.ccbuchner.de.

Dieser Titel ist auch als digitale Ausgabe **click & study** unter www.ccbuchner.de erhältlich.

Die enthaltenen Links verweisen auf digitale Inhalte, die der Verlag bei verlagsseitigen Angeboten in eigener Verantwortung zur Verfügung stellt. Links auf Angebote Dritter wurden nach den gleichen Qualitätskriterien wie die verlagsseitigen Angebote ausgewählt und bei Erstellung des Lernmittels sorgfältig geprüft. Für spätere Änderungen der verknüpften Inhalte kann keine Verantwortung übernommen werden.

An keiner Stelle im Schülerbuch dürfen Eintragungen vorgenommen werden.

1. Auflage, 1. Druck 2022
Alle Drucke dieser Auflage sind, weil untereinander unverändert, nebeneinander benutzbar.

Dieses Werk folgt der reformierten Rechtschreibung und Zeichensetzung. Ausnahmen bilden Texte, bei denen künstlerische, philologische oder lizenzrechtliche Gründe einer Änderung entgegenstehen.

Redaktion: Stephanie Gebhardt, Anja Vothknecht
Layout und Satz: tiff.any GmbH & Co. KG, Berlin
Illustrationen: tiff.any GmbH & Co. KG, Berlin
Druck und Bindung: Firmengruppe Appl, aprinta Druck, Wemding

www.ccbuchner.de

ISBN 978-3-661-**82226**-6

Liebe Schülerinnen und Schüler,

zu Beginn dieses Schuljahres werden die verschiedenen Themen Unternehmensführung und Einkommen des Unternehmers, der Anlagenbereich, Möglichkeiten der Finanzierung, Kapitalanlagen sowie der Ausfall und die Bewertung von Forderungen des vergangenen Schuljahres wiederholt.

In der 10. Jahrgangsstufe erweitern Sie Ihr betriebswirtschaftliches Wissen, indem Sie lernen Aufwendungen und Erträge am Jahresende abzugrenzen, d.h. dem Jahr buchhalterisch zuzuordnen, in dem sie tatsächlich anfallen. Nach einer Wiederholung und Vertiefung der Geschäftsbuchführung geht es weiter mit dem Jahresabschluss. Hier nehmen Sie auf Grundlage dieses Zahlenmaterials betriebswirtschaftliche Auswertungen vor. Zwei weitere Schwerpunkte werden die Vollkosten- und Teilkostenrechnung, bekannt auch als Kosten- und Leistungsrechnung, sein. Sie helfen Ihnen, innerbetriebliche Vorgänge genauer zu analysieren, um schließlich entsprechende Entscheidungen bezüglich der Preisgestaltung, Kostenminimierung bzw. Gewinnmaximierung treffen zu können.

Am Ende jedes Kapitels stehen Ihnen zahlreiche Aufgaben zu den Themengebieten der 10. Jahrgangsstufe zur Verfügung, mit deren Hilfe Sie sich auf die Abschlussprüfung vorbereiten können.

Viel Spaß wünschen
das Autorenteam und der Verlag

Doppelauftaktseiten

Jedes Kapitel beginnt mit einer **Doppelauftaktseite**. Material und offene Aufgaben ermöglichen eine erste Annäherung an die Inhalte des neuen Kapitels. Dabei können Sie auch zeigen, was Sie schon über das neue Thema wissen.

Außerdem hilft ein kleiner **Einführungstext**, einen Überblick zu bekommen.

Über welches **Wissen und Können** Sie am Ende des Kapitels verfügen, können Sie ebenfalls nachlesen.

Lerngerüst

Auf den Folgeseiten geben wir immer einen **grafischen Überblick** über das Kapitel. So können Sie auf einen Blick erkennen, in welchem BwR-Bereich Sie sich gerade befinden und wie die einzelnen Bereiche miteinander zusammenhängen.

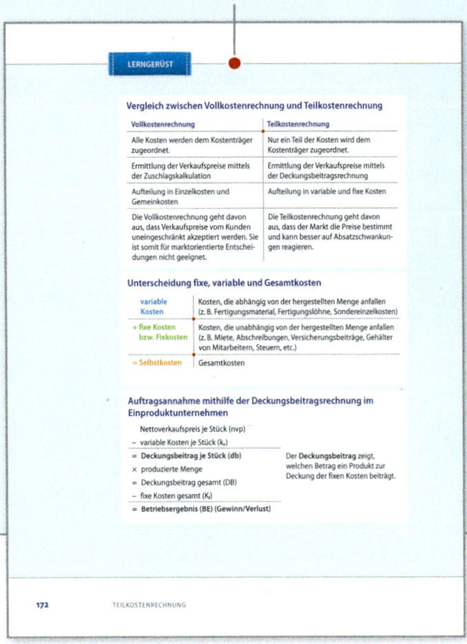

Basisseiten

Mit einem **comicartigen Einstieg** rund um Familie Inntaler und dem Textilunternehmen „InntalTex e. K." werden Sie an betriebswirtschaftliche Fragen und Problemstellungen herangeführt.

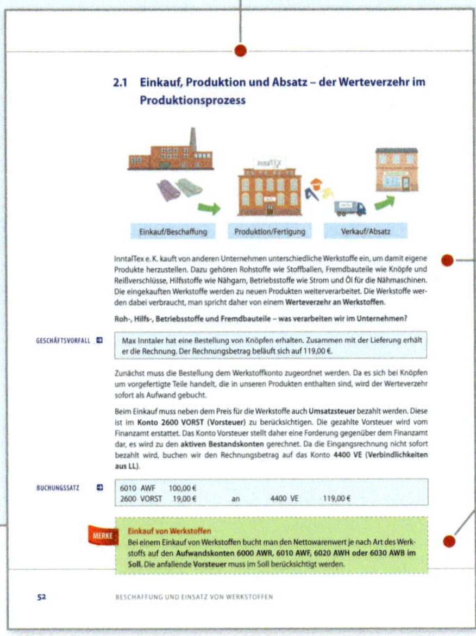

Auf den darauffolgenden Seiten erarbeiten Sie sich anhand von erklärenden Autorentexten und ausgewählten Materialien das **Basiswissen** für die Lösung des Problems.

Zentrale Begriffe und neue Buchungssätze können Sie in den grünen **Merkkästen** nachlesen.

Aufgabenseiten

Mit umfangreichen **Lern- und Übungsaufgaben** lösen Sie alltagsnahe und betriebliche (Problem-)Situationen und Herausforderungen.

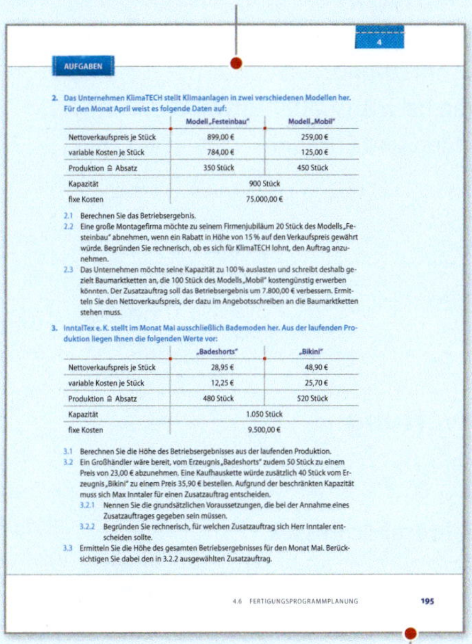

Kompetenz / Methode

Ins Kapitel eingebunden sind speziell hervorgehobene Sonderseiten (orange), mit denen Sie sich methodisches Rüstzeug aneignen.

Damit Sie auch wissen, was genau von Ihnen in den Aufgabenstellungen erwartet wird, können Sie die Erläuterungen zu den **Operatoren** (= Handlungsanweisungen in den Aufgaben) im Anhang nachlesen. Auch den **Kontenplan** finden Sie dort.

Zusammenfassung

Das BwR-Basiswissen wird übersichtlich zusammengefasst und schließt das Kapitel inhaltlich ab. Sie können zur Nacharbeit oder zur Vorbereitung einer mündlichen oder schriftlichen Prüfung das Wichtigste nachlesen.

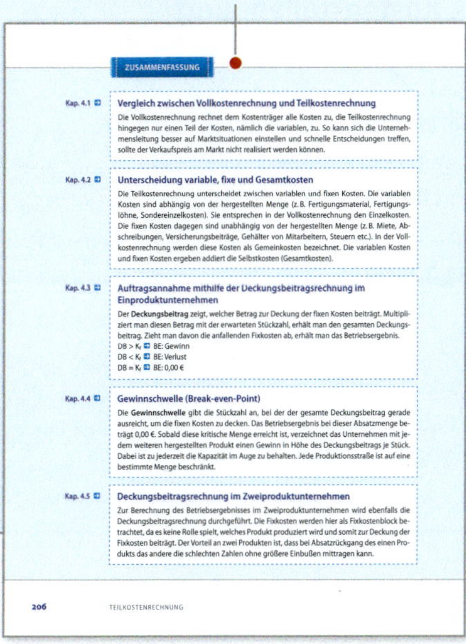

Kompetenzcheck

Der Kompetenzcheck bildet den Abschluss des Kapitels. Hier können Sie sich selbst überprüfen und zeigen, ob Sie die erlernten Kompetenzen in einer konkreten Situation sinnvoll anwenden können.

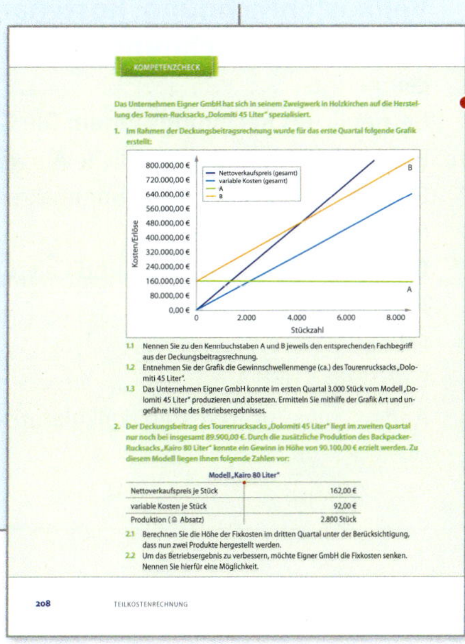

Im zusätzlichen **Arbeitsheft** können Sie Ihr Wissen und Können anhand weiterer Übungs- und Vertiefungsaufgaben trainieren und unter Beweis stellen.

Wiederholung 8

Lerngerüst Wiederholung 9

1 Periodenrichtige Erfolgsermittlung und Rückstellungen 39

Lerngerüst 40

1.1 Periodenrichtige Erfolgsermittlung 43

1.1.1 Notwendigkeit der periodenrichtigen Erfolgsermittlung 43

1.1.2 Unterscheidung der Begriffe Einnahme/Ertrag bzw. Ausgabe/Aufwand 47

1.1.3 Periodenrichtige Aufteilung von Aufwendungen und Erträgen 50

1.1.4 Abgrenzungsbuchungen 52

1.2 Rückstellungen 65

1.2.1 Bildung von Rückstellungen 66

1.2.2 Auflösung von Rückstellungen 68

Zusammenfassung 72

Kompetenzcheck 74

2 Unternehmensabschluss und Auswertung 77

Lerngerüst 78

2.1 Durchführung eines Geschäftsgangs 81

2.2 Betriebswirtschaftliche Auswertung des Jahresabschlusses (Unternehmensanalyse) 94

2.3 Vorbereitung der Unternehmensanalyse 96

2.3.1 Aufbereitung der Bilanz (Bilanzanalyse) 96

2.3.2 Aufbereitung der GUV-Rechnung 99

2.4 Berechnung und Beurteilung der Unternehmenskennzahlen 101

2.4.1 Barliquidität (Liquidität 1. Grades) 101

2.4.2 Einzugsliquidität (Liquidität 2. Grades) 104

2.4.3 Anlagendeckung I 107

2.4.4 Anlagendeckung II 109

2.4.5 Eigenkapitalrentabilität 112

Kompetenzcheck 117

3 Vollkostenrechnung: Kostenarten-, Kostenstellen- und Kostenträgerrechnung 121

Lerngerüst 122

3.1 Betriebliches Rechnungswesen: Die Geschäfts- und Betriebsbuchführung 125

3.1.1 Betriebsfremde und betriebliche Aufwendungen und Erträge 125

3.1.2 Geschäftsbuchführung (Rechnungskreis I) und Betriebsbuchführung (Rechnungskreis II) 126

3.2 Grundbegriffe der Kosten- und Leistungsrechnung 128

3.2.1 Aufwendungen 128

3.2.2 Erträge 129

3.2.3 Einnahmen und Ausgaben 130

3.2.4 Anders- und Zusatzkosten (kalkulatorische Kosten) 130

3.2.5 Abgrenzungsrechnung: Gesamtergebnis, Abgrenzungsergebnis und Betriebsergebnis ... 133
3.2.6 Übersicht über Gesamtergebnis, Abgrenzungsergebnis und Betriebsergebnis ... 140
3.3 Kostenrechnung: Kostenarten-, Kostenstellen- und Kostenträgerrechnung ... 144
3.3.1 Kostenartenrechnung: Einzelkosten, Sondereinzelkosten, Gemeinkosten ... 144
3.3.2 Kostenstellenrechnung: Der Betriebsabrechnungsbogen ... 145
3.3.3 Kostenträgerrechnung ... 152
Zusammenfassung ... 165
Kompetenzcheck ... 168

4 Teilkostenrechnung ... 171
Lerngerüst ... 172
4.1 Vergleich zwischen Vollkostenrechnung und Teilkostenrechnung ... 175
4.2 Unterscheidung variable, fixe Kosten und Gesamtkosten ... 178
4.2.1 Variable Kosten ... 180
4.2.2 Fixe Kosten ... 181
4.2.3 Gesamtkosten/Selbstkosten ... 182
4.3 Auftragsannahme mithilfe der Deckungsbeitragsrechnung im Einproduktunternehmen ... 184
4.4 Gewinnschwelle (Break-even-Point) ... 187
4.5 Deckungsbeitragsrechnung im Zweiproduktunternehmen ... 191
4.6 Fertigungsprogrammplanung ... 193
4.6.1 Annahme von Zusatzaufträgen bei freier Kapazität ... 193
4.6.2 Langfristige und kurzfristige Preisuntergrenze ... 196
4.6.3 Verkaufsförderung ... 199
4.6.4 Eigenfertigung oder Fremdbezug (Make or Buy) ... 202
Zusammenfassung ... 206
Kompetenzcheck ... 208

Service-Anhang ... 212
Operatorenliste ... 212
Register ... 216
Bildnachweis
Kontenplan

Über QR-Codes können Sie in verschiedenen Kapiteln Zusatzmaterialien direkt über das Smartphone ansteuern. Diese können außerdem über die Eingabe der Mediencodes im Suchfeld auf **www.ccbuchner.de** aufgerufen werden.

Hinweis: Texte und Materialien ohne Quellenangaben sind von den Autoren verfasst. Aufgrund der besseren Lesbarkeit wird im Folgenden darauf verzichtet, immer alle Geschlechter anzusprechen („Schülerinnen und Schüler"), auch wenn selbstverständlich alle gemeint sind.

Mediencode 82226-01

67 Aufwendungen für die Inanspruchnahme von Rechten und Diensten
6700 AWMP Mieten, Pachten
6730 GEB Gebühren
6750 KGV Kosten des Geldverkehrs
6760 PROV Provisionen
6770 RBK Rechts- und Beratungskosten

75 Zinsen
7510 ZAW Zinsaufwendungen

42 Verbindlichkeiten bei Kreditinstituten
4200 KBKV Kurzfristige Bankverbindlichkeiten (bis zu einem Jahr)
4250 LBKV Langfristige Bankverbindlichkeiten

48 Sonstige Verbindlichkeiten
4800 UST Umsatzsteuer
4830 VFA Sonst. Steuerverbindlichkeiten
4840 VSV Verbindlichkeiten gegenüber Sozialversicherungsträgern

65 Abschreibungen
6520 ABSA Abschr. auf Sachanlagen
6540 ABGWG Abschreibungen auf GWG

Kontenklasse 1 **Finanzanlagen**

15 Wertpapiere des Anlagevermögens
1500 WP Wertpapiere des Anlagevermögens

07 Technische Anlagen und Maschinen
0700 MA Maschinen und Anlagen

24 Forderungen aus Lieferungen und Leistung
2400 FO Forderungen aus Lieferungen und Leistungen
2470 ZWFO Zweifelhafte Forderungen

74 Verluste aus Finanzanlagen
7460 VAWP Verluste aus Wertpapieren des Anlagevermögens

68 Aufwendungen für Kommunikation
6800 BMK Büromaterial und Kleingüter
6820 KOM Kommunikationsgebühren
6850 REK Reisekosten
6870 WER Werbung

Kontenklasse 3 **Eigenkapital und Rückstellung**

30 Eigenkapital
3000 EK Eigenkapital
3001 P Privatkonto

36 Wertberichtigungen
3670 EWB Einzelwertberichtigung
3680 PWB Pauschalwertberichtigung

39 Sonstige Rückstellungen
3900 RST Rückstellungen

56 Erträge aus anderen Wertpapieren
5650 EAWP Erträge aus dem Abgang von Wertpapieren des Anlagevermögens

57 Zinsen und ähnliche Erträge
5710 ZE Zinserträge
5780 DDE Dividendenerträge

08 Betriebs- und Geschäftsausstattung
0840 FP Fuhrpark
0860 BM Büromaschinen
0870 BGA Büromöbel und Geschäftsausstattung
0890 GWG Geringwertige Wirtschaftsgüter

Kontenklasse 3 **Eigenkapital und Rückstellung**

30 Eigenkapital
3000 EK Eigenkapital
3001 P Privatkonto

54 Sonstige betriebliche Erträge
5400 EMP Erlöse aus Vermietung und Verpachtung
5430 ASBE Andere sonst. betriebl. Erträge
5490 PFE Periodenfremde Erträge
5495 EFO Erträge aus abgeschriebenen Forderungen

69 Sonstige Aufwendungen
6900 VBEI Versicherungsbeiträge
6950 ABFO Abschreibungen auf Forderungen
6990 PFAW Periodenfremde Aufwendungen

57 Zinsen und ähnliche Erträge
5710 ZE Zinserträge
5780 DDE Dividendenerträge

➔ Was wissen und was können Sie schon?

1. Ordnen Sie die farbig eingekreisten Konten den entsprechenden Themengebieten (aus der 9. Jahrgangsstufe) zu.
2. Beschreiben Sie konkrete wirtschaftliche Vorgänge, die hinter der buchhalterischen Erfassung der aufgeführten Konten stecken.

Unternehmensführung

Aufgaben der Unternehmensführung

- Strategische Unternehmensplanung (> drei Jahre)
- Taktische Unternehmensplanung (ein bis drei Jahre)
- Operative Unternehmensplanung (< ein Jahr)

Aufbau eines Unternehmens (Organigramm)

- Einliniensystem
- Stabliniensystem
- Mehrliniensystem

Führungsstile

- Autoritativer Führungsstil
- Kooperativer Führungsstil

Führungstechniken

- Management-by-Exception
- Management-by-Delegation
- Management-by-Objectives

Unternehmerlohn

Teile des Gewinns eines Unternehmens am Ende eines Jahres stellen den Unternehmerlohn dar. Den Gewinn muss der Unternehmer mittels einer Einkommensteuererklärung gegenüber dem Finanzamt versteuern.

Buchungssätze zum Privatkonto

Privatentnahmen

Private Entnahmen:

3001 P	an	2800 BK (2880 KA)

Privateinlagen

Private Einlagen:

2800 BK (2880 KA)	an	3001 P

Private Sacheinlagen (z. B. Grundstück):

Sachanlagenkonto	an	3001 P

Abschluss des Privatkontos

Einlagen > Entnahmen:

3001 P	an	3000 EK

Einlagen < Entnahmen:

3000 EK	an	3001 P

Beschaffung von Kleingütern, geringwertigen Wirtschaftsgütern und hochwertigen Anlagegütern

	Geringwertige Wirtschaftsgüter		Hochwertige Wirtschaftsgüter
Voraussetzung	Lt. § 6 (2) EStG (Einkommensteuergesetz): Selbstständig nutzbar, beweglich, abnutzbar		
Anschaffungskosten	**Kleingüter:** 0,00 € – 250,00 €	**Geringwertiges Wirtschaftsgut:** 250,01 € – 800,00 €	Ab 800,01 €
Berechnung der Anschaffungskosten	Listenpreis (netto) – Rabatt + Anschaffungsnebenkosten = Anschaffungskosten Unter Anschaffungsnebenkosten sind alle zusätzlichen Kosten zu verstehen, die für die Inbetriebnahme des Gutes anfallen. Laut § 255 HGB sind diese zusammen mit dem Anlagegut zu aktivieren. Beim Kauf mehrerer, unbeweglicher Anlagegüter (z. B. ein mit einer Lagerhalle bebautes Grundstück) sind die Anschaffungsnebenkosten anteilsmäßig auf das jeweilige Anlagegut zu verteilen.		
Konto	6800 BMK	0890 GWG	Sachanlagenkonto (z. B. 0700 MA)
Abschreibung	Keine Abschreibung, da bereits als Aufwand gebucht.	Vollständige Abschreibung (100 % des Saldos)	Zeitanteilig: Anschaffungskosten werden gleichmäßig (= linear) auf die Nutzungsdauer verteilt.
Buchungssatz	–	6540 ABGWG an 0890 GWG	6520 ABSA an Sachanlagenkonto
Auswirkungen auf Gewinn und Steuerlast	Da Kleingüter am Jahresende nicht abgeschrieben werden, hat dies keine zusätzliche Auswirkung auf den Unternehmensgewinn und damit auf die Steuerlast.	Die Buchung der Abschreibung wird am Ende eines jeden Geschäftsjahres durchgeführt. Durch sie erhöhen sich die Aufwendungen (6540 ABGWG, 6520 ABSA) des Unternehmens und führen daher zu einer Minderung des Gewinns sowie infolgedessen zu einer sinkenden Steuerlast.	

Berechnung der jährlichen Abschreibung zum Ende des Geschäftsjahres

Hochwertige Wirtschaftsgüter:

Kauf des Anlagegutes im Januar: (Nutzung = Januar bis Dezember)

$$\text{jährlicher Abschreibungsbetrag} = \frac{\text{Anschaffungskosten}}{\text{Nutzungsdauer}}$$

Kauf des Anlagegutes während des Jahres:

$$\frac{\text{jährlicher Abschreibungsbetrag} \cdot \text{genutzte Monate}}{\text{12 Monate}}$$

Erinnerungswert: 1,00 €

Der Erinnerungswert wird angesetzt, wenn das Sachanlagegut nach vollständiger Abschreibung am Ende seiner Nutzungsdauer noch weiter genutzt wird.

Abschreibungstabelle:

	Anschaffungskosten	… €
–	AfA-Betrag 1. Jahr	… €
=	Restbuchwert (Ende 1. Jahr)	… €
–	AfA-Betrag 2. Jahr	… €
=	Restbuchwert (Ende 2. Jahr)	… €
…		
=	Restbuchwert	… €

6520 ABSA	an	Sachanlagegut	AfA-Betrag in € (lt. Tabelle)

Geringwertige Wirtschaftsgüter

Die auf dem Konto 0890 GWG gebuchten geringwertigen Wirtschaftsgüter werden am Jahresende in voller Höhe abgeschrieben.

6540 ABGWG	an	0890 GWG	AfA-Betrag in € (gesamter Kontensaldo)

Betriebswirtschaftlicher Effekt der Abschreibung

- Kapitalfreisetzungseffekt
- Steuerersparnis

Rechtliche Vorgaben

§ 247 HGB Anlagevermögen dient dem Geschäftsbetrieb dauerhaft.

§ 255 HGB Anschaffungsnebenkosten sind Aufwendungen, die geleistet werden, um einen Vermögensgegenstand zu erwerben und ihn in einen betriebsbereiten Zustand zu versetzen. Zu den Anschaffungskosten gehören auch Nebenkosten und nachträgliche Anschaffungskosten. Anschaffungspreisminderungen sind abzusetzen.

§ 253 HGB Vermögensgegenstände sind höchstens mit den Anschaffungs- oder Herstellungskosten, vermindert um die Abschreibungen, anzusetzen.

§ 7 EStG Die Absetzung wird unter Berücksichtigung der Nutzungsdauer berechnet.

Investitionsziele

Ökonomische Investitionsziele: Gründungs- oder Errichtungsinvestition, Ersatzinvestition, Erweiterungsinvestition, Rationalisierungsinvestition, Diversifikationsinvestition

Soziale Investitionsziele: gegenüber Mitarbeitern und gegenüber der Gesellschaft, z. B. Sponsoring des regionalen Sportvereins

Ökologische Investitionsziele: sorgsamer und verantwortungsvoller Umgang mit den Ressourcen in allen Unternehmensbereichen, z. B. digitaler Schriftverkehr statt auf Papier

Investitionsrechnung

Kostenvergleichsrechnung **Amortisationsrechnung**

Reparaturen

- wert**erhaltende** Reparaturen ➡ **6160 FRI** (Fremdinstandhaltung)
- wert**erhöhende** Reparaturen ➡ **Sachanlagenkonto**

6460 FRI 2600 VORST	an	4400 VE

Versicherungen

... werden auf dem Konto **6900 VBEI** erfasst.

6900 VBEI	an	4400 VE

Miete

...wird auf dem Konto **6700 AWMP** oder dem Konto **5400 EMP** erfasst.
Miete für vermietete Objekte ➡ Ertrag

2800 BK	an	5400 EMP 4800 UST

Miete für selbst gemietete Objekte ➡ Aufwand

6700 AWMP 2600 VORST	an	2800 BK

Eigenfinanzierung

- Eigenfinanzierung
  - Außenfinanzierung
    - Einlagen (durch Eigentümer)
    - Beteiligung (durch Kapitalgeber)
  - Innenfinanzierung
    - Einbehaltung von Gewinnen
    - Abschreibung

Eigenkapitalquote (EK-Quote): $\frac{\text{Eigenkapital (EK)} \cdot 100\,\%}{\text{Gesamtkapital (GK)}} = \ldots\,\%$

Goldene Finanzierungsregel: Die Dauer der Kapitalbindung im Vermögen soll nicht länger sein, als die Dauer der Kapitalüberlassung.

Eigenfinanzierung bei einer AG: Ausgabe von Aktien

Kreditsicherheiten: dingliche Sicherung und personelle Sicherung

Dingliche Sicherung: Eigentumsvorbehalt, Grundschuld, Hypothek, Sicherungsübereignung

Personelle Sicherung: Bürgschaft

Berechnungen im Kreditbereich

Allgemeine Zinsformel

$$Z = \frac{K \cdot p \cdot t}{100\,\% \cdot 360\,d}$$

K: Kapital, p: Zinssatz, t: Laufzeit in Tagen (d), Z: Zinsen

Zinsen (Z): $\frac{\text{Kapital (K)} \cdot \text{Zinssatz (p)} \cdot \text{Laufzeit (t)}}{100\,\% \cdot 360\,d/12\,m/1\,y} = \ldots\,€$

Kapital (K): $\frac{\text{Zinsen (Z)} \cdot 100\,\% \cdot 360\,d/12\,m/1\,y}{\text{Zinssatz (p)} \cdot \text{Laufzeit (t)}} = \ldots\,€$

Zinssatz (p): $\frac{\text{Zinsen (Z)} \cdot 100\,\% \cdot 360\,d/12\,m/1\,y}{\text{Kapital (K)} \cdot \text{Laufzeit (t)}} = \ldots\,\%$

Laufzeit (t): $\frac{\text{Zinsen (Z)} \cdot 100\,\% \cdot 360\,d/12\,m/1\,y}{\text{Kapital (K)} \cdot \text{Zinssatz (p)}} = \ldots\,d/m/y$

Kreditvergleich: Effektiver Zinssatz

p_{eff} (in %): $\frac{\text{Kreditkosten (in €)} \cdot 100\,\% \cdot 360\,d/12\,m/1\,y}{\text{Auszahlungsbetrag (in €)} \cdot \text{Laufzeit (t)}} = \ldots\,\%$

Kreditkosten: Disagio + Zinsen

Buchungen im Kreditbereich

Kreditaufnahme			
	Kreditbetrag	… €	100 %
	– Disagio	… €	x %
	= Auszahlungsbetrag	… €	100 – x %

2800 BK	Auszahlungsbetrag		
7510 ZAW	Disagio	an	4200 KBKV/4250 LBKV Kreditbetrag

Zinsaufwand

7510 ZAW	an	2800 BK

Rückzahlung inklusive Zinsen

4200 KBKV/4250 LBKV		
7510 ZAW	an	2800 BK

Zinserträge

2800 BK	an	5710 ZE

Kontoführungsgebühren

6750 KGV	an	2800 BK

Darlehensarten

	Zinsen	Tilgung	Annuität
Abzahlungsdarlehen	nehmen ab	bleibt gleich	nimmt ab
Annuitätendarlehen	nehmen ab	nimmt zu	bleibt gleich
Festdarlehen	Die Zinsen bleiben gleich.	Die Tilgung erfolgt erst im letzten Jahr.	Die Tilgung erfolgt vollständig am Ende der Laufzeit.

- **Kontokorrentkredit:** Geschäftskunde überzieht das Girokonto.
- **Dispositionskredit:** Privatkunde überzieht das Girokonto.
- **Lieferantenkredit:** Lieferant gewährt ein Zahlungsziel.

Kreditvergleich: Lieferantenkredit oder Kontokorrentkredit

Generell gilt:

	Nettoskonto
–	**Zinsen**
=	**Ersparnis durch Inanspruchnahme des Lieferantenkredits**

Dazu sind folgende Nebenrechnungen nötig:

Nettoskonto: $\frac{\text{Bruttoskonto} \cdot 100\,\%}{119\,\%} = \ldots\,€$

Zinsen für den Lieferantenkredit:

$$\frac{\text{Banklastschrift (€)} \cdot \text{Zinssatz Kontokorrentkredit (\%)} \cdot \text{(Zahlungsziel–Skontofrist) (d)}}{100\,\% \cdot 360\,\text{d}}$$

$= \ldots\,€$

	Rechnungsbetrag
–	Bruttoskonto
=	Banklastschrift

Leasing

- **Indirektes Leasing** ➔ Leasing über eine Leasinggesellschaft
- **Direktes Leasing** ➔ Leasing vom Hersteller

Förderung von Existenzgründern

Öffentliche Förderprogramme von Bund und Ländern in Form von Zuschüssen, Krediten, Bürgschaften oder Kapital werden von speziellen Banken angeboten.

Anlageformen

Sichteinlagen		Termineinlage
Girokonto • dient dem Zahlungsverkehr • Sichtguthaben • keine Guthabenzinsen • ggf. Negativzinsen	**Tagesgeldkonto** • dient der Geldanlage • Sichtguthaben • geringe Zinsen	• dient der Geldanlage • geringe Zinsen (je nach Laufzeit) • Festgelder: Verzinsung endet mit Ablauf der Anlagedauer • Kündigungsgelder: Anlage endet erst mit der Kündigung nach Ablauf der vereinbarten Frist.

Aktie

- Beteiligung an einer Aktiengesellschaft (AG)
- Stimm- und Auskunftsrecht auf der Hauptversammlung
- Recht auf Dividende
- Chance auf Kurssteigerungen vs. Risiko des Verlustes

Börse

An der Börse werden die Kurse der Aktien festgestellt. Bestimmte Aktien werden zu einem Index zusammengefasst, z. B. DAX oder Dow Jones.

Das Magische Dreieck der Geldanlage

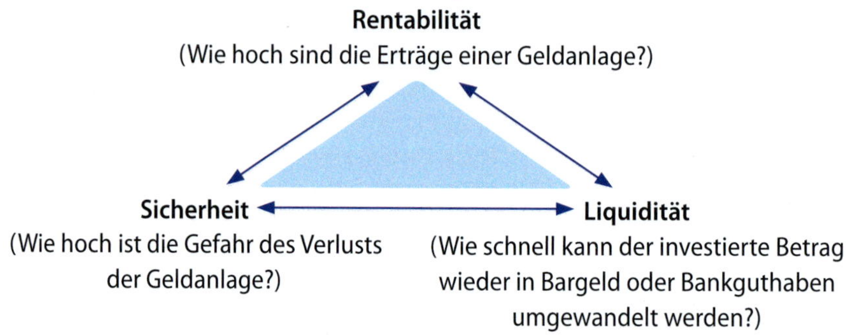

Nachhaltigkeitskriterien der Geldanlage

- Ökologische Nachhaltigkeit
- Soziale Bedingungen
- Ökonomische Nachhaltigkeit

Buchungssätze bei Geldanlagen

Kauf von Wertpapieren des Anlagevermögens

1500 WP	an	2800 BK

Zinsgutschrift auf dem Bankkonto:

2800 BK	an	5710 ZE

Banklastschrift von Depotgebühren:

6750 KGV	an	2800 BK

Bankgutschrift der Dividenden:

2800 BK	an	5780 DDE

Verkauf von Wertpapieren des Anlagevermögens mit Kursgewinn:

2800 BK	an	1500 WP 5650 EAWP

Verkauf von Wertpapieren des Anlagevermögens mit Kursverlust:

2800 BK 7460 VAWP	an	1500 WP

Mieterträge von Privatpersonen auf dem Bankkonto:

2800 BK	an	5400 EMP

Mieterträge von Unternehmen auf dem Bankkonto:

2800 BK	an	5400 EMP 4800 UST

Weitere Anlageformen

Immobilien

- langfristige Anlageform
- Abschreibungen, Reparaturen als Aufwand
- ggf. Leerstand

Edelmetalle

- keine Verzinsung
- Kurssteigerungen/-rückgänge
- eventuell langfristig stabil

Fondsanteile

- Kombination von Aktien, Immobilien, festverzinslichen Wertpapieren möglich
- ggf. hohe Gebühren
- ggf. unübersichtlich

Zahlungsverzug von Kunden

Bei einem Zahlungsverzug berechnen wir unseren Kunden Mahngebühren und Verzugszinsen.

2400 FO	an	5430 ASBE (Mahngebühren) 5710 ZE (Verzugszinsen)

Folgen eines Zahlungsausfalls von Kunden

Zahlungsausfall kann zur eigenen Insolvenz führen. Daher sind alle Forderungen ständig auf ihre Zweifelhaftigkeit zu prüfen. Zahlungsverzüge sind konsequent zu mahnen.

Einteilung der Forderungen mit Kontenzuordnung

	Einwandfreie Forderungen	Zweifelhafte Forderungen	Uneinbringliche Forderungen
Konto (zur buchhalterischen Erfassung)	**2400 FO**	**2470 ZWFO**	**6950 ABFO**

Grundzüge eines Insolvenzverfahrens

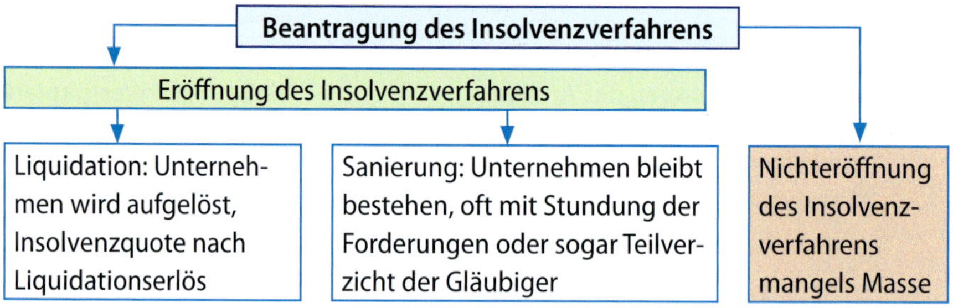

Buchungen bei einwandfreien Forderungen

Eine einwandfreie Forderung wird **zweifelhaft.**

2470 ZWFO	an	2400 FO

Eine einwandfreie Forderung wird **plötzlich** (teilweise/vollständig) **uneinbringlich.**

(2800 BK) 6950 ABFO 4800 UST	an	2400 FO

Überraschend geht eine **bereits abgeschriebene** Forderung teilweise/vollständig auf unserem Bankkonto ein.

2800 BK	an	5495 EFO 4800 UST

Buchungen bei zweifelhaften Forderungen

Eine **zweifelhafte** Forderung wird per Banküberweisung bezahlt.

2800 BK	an	2470 ZWFO

Eine zweifelhafte Forderung wird teilweise/vollständig **uneinbringlich.**

(2800 BK) 6950 ABFO 4800 UST	an	2470 ZWFO

Überraschend geht eine **bereits abgeschriebene** Forderung teilweise/vollständig auf unser Bankkonto ein.

2800 BK	an	5495 EFO 4800 UST

Einzelbewertung von zweifelhaften Forderungen zum Bilanzstichtag 31.12.

Wir schätzen den Zahlungsausfall der **zweifelhaften Forderungen** und schreiben den **Nettobetrag** ab.

6950 ABFO	an	3670 EWB

Pauschalwertberichtigung von einwandfreien Forderungen zum Bilanzstichtag 31.12.

Üblicherweise werden 1 % unserer **einwandfreien Forderungen** im kommenden Geschäftsjahr ausfallen. Wir schreiben den **Nettobetrag** der Forderungen ab.

6950 ABFO	an	3680 PWB

Factoring

Factoring bezeichnet den **Verkauf von Forderungen** an ein Factoring-Unternehmen. Dabei kann mit dem Factoring-Unternehmen vereinbart werden, auch das Ausfallrisiko der Forderungen zu übernehmen (echtes Factoring). Das Factoring-Unternehmen wird so zum neuen Gläubiger.

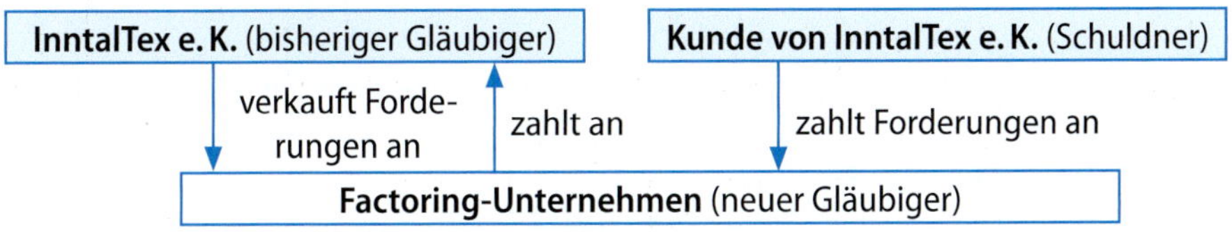

Arten von Factoring

- Echtes Factoring vs. Unechtes Factoring
- Fullservice Factoring vs. Inhouse Factoring
- Offenes Factoring vs. Stilles Factoring

AUFGABEN ZUR WIEDERHOLUNG

1. Die Aufgaben der Unternehmensführung werden in drei Planungszeiträume mit unterschiedlichen Zeithorizonten unterschieden.

1.1 Nennen Sie die Fachbegriffe für diese drei Planungszeiträume mit Angabe der jeweiligen Zeithorizonte.

1.2 Skizzieren Sie für diese drei Planungszeiträume die jeweiligen Ziele.

2. Ordnen Sie folgende Beispiele aus der Firma InntalTex e. K. einem der drei Planungszeiträume zu und begründen Sie Ihre Antwort:

2.1 Der Arbeitskreis F&E (Forschung und Entwicklung) der Firma InntalTex e. K. plant für das nächste Jahr eine nachhaltige Produktlinie.

2.2 In diesem Zusammenhang wird Frau Reisinger mit der Aufgabe beauftragt, ein Grundstück zu kaufen, auf dem Solaranlagen zur Stromerzeugung der Firma gebaut werden können. So soll die Firma im Laufe der nächsten Jahre klimaneutralen Strom selbst produzieren können.

2.3 Max Inntaler möchte aber auch sofort mit der Verwendung nachhaltiger Rohstoffe beginnen und bestellt daher bei einem seiner Lieferanten Bio-Baumwolle für die Produktion.

3. Unternehmen verwenden meist Liniensysteme bzw. Organigramme, um den hierarchischen Aufbau darzustellen.

3.1 Benennen und skizzieren Sie die drei Liniensysteme.

3.2 Nennen Sie zwei Gründe, die zeigen, warum die Erstellung solcher Organigramme in einem Unternehmen wichtig ist.

4. Es gibt verschiedene Führungsstile, mit denen ein Unternehmer seine Mitarbeiter leiten kann.

4.1 Beschreiben Sie den kooperativen und den autoritativen Führungsstil.

4.2 Nenne Sie jeweils zwei Vor- und Nachteile der in 4.1 genannten Führungsstile.

4.3 Beschreiben Sie je eine Situation im Arbeitsalltag, in der eine Führungskraft eher nach dem autoritativem bzw. nach dem kooperativen Führungsstil handeln sollte.

5. Zur Führung der Mitarbeiter stehen dem Unternehmer verschiedene Führungstechniken zur Auswahl.

5.1 Erläutern Sie den Begriff Führungstechnik.

5.2 Nennen und skizzieren Sie die drei Führungstechniken (deutsche und englische Fachbegriffe).

6. Der Unternehmerlohn setzt sich aus drei Bestandteilen zusammen:

	Gewinn laut GUV-Rechnung 2021	190.000,00 €
–	Unternehmerlohn inkl. Kapitalverzinsung und Risikoprämie	120.000,00 €
=	eigentlicher Überschuss des Unternehmens	70.000,00 €

6.1 Erklären Sie den Begriff Risikoprämie.

6.2 Begründen Sie, warum sich ein Unternehmer nicht den gesamten Gewinn am Jahresende entnehmen sollte.

7. Der Unternehmer muss am Ende des Jahres eine Einkommensteuererklärung beim Finanzamt abgeben.

7.1 Erklären Sie den Begriff Einkommensteuererklärung.

7.2 Nennen Sie drei verschiedenen Arten von Steuern, die der Unternehmer an das Finanzamt abführen muss.

7.3 Begründen Sie, warum diese Steuern für den Unternehmer private Steuern sind.

8. Bilden Sie die Buchungssätze zu den Geschäftsvorfällen bei InntalTex e. K.

8.1 Max Inntaler bezahlt eine private Rechnung über 121,38 € brutto über das Firmenbankkonto.

8.2 Barentnahme aus der Firmenkasse für den Kauf eines E-Rollers für die Freizeit, 2.618,00 € brutto.

8.3 Max Inntaler bringt ein angrenzendes Privatgrundstück in das Firmenvermögen ein. Der aktuelle Wert dieses Grundstücks beträgt 19.300,00 €.

8.4 Max Inntaler überweist vom Firmenkonto seine private Einkommensteuer in Höhe von 2.900,00 €.

8.5 Banküberweisung einer privaten Rechnung über 1.200,00 € netto vom Firmenkonto.

8.6 Nach einer Erbschaft über 40.000,00 € überweist Max Inntaler davon 20 % auf das Firmenkonto.

8.7 Bilden Sie für folgende Geschäftsvorfälle den jeweiligen Abschlussbuchungssatz.

8.7.1 Am Ende des Geschäftsjahres sind die privaten Entnahmen um 250,00 € höher als die privaten Einlagen.

8.7.2 Die privaten Einlagen überwiegen mit 370,00 € am Ende des Geschäftsjahres.

9. Formulieren Sie die Geschäftsvorfälle zu den Eintragungen [1] bis [4] im Konto 3001 P.

S		3001 P	H
[1] 2880 KA	238,00 €	[3] 0500 GR	17.200,00 €
[2] 2800 BK	2.499,00 €		
[4] 3000 EK	14.463,00 €		
	17.200,00 €		17.200,00 €

AUFGABEN ZUR WIEDERHOLUNG

10. Erklären Sie folgende Begriffe.

10.1 Anschaffungsnebenkosten
10.2 geringwertiges Wirtschaftsgut
10.3 werterhöhende Reparatur
10.4 Restbuchwert
10.5 Abschreibung
10.6 AfA-Satz
10.7 aktivieren
10.8 Kapitalfreisetzungseffekt

11. Vom Kauf eines Transporters liegt Max Inntaler folgender Beleg vor.

Autohaus Baumann GmbH, Dieselstr. 120, 83022 Rosenheim

Autohaus Baumann

InntalTex e. K.
Max Inntaler
Hauptstr. 27
83022 Rosenheim

Autohaus Baumann GmbH
Dieselstr. 120
83022 Rosenheim
Internet: www.baumannauto.de
E-Mail: baumannauto@mail.de

Rechnung

Kundennummer: 8795

Datum: **18.07.20..**	Rechnungs-Nr.: **T54879**	USt-IdNr.: **DE987453215**

Bezeichnung			**Einzelpreis**	**Gesamtpreis**
Transporter, weiß			? €	? €
Nachlass 6,5 %				? €
Zulassung			100,00 €	100,00 €
			Warenwert (netto)	? €
			+ UST (19 %)	? €
			Rechnungsbetrag	**41.064,52 €**

Vielen Dank für Ihren Auftrag. Zahlung innerhalb von 30 Tagen rein netto.
Lieferdatum entspricht Rechnungsdatum.

Autohaus Baumann GmbH
Dieselstr. 120
83022 Rosenheim

Allfinanzbank Rosenheim
IBAN: DE74 9874 2588 0022 5455 22
BIC: ALFBDEGH

Amtsgericht Rosenheim
HRB 8795

11.1 Berechnen Sie die fehlenden Beträge im Beleg.
11.2 Formulieren Sie den Geschäftsvorfall zum Beleg.
11.3 Bilden Sie den Buchungssatz zum Beleg.
11.4 Entscheiden Sie, ob folgende Aussagen richtig oder falsch sind. Stellen Sie falsche Aussagen richtig:

A	Die Abkürzung GmbH steht für „Gesellschaft mit bedingter Haftung".
B	Eine GmbH muss, genauso wie ein Einzelunternehmer, ins Handelsregister eingetragen werden.
C	Die Gesellschafter einer GmbH haften mit Geschäfts- und Privatvermögen.
D	Der Beleg muss 8 Jahre aufbewahrt werden.

Vorsicht Fehler!

12. Kurz nach dem Kauf des Transporters aus Aufgabe 11 tätigt Max Inntaler einen weiteren Kauf:

Quittung

Nr. 23

	EUR	Cent
Netto	?	?
+ ___ % MwSt.	33	25
Gesamt	?	?

Gesamtbetrag EUR in Worten Cent wie oben: ?

(Im Gesamtbetrag sind ____ % Mehrwertsteuer enthalten)

von *Max Inntaler*

für *Kauf Navigationsgerät für Firmen-Pkw*

Betrag dankend erhalten

Ort *Rosenheim* Datum *20.07.20..*

Buchungsvermerke

Stempel/Unterschrift des Empfängers

Eric Hanauer,
Medienguru Hanauer

12.1 Berechnen Sie die fehlenden Beträge.
12.2 Formulieren Sie den Geschäftsvorfall zu dem Beleg.
12.3 Bilden Sie den Buchungssatz zu dem Beleg.

13. Ihnen liegt folgender Beleg vor:

Pokorny GmbH, Regensburger Str. 28, 91054 Erlangen

POKORNY

Pokorny GmbH
Regensburger Str. 28
91054 Erlangen
Internet: www.schaufensterpokorny.de
E-Mail: pokorny@mail.de

InntalTex e. K.
Max Inntaler
Hauptstr. 27
83022 Rosenheim

Rechnung

Kundennummer: 8523

Datum: **29.09.20..**	Rechnungs-Nr.: **654987**	USt-IdNr.: **DE321546322**

Bezeichnung	**Menge**	**Einzelpreis**	**Gesamtpreis**
Schaufensterpuppe beweglich, Erwachsen, grau	3	390,00 €	1.170,00 €
Schaufensterpuppe, beweglich, Kind, weiß	2	240,00 €	480,00 €
		Warenwert (netto)	1.650,00 €
		+ UST (19 %)	313,50 €
		Rechnungsbetrag	**1.963,50 €**

Vielen Dank für Ihren Auftrag. Zahlung innerhalb von 30 Tagen rein netto.
Lieferdatum entspricht Rechnungsdatum.

Pokorny GmbH
Regensburger Str. 28
91054 Erlangen

Allfinanzbank Erlangen
IBAN: DE74 9874 2588 0022 5455 22
BIC: ERTBDBSE

Amtsgericht Erlangen
HRB 8795

13.1 Formulieren Sie den Geschäftsvorfall zum Beleg.

13.2 Bilden Sie den Buchungssatz zum Beleg.

14. Bilden Sie die Buchungssätze zu den folgenden Geschäftsvorfällen.

14.1 Zielkauf eines Grundstücks, 600 m², 130,0 €/m² inkl. Gebäude (25.000,00 €). Die Maklergebühren betragen 1,5 % des gesamten Kaufpreises.

14.2 Barzahlung: Benzin für den Firmen-Pkw, brutto 71,40 €.

14.3 Eingangsrechnung für die Reparatur des defekten Zaunes, netto 320,00 €.

14.4 Der Bescheid über die Grunderwerbsteuer für das neue Grundstück (siehe 14.1) geht ein.

14.5 Zielkauf von 8 Bilderrahmen (Einzelpreis netto 26,00 €) und einem Spiegel für den Ausstellungsraum, Einzelpreis netto 270,00 €, Rabatt 25,00 € netto.

14.6 Barkauf eines Kühlschrankes für den Pausenraum, netto 860,00 €, Rabatt 70,00 € netto.

14.7 Die Rechnung über 7.331,85 € für den Transport der neuen Verpackungsmaschine geht ein.

14.8 Zielverkauf von Kleidung an einen Kunden, netto 15.300,00 €, Rabatt 5 %.

14.9 Barzahlung: Kundendienst für Firmen-Pkw, 195,00 € netto.

14.10 Die Garage erhält einen schmutzabweisenden Anstrich, die Eingangsrechnung weist einen Rechnungsbetrag von 2.570,40 € auf.

14.11 Zielkauf von 5 Umkleidespinden, gesamt netto 960,00 €, und eines Postverteilerschrankes, netto 1.400,00 €.

14.12 Zielkauf von neuer Software für die Nähmaschinen, Rechnungsbetrag 1.855,50 €.

14.13 Der Bescheid über den Beitrag zur Maschinenversicherung geht ein, 500,00 €.

14.14 Barkauf von Druckerpatronen für insgesamt 300,00 € netto.

14.15 Abschluss des Kontos 6800 BMK, 46.000,00 €.

14.16 Abschluss des Kontos 8020 GUV, Soll 410.000,00 €, Haben 385.000,00 €.

14.17 Abschluss des Kontos 0860 BM, 60.000,00 €.

14.18 Abschluss des Kontos 4400 VE, 33.000,00 €.

15. Zum 31.12.20.. sind die Abschreibungen zu bearbeiten. Folgende Anlagenkarte liegt dazu vor:

Bezeichnung des Gegenstands *Stoffzuschneidemaschine Master 3000*		**Inventar-Nr.** *020531*
Kaufdatum	*30.05.20..*	
Nettowert	*16.000,00 €*	
Anschaffungsnebenkosten	*800,00 €*	
Nutzungsdauer	*8 Jahre*	
Abschreibungssatz	*? %*	Abschreibungsmethode: *zeitanteilig linear*

15.1 Erklären Sie den Begriff Abschreibungssatz (kurz: AfA-Satz).

15.2 Berechnen Sie den AfA-Satz.

15.3 Erstellen Sie die Abschreibungstabelle für die ersten 4 Nutzungsjahre.

15.4 Bilden Sie die Buchungssätze für die Abschreibung am Ende des ersten und des zweiten Nutzungsjahres.

15.5 Geben Sie zwei Beispiele für mögliche Anschaffungsnebenkosten, die beim Kauf angefallen sein könnten, an.

15.6 Im Zusammenhang mit der Abschreibung kann auch der Erinnerungswert Anwendung finden. Erklären Sie diesen Begriff.

15.7 Erläutern Sie zwei Ursachen für den Wertverlust von Anlagevermögen.

15.8 Die Abschreibung gilt nur für abnutzbare Gegenstände des Anlagevermögens. Geben Sie ein Beispiel für einen nicht abnutzbaren Gegenstand des Anlagevermögens an.

15.9 Auf dem Konto 0890 GWG sollen folgende Buchungen vorgenommen werden:

Barkauf 5.000,00 € netto • Zielkauf 10.948,00 € brutto • Zielkauf 3.000,00 € netto • Barkauf 600,00 € netto

15.9.1 Erstellen Sie das Konto 0890 GWG inkl. der noch vorzunehmenden Buchungen.

15.9.2 Ermitteln Sie den Abschreibungsbetrag und bilden Sie den Buchungssatz zur Abschreibung der geringwertigen Wirtschaftsgüter.

15.9.3 Tragen Sie den Buchungssatz aus 15.9.2 in das Konto 0890 GWG ein und schließen Sie das Konto anschließend ordnungsgemäß ab.

16. InntalTex e. K. will im 4. Geschäftsjahr Knöpfe selbst herstellen. Dafür soll eine Maschine beschafft werden. Zwischen diesen Alternativen muss Max Inntaler nun entscheiden:

	Button Star 3000	**Knopfchampion 450**
Anschaffungskosten	60.000,00 €	92.400,00 €
Nutzungsdauer bei linearer Abschreibung	8 Jahre	14 Jahre
Jährliche Betriebskosten	14.000,00 €	20.000,00 €
Kapazität	70.000 Stück	140.000 Stück

16.1 Entscheiden Sie rechnerisch, welche Maschine Max Inntaler am 01.01. anschaffen soll.

16.2 Begründen Sie, welches Verfahren der Investitionsrechnung Sie in Aufgabe 16.1 angewendet haben.

16.3 Bestimmen Sie den Fachbegriff für diese Art von Investition und erläutern Sie deren Ziel.

16.4 Max Inntaler verfolgt mit seinen Investitionen vorwiegend ökonomische Ziele. Dennoch hat er auch ökologische Ziel im Blick.

16.4.1 Erläutern Sie, welche Möglichkeiten es gibt, die Produktion in Fertigungsunternehmen ökologisch verträglicher zu gestalten.

16.4.2 Erklären Sie die Rolle des Verbrauchers bei der Einhaltung ökologischer Aspekte.

16.4.3 Nennen und beschreiben Sie ein weiteres Investitionsziel, welches Herr Inntaler in seinem Unternehmen verfolgen sollte.

17. Für die Finanzierung der verschiedenen Investitionen stehen Max Inntaler als Einzelunternehmer verschiedenste Finanzierungsformen zur Verfügung.

17.1 Grenzen Sie die Begriffe Eigenfinanzierung und Fremdfinanzierung voneinander ab.

17.2 Ordnen Sie den Obergriffen (links) die passenden Beispiele (rechts) zu.

Innenfinanzierung	Einlagenfinanzierung
	Finanzierung durch einbehaltene Gewinne
Außenfinanzierung	Beteiligungsfinanzierung
	Finanzierung aus Abschreibungen

17.3 Beschreiben Sie die Finanzierung durch einbehaltene Gewinne.

17.4 Eine befreundete Unternehmerin von Herrn Inntaler ist Vorstandsvorsitzende einer Aktiengesellschaft (AG) und fragt, ob auch in einer AG eine Eigenfinanzierung möglich wäre. Versetzen Sie sich in die Rolle von Herrn Inntaler und beschreiben Sie die Möglichkeit zur Eigenfinanzierung einer AG.

18. Nachdem Max Inntaler seiner Freundin geholfen hat, beschäftigt er sich mit den Unterlagen der vergangenen Geschäftsjahre seines Unternehmens, welches sich mittlerweile im 4. Geschäftsjahr befindet. Diese – leider lückenhaften – Aufzeichnungen liegen vor:

	1. Geschäftsjahr (Gründungsjahr)	2. Geschäftsjahr	3. Geschäftsjahr
Gesamtkapital	400.000,00 €	? €	? €
Eigenkapital	72.000,00 €	? €	? €
Fremdkapital	? €	360.000,00 €	405.600,00 €
EK-Quote	? %	20 %	? %

Im 3. Geschäftsjahr wurden folgende Werkstoffe beschafft:

Rohstoffe (netto)	80.000,00 €	**Hilfsstoffe (brutto)**	24.514,00 €
Fremdbauteile (brutto)	64.260,00 €	**Betriebsstoffe (netto)**	15.800,00 €

Der Wert der Umsatzerlöse betrug 194.800,00 € netto.

18.1 Erstellen Sie das Konto 8020 GUV für das dritte Geschäftsjahr. Schließen Sie das Konto 8020 GUV ordnungsgemäß ab und bilden Sie den Buchungssatz für den Abschluss des Kontos.

18.2 Berechnen Sie die fehlenden Beträge der gesamten Tabelle. Berücksichtigen Sie dabei auch Ihr Ergebnis aus Aufgabe 18.1.

18.3 Erläutern Sie die allgemeine Kernaussage der betriebswirtschaftlichen Kennzahl Eigenkapitalquote.

18.4 Beschreiben Sie die Entwicklung der Eigenkapitalquote von InntalTex e. K. und beurteilen Sie diese unter Berücksichtigung der Tatsache, dass die Eigenkaptalquote des 3. Geschäftsjahres vergleichbarer Betriebe bei 21 % liegt.

18.5 Nennen Sie drei Vorteile einer höheren Eigenkapitalquote.

18.6 Max Inntaler hat für die Investition in Sachanlagen lang- und kurzfristige Kredite aufgenommen. Dabei hat er die „Goldene Finanzierungsregel" beachtet. Erläutern Sie diese Regel.

19. Max Inntaler will eine Siebdruckmaschine anschaffen. Dafür muss ein Kredit aufgenommen werden. Drei Kreditangebote liegen vor:

	Hauptbank Passau	Isarbank Bad Tölz	Eurobank Regensburg
Auszahlungsbetrag	49.000,00 € (98 %)	49.500,00 € (99 %)	49.250,00 € (98,5 %)
Laufzeit	16.02.–06.09.20..		
Zinssatz	1,80 % p. a.	2,00 % p. a.	1,95 % p. a.
Disagio	? %	? %	? %

19.1 Ermitteln Sie rechnerisch, welches Kreditangebot angenommen werden soll.

19.2 Bilden Sie den Buchungssatz für die Bankgutschrift des in 19.1 ausgewählten Kredits. Das Disagio wird vor Bankgutschrift des Kredits einbehalten.

19.3 Für den Kredit hat die Bank als Kreditsicherheit eine Sicherungsübereignung verlangt. Erläutern Sie diesen Begriff.

19.4 Max Inntaler begleicht seinen Schuldendienst (Tilgung 9.500,00 €, Zinsen 550,00 €). Bilden Sie den Buchungssatz.

19.5 Bilden Sie den Buchungssatz für die Überweisung der Kontoführungsgebühren in Höhe von 12,50 €.

20. Ein Darlehen wird als Annuitätendarlehen aufgenommen. Die Kreditsumme beträgt 95.000,00 € bei einem Zinssatz von 2,80 %. Die Laufzeit beträgt 5 Jahre.

	Jahr 1	Jahr 2	Jahr 3	Jahr 4	Jahr 5	Summe
Zinsen	A	2.156,97 €	1.639,85 €	F	561,78 €	**8.126,86 €**
+ Tilgung	17.965,37 €	18.468,40 €	18.985,52 €	19.517,11 €	20.063,59 €	**95.000,00 €**
= 1	20.625,37 €	20.625,37 €	20.625,37 €	20.625,37 €	20.625,37 €	**103.126,86 €**
Kreditbetrag/ Restschuld Vorjahr	95.000,00 €	C	58.566,23 €	39.580,71 €	20.063,60 €	
– 2	17.965,37 €	D	18.985,52 €	19.517,11 €	20.063,60 €	
= 3	B	E	39.580,71 €	20.063,60 €	0,01 €*	

** Rundungsbedingt kann es am Ende der Laufzeit zu einer Abweichung kommen.*

20.1 Nennen und erläutern Sie die fehlenden Begriffe der Ziffern 1 – 3.

20.2 Berechnen Sie die fehlenden Beträge der Buchstaben A – F.

20.3 Stellen Sie Zins- und Tilgungsverlauf eines Annuitätendarlehens in einer vereinfachten Grafik (ohne Achsenbeschriftungen) dar.

20.4 Nennen Sie zwei weitere Darlehensarten und stellen Sie deren Merkmale denen des Annuitätendarlehens gegenüber.

21. Bei InntalTex e. K. liegt folgender Beleg vor:

Stoffgroßhandel Reichel GmbH, Lange Str. 53, 84489 Burghausen

Reichel Großstoffhandel GmbH

InntalTex e. K.
Max Inntaler
Hauptstr. 27
83022 Rosenheim

Stoffgroßhandel Reichel GmbH
Lange Str. 53
84489 Burghausen
Internet: www.reichelstoffe.de
E-Mail: reichelstoffe@service.de

Rechnung

Kundennummer: 9874

Datum: **02.04.20..**	Rechnungs-Nr.: **6547**	USt-IdNr.: **DE665471223**

Artikelnr.	Einheit	Ware	Einzelpreis	Gesamtpreis
8521	800 m	Baumwollstoff	10,50 €/m²	8.400,00 €
6547	300 m	Leinenstoff	14,00 €/m²	4.200,00 €
5789	500 m	Viskose	8,20 €/m²	4.100,00 €

Warenwert (netto)	16.700,00 €
– Rabatt	1.700,00 €
gesamt	15.000,00 €
+ Umsatzsteuer 19 %	2.850,00 €
Rechnungsbetrag	**17.850,00 €**

Vielen Dank für Ihren Auftrag. Bei Zahlung innerhalb von 8 Tagen gewähren wir 3 % Skonto, innerhalb von 30 Tagen rein netto. Die Ware bleibt bis zur vollständigen Zahlung Eigentum von Stoffgroßhandel Reichel. Lieferdatum entspricht Rechnungsdatum.

Stoffgroßhandel Reichel
Lange Str. 53
84489 Burghausen

Stadtbank Burghausen
IBAN: DE21 6547 2100 3360 1236 21
BIC: GFUOPWER

Amtsgericht Burghausen
HRB 5647

21.1 Bilden Sie den Buchungssatz bei Rechnungseingang.

21.2 Die Rechnung soll bezahlt werden, allerdings weist das Girokonto nicht das dafür nötige Guthaben auf. Max Inntaler will aber keinen Lieferantenkredit in Anspruch nehmen.

21.2.1 Erklären Sie den Begriff Lieferantenkredit.

21.2.2 Stellen Sie die für den Lieferantenkredit relevanten Daten in einer Zeitgeraden dar.

21.2.3 Begründen Sie rechnerisch, weshalb Max Inntaler keinen Lieferantenkredit in Anspruch nimmt, sondern stattdessen das Girokonto (Zinssatz: 9,50 % p. a.) überzieht.

21.2.4 Bilden Sie den Buchungssatz für den Rechnungsausgleich innerhalb der Skontofrist.

21.3 Entscheiden Sie, ob folgende Aussagen richtig oder falsch sind. Stellen Sie falsche Aussagen richtig.

Vorsicht Fehler!

A	Es wurde ein Rabatt von 8 % gewährt.
B	Der Fachbegriff für die Formulierung „Die Ware bleibt bis zur vollständigen Zahlung Eigentum von Stoffgroßhandel Reichel." lautet Eigentumsrückhalt.
C	In einer GmbH haften die Gesellschafter nur in Höhe ihrer Einlage.

22. Bei der Suche nach einer passenden Kapitalanlage hat sich Max Inntaler eine Übersicht über die wichtigsten Fachbegriffe und deren Erläuterungen erstellt. Aufgrund einer Unachtsamkeit hat Herr Inntaler jedoch versehentlich alle zugeordneten Fachbegriffe aus seiner Übersicht herausgelöscht. Ordnen Sie den Erläuterungen (22.1–22.5) nun wieder den richtigen Fachbegriff zu.

Kontokorrentkonto • Tagesgelder • Termineinlagen • Festgelder • Kündigungsgelder

	Erläuterung	Fachbegriff
22.1	Bei dieser Anlagenform wird keine Laufzeit festgelegt. Ohne Kündigung läuft die Geldanlage somit unbefristet weiter und der Anleger kann ohne rechtzeitige Kündigung nicht über sein Guthaben verfügen.	
22.2	Dies ist eine Anlage bei Kreditinstituten, bei denen der Sparer sein Guthaben über einen längeren Zeitraum anlegt. Während des Anlagezeitraums kann über das Guthaben nicht verfügt werden.	
22.3	Diese Anlagenform dient der Geldanlage und nicht dem Zahlungsverkehr. Diese Form der Sichteinlage ist in der Regel verzinst. Dennoch kann zu jederzeit über das gesamte Guthaben verfügt werden, ohne es vorher innerhalb einer bestimmten Frist der Bank mitteilen zu müssen.	
22.4	Bei dieser Art von Anlageform endet die Verzinsung mit Ablauf der vereinbarten Anlagedauer.	
22.5	Diese Anlagenform dient dem Zahlungsverkehr. Das bedeutet, dass der Kontoinhaber oder ein Bevollmächtigter jederzeit über den gesamten Betrag des Kontos, entweder als Barabhebung oder in Form einer Überweisung, verfügen kann.	

Bitte ins Heft!

23. Max Inntaler möchte sein Geld in ein Tagesgeldkonto mit einer möglichst hohen Rendite in Form hoher Guthabenzinsen anlegen. Er hat sich dazu folgende Informationen eingeholt.

Anbieter	Zinssatz p. a.	Kapital	Tage	Zinsertrag	Zinsgutschrift
Tumibank	0,50 %	75.000,00 €	20.3.20.. bis 14.12.20..	?	monatlich
RENDI BANK	0,45 %	75.000,00 €	?	300,00 €	viertel-jährlich
Allzmi	0,50 %	?	300	325,00 €	jährlich

23.1 Berechnen Sie die Höhe der Zinsen, die Max Inntaler bei der TumiBank erhalten würde.

23.2 Berechnen Sie, wie lange Max Inntaler sein Geld bei der Rendi Bank zu einem Zinssatz von 0,45 % p. a. anlegen müsste, damit sich bei einer Geldanlage von 75.000,00 € ein Zinsertrag von 300,00 € ergibt.

23.3 Berechnen Sie die Höhe des Kapitals, das Max Inntaler anlegen müsste, wenn er nach 300 Tagen bei einem Zinssatz von 0,50 % p. a. einen Zinsertrag in Höhe von 325,00 € erhalten möchte.

23.4 Max Inntaler entscheidet sich für die Allzmi Bank.

23.4.1 Bilden Sie den Buchungssatz für die Zinsgutschrift am Ende des Jahres.

23.4.2 Bilden Sie den Buchungssatz für den Abschluss des Kontos 5710 ZE.

24. Mit den Kapitalanlageformen der Bank ist Max Inntaler schon lange nicht mehr zufrieden. Auf Rat eines langjährigen Geschäftspartners hat auch Herr Inntaler vor einiger Zeit Geld in Aktien eines Energiekonzerns investiert.

24.1 Bewerten Sie, mithilfe der drei Kriterien einer Geldanlage, die Geldanlage Festgeld im Vergleich zu der Geldanlage Aktie.

24.2 Die Aktienkurse des Energiekonzerns werden im DAX aufgeführt.

24.2.1 Erklären Sie, was man unter dem „DAX" versteht.

24.2.2 Nennen Sie einen weiteren bekannten Aktienindex.

24.2.3 Erläutern Sie einen Grund, der den Energiekonzern zur Ausgabe von Aktien bewegt haben könnte.

24.3 Im Mai findet schließlich die Hauptversammlung des Energiekonzerns statt. Entscheiden Sie, ob folgende Aussagen richtig oder falsch sind. Stellen Sie falsche Aussagen richtig.

Fortsetzung nächste Seite

Vorsicht Fehler!

A	Pro Aktie, die sich im Besitz des Aktionärs befindet, hat der Aktionär eine Stimme und kann so die Geschicke des Unternehmens mitbestimmen.
B	Nur der Vorstand kann auf der Hauptversammlung Anträge stellen und darüber abstimmen lassen.
C	Die Aktionäre wählen den Vorstand, der den Aufsichtsrat überwacht.
D	Ein Teil des Gewinns einer Aktiengesellschaft wird als Dividende an die Aktionäre ausgeschüttet. Die Höhe wird auf der Hauptversammlung bestimmt.
E	Bei der Ausgabe von Aktien kann eine Aktiengesellschaft entweder Stammaktien oder Vorzugsaktien an der Börse anbieten.
F	Besitzer einer Vorzugsaktie haben eine Stimme auf der Hauptversammlung und werden zusätzlich bei Dividendenzahlungen bevorzugt behandelt.

24.4 Jede Stammaktie gibt dem Besitzer das Recht auf Gewinnbeteiligung (Dividende). Der Energiekonzern verzeichnete seit dem Börsengang folgende Gewinnausschüttung pro Aktie:

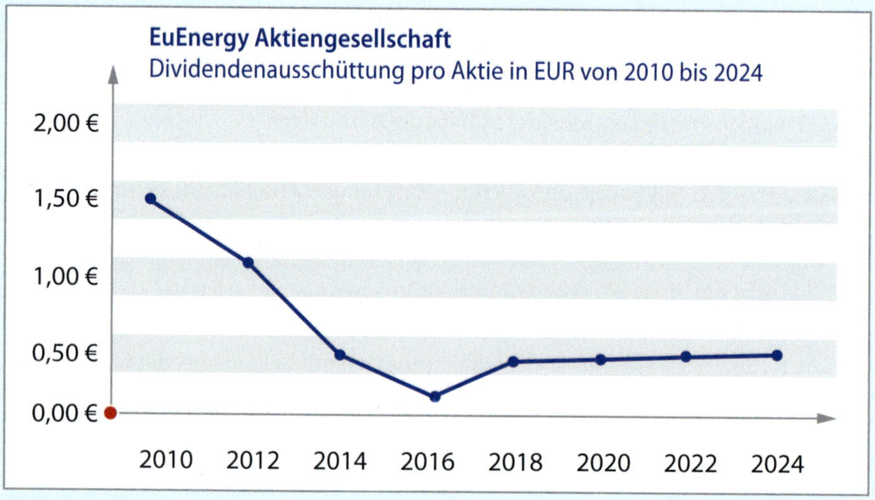

Autorengrafik

24.4.1 Berechnen Sie den Rückgang der Gewinnausschüttung von 2010 bis 2024 in Euro und Prozent.

24.4.2 Bilden Sie den Buchungssatz für die Dividendengutschrift auf unserem Geschäftsbankkonto im Jahr 2023 bei einer Stückzahl von 200 Aktien.

24.4.3 Bilden Sie den Buchungssatz für die Banklastschrift der Depotgebühren in Höhe von 30,00 €.

25. **Nach ausgiebiger Recherche des Marktes hat Max Inntaler beschlossen sein Geld in Airline-Aktien zu investieren. Dazu liegt Ihnen folgende Kaufabrechnung vor:**

InntalTex e. K.
Max Inntaler
Hauptstr. 27
83022 Rosenheim

WePa BANK
WePa Bank
Ostendstr. 3
65936 Frankfurt/Main

Orderabrechnung

Frankfurt/Main

Depotnummer:	8315116741
Kauf am:	**30.06.20..**
Deutsche Airline AG	WKN-Nr. 456709
Anzahl:	250 Stück
Kurs:	?

Kurswert	? €
+ Spesen 1 %	? €
Banklastschrift	**2.262,40 €**

Der Betrag in Höhe von 2.262,40 € wird von Ihrem Bankkonto
IBAN: DE74 7384 0000 0514 3273 14 abgebucht.

25.1 Berechnen Sie, zu welchem Stückkurs die Aktien erworben wurden.

25.2 Bilden Sie den Buchungssatz zum 30.06.20..

25.3 Max Inntaler war etwas nachlässig. Monate sind vergangen und er hat ganz vergessen, den Kursverlauf der Airline-Aktien zu beobachten. Ihnen liegt folgender Aktienchart vor:

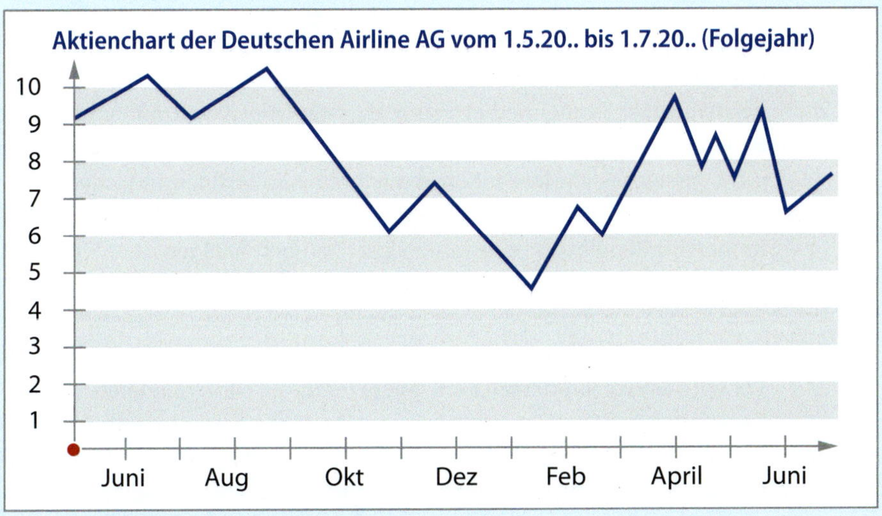

25.3.1 Max Inntaler hat den besten Verkaufszeitpunkt verpasst. Nennen Sie den verkaufsbesten Monat und begründen Sie Ihre Entscheidung.

25.3.2 Erläutern Sie einen Grund, der zum späteren Kursrückgang der Airline-Aktien geführt haben könnte.

25.3.3 Bevor die Kurse noch weiter fallen, entschließt sich Max Inntaler die Aktien am 04.05.20.. zu verkaufen. Bilden Sie den Buchungssatz für den Verkauf der 250 Airline-Aktien. Die Bank berechnet 1 % Spesen.

26. Im Internet stößt Max Inntaler auf eine interessante Infografik:

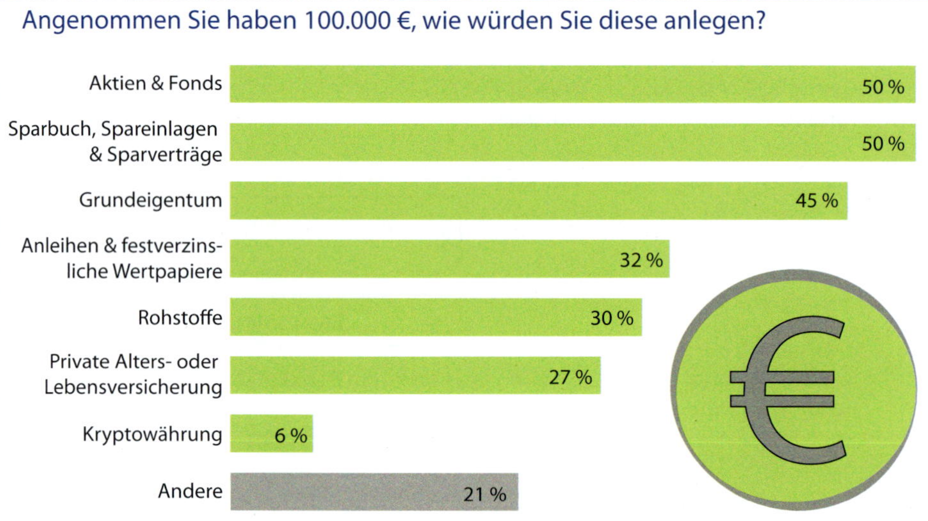

Basis: 1.036 Befragte (ab 18 Jahren) in Deutschland: Mehrfachantworten möglich
Quelle: Statista Global Consumer Survey 2020

Nach: www.statista.com, (abgerufen am 02.04.2021)

26.1 Nennen Sie Geldanlageformen, die unter „Andere" fallen könnten. Führen Sie bei Bedarf eine Internetrecherche durch.

26.2 Recherchieren Sie im Internet, was man unter einer Kryptowährung versteht.

26.3 Begründen Sie, warum Anleger bei einer herkömmlichen Geldanlage in der Regel nicht wissen, welche Investitionen mit ihrem Kapital finanziert werden.

26.4 Nennen und beschreiben Sie zwei Gründe, weshalb bei herkömmlichen Geldanlageformen die Rendite oft höher als bei nachhaltigen Anlagen ist.

26.5 Beschreiben Sie die Vor- und Nachteile einer Geldanlage in Immobilien.

27. Auch Max Inntaler zieht Vorteile aus seinen Immobilien. Bilden Sie die Buchungssätze.

27.1 Wir erhalten von Brettsteiner e. K. Miete für die an sie vermieteten Lagerhallen in der Karwendelstr. 60 per Banküberweisung. Die Miete beträgt brutto 3.570,00 €.

27.2 Für die Vermietung von 15 Wohnmobilstellplätzen auf unserem Firmengelände gehen 40,00 € pro privatem Stellplatznehmer auf unserem Bankkonto ein.

28. **Am 20.5.20.. verkauft die Firma InntalTex e. K. Bademode an die Warenhauskette „ForYOU24", Rechnungsbetrag 3.085,08 €, abzüglich 2 % Skonto bei Überweisung innerhalb von 10 Tagen.**

28.1 Bilden Sie den Buchungssatz für den Zielverkauf an die Warenhauskette „ForYOU24".

28.2 Am 04. Juni 20.. überweist der Kunde „ForYOU24" die Rechnung abzüglich 2 % Skonto. Bilden Sie den Buchungssatz.

28.3 Die Firma InntalTex e. K. akzeptiert den ungerechtfertigten Skontoabzug. Begründen Sie diese Entscheidung.

28.4 In Rechnungen ist oft der Zusatz „Die gelieferte Ware bleibt bis zur vollständigen Bezahlung unser Eigentum." zu finden. Nennen Sie den Fachbegriff für diesen Zusatz.

29. **„Schade, dass nicht alle Kunden so zuverlässig ihr Geld überweisen.", denkt sich Max Inntaler, als er folgendes Schreiben an den Kunden „Sporthaus 2000" verfasst:**

MAIL

Von: InntalTex e. K.

Betreff: Mahnung Rechnungs-Nr. 3524/20

Sehr geehrte Damen und Herren,

zu unserem Bedauern mussten wir feststellen, dass die Rechnung Nr. 3524/20 für die Lieferung von Bademode in Höhe von 1.785,00 €, fällig am 23.03.20.., noch nicht beglichen ist. Daher belasten wir Sie mit Verzugszinsen in Höhe von 8,12 % p. a. für 73 Tage sowie mit Mahngebühren in Höhe von 10,00 €. Sie finden im Anhang ein entsprechendes Schreiben als PDF. Sollten Sie den angemahnten Betrag zwischenzeitlich überwiesen haben, so betrachten Sie das Schreiben bitte als gegenstandslos.

Mit freundlichen Grüßen
gez. Max Inntaler (InntalTex e. K.)

29.1 Erklären Sie die Bedeutung des Zusatzes „p. a.".

29.2 Berechnen Sie die Höhe der Verzugszinsen.

29.3 Bilden Sie den Buchungssatz für die Erhebung der Verzugszinsen und Mahngebühren.

29.4 Am 06.06.20.. überweist die Firma Sporthaus2000 den Gesamtforderungsbetrag. Bilden Sie den Buchungssatz.

30. **In der Zeitung stößt Max Inntaler auf folgende amtliche Bekanntmachung, die Ihnen auszugsweise vorliegt:**

Bekanntmachung in gerichtlichen Verfahren

Insolvenzverfahren

Amtsgericht Bad Aibling

5 IN 6758/21. Über das Vermögen der Fitnesscenter-Kette Muscle-Fit, Kolbermoor Str. 6, 83022 Rosenheim, wurde am 04. Februar 20.. das Insolvenzverfahren eröffnet. […]

30.1 Nennen Sie einen Grund für die Einleitung eines solchen Verfahrens.

30.2 InntalTex e. K. stellt fest, dass die Rechnung Nr. 459/20 in Höhe von 1.191,53 € gegenüber dem Kunden „Muscle-Fit" noch nicht beglichen wurde. Bilden Sie den nun notwendigen Buchungssatz.

30.3 Das Insolvenzverfahren gegenüber „Muscle-Fit" wurde am 29.09.20.. mangels Masse eingestellt.

30.3.1 Erklären Sie den Begriff „mangels Masse".

30.3.2 Bilden Sie den Buchungssatz am 29.09.20..

30.3.3 Nennen Sie eine Möglichkeit zur Absicherung gegen Forderungsausfall.

31. Im Insolvenzverfahren gegenüber dem Kaufhaus „KDS" wurde eine Forderung in Höhe von 2.641,80 € angemeldet. Das Insolvenzverfahren ist abgeschlossen. Es wurde eine Insolvenzquote von 30 % ermittelt. Bilden Sie den Buchungssatz für die Überweisung auf das Geschäftsbankkonto.

32. In der Tageszeitung stößt Max Inntaler auf folgende Infografik:

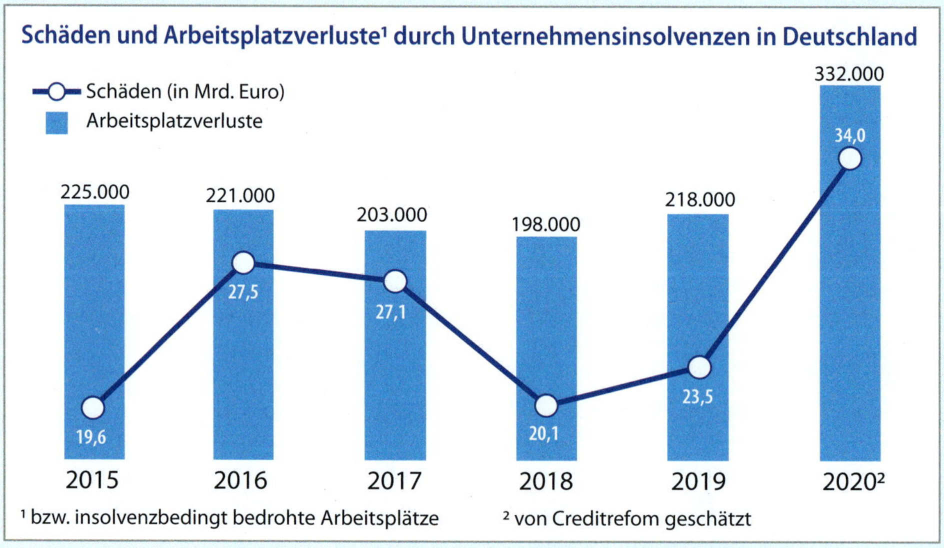

Nach: www.creditreform.de, (Abruf am 20.04.2021)

32.1 Benennen Sie die in der Grafik verwendeten Diagrammtypen.

32.2 Berechnen Sie den Anstieg der Schäden durch Unternehmensinsolvenzen in Deutschland von 2018 bis 2020 in Milliarden Euro und in Prozent.

32.3 Aufgrund von Unternehmensinsolvenzen werden Forderungen oft uneinbringlich. Nennen Sie zwei weitere Beispiele dafür, weshalb eine Forderung uneinbringlich werden kann.

32.4 Überraschenderweise geht auf dem Geschäftsbankkonto von InntalTex e. K. der Betrag in Höhe von 1.494,64 € für eine bereits vollständig abgeschriebene Forderung des Kunden „Berner Modehaus" ein. Bilden Sie den Buchungssatz.

33. **Laut § 252 HGB sind die Forderungen am Jahresende gemäß dem Prinzip der kaufmännischen Vorsicht zu bewerten. Max Inntaler hat dazu schon ein Tabellenkalkulationsblatt angelegt.**

	A	B	C	D	E	F
1	**Kunde**	**ZWFO (brutto)**	**anteilige UST**	**ZWFO (netto)**	**geschätzter Ausfall**	**Einzelwertberichtigung**
2	Münzinger	7.616,00 €	1.216,00 €	6.400,00 €	50 %	3.200,00 €
3	Günney	9.877,00 €	1.577,00 €	8.300,00 €	[1]	5.395,00 €
4	Schuster	[4]	[3]	[2]	80 %	9.120,00 €
5					**Summe der geschätzten Ausfälle:**	**17.715,00 €**

33.1 Leider ist das Programm abgestürzt, sodass nicht alle Werte sichtbar sind. Berechnen Sie die Werte für die Lücken [1] bis [4].

33.2 Bilden Sie den Buchungssatz für die Einzelwertberichtigung zum 31.12.20..

34. **Bei den einwandfreien Forderungen muss das allgemeine Ausfallrisiko aufgrund kaufmännischer Vorsicht berücksichtigt werden. Dazu liegt Ihnen folgendes T-Konto auszugsweise vor:**

2400 FO

S			H
...	...	2800 BK	13.459,00 €
5000 UEFE,		5001 EBFE,	
4800 UST	4.879,00 €	4800 UST	595,00 €
5000 UEFE,		...	...
4800 UST	6.188,00 €	2800 BK,	
		5001 EBFE,	
		4800 UST	4.879,00 €
		2800 BK	6.188,00 €
		8010 SBK	252.399,00 €
	556.200,00 €		556.200,00 €

34.1 Der Ausfall der einwandfreien Forderungen wird auf 1 % geschätzt. Ermitteln Sie die Höhe der Wertberichtigung.

34.2 Bilden Sie den Buchungssatz zu der in Aufgabe 34.1 ermittelten Wertberichtigung zum 31.12.20..

34.3 Bei der Einzel- und Pauschalwertberichtigung spricht man von der indirekten Abschreibung. Erklären Sie den buchhalterischen Hintergrund der indirekten Abschreibung und erläutern Sie deren Auswirkung auf den Erfolg des Unternehmens.

➔ Was wissen und was können Sie schon?

Nennen Sie alle buchhalterischen Tätigkeiten, die Max Inntaler in seinem Betrieb noch vor dem Jahreswechsel erledigen muss.

1

Periodenrichtige Erfolgsermittlung und Rückstellungen

Am Ende eines Geschäftsjahres werden alle Aufwendungen und Erträge auf dem GUV-Konto erfasst. Ist die Sollseite (Aufwendungen) niedriger als die Habenseite (Erträge), so hat das Unternehmen InntalTex e. K. einen Reingewinn erzielt.

Mithilfe des Reingewinns kann Max Inntaler neben betriebswirtschaftlichen Entscheidungen auch seine zu zahlende Einkommensteuer berechnen. Bei Geschäftsvorfällen, die den Bilanzstichtag überschreiten, ist daher die korrekte Zuordnung des Erfolgs zum richtigen Geschäftsjahr besonders wichtig. Dazu gehört auch die sinnvolle Bildung von Rückstellungen.

In diesem Kapitel …

… unterscheiden Sie die Begriffe Ausgabe und Aufwand sowie Einnahme und Ertrag.
… lernen Sie die betriebswirtschaftlichen sowie steuerlichen Aspekte der periodenrichtigen Erfolgsermittlung kennen.
… ordnen Sie Aufwendungen und Erträge anteilig dem richtigen Geschäftsjahr zu.
… führen Sie eine periodenrichtige Erfolgsermittlung durch.
… führen Sie Abgrenzungsbuchungen durch.
… bilden Sie Rückstellungen und lösen diese im nächsten Geschäftsjahr wieder auf.

LERNGERÜST

Notwendigkeit der periodenrichtigen Erfolgsermittlung

Handelsrechtlicher Aspekt • Steuerrechtlicher Aspekt • Betriebswirtschaftlicher Aspekt

Unterscheidung der Begriffe Ausgabe/Aufwand bzw. Einnahme/Ertrag

Ausgabe	Einnahme

Aufwand	Ertrag
Kontenklasse 6 Kontenklasse 7	Kontenklasse 5

Periodenrichtige Aufteilung von Aufwendungen und Erträgen

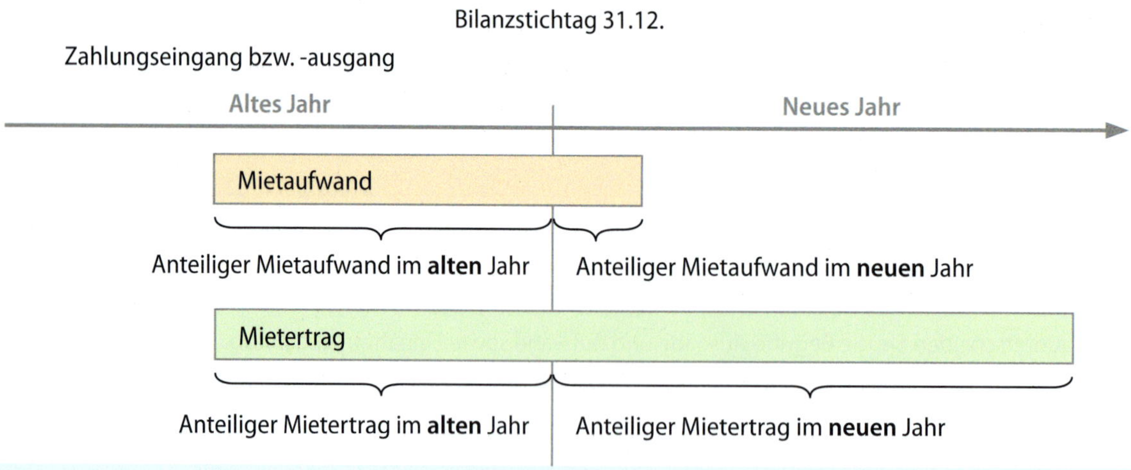

Abgrenzungsbuchungen

Aktive Rechnungsabgrenzung

Laufende Buchung (mit Steuerpflicht) im **alten** Geschäftsjahr:

Aufwandskonto (2600 VORST)	an	2800 BK

Vorabschlussbuchung zum Bilanzstichtag 31.12.:

2900 ARA	an	Aufwandskonto

Abschlussbuchungen am Bilanzstichtag 31.12.:

8020 GUV	an	Aufwandskonto

8010 SBK	an	2900 ARA

Erfolgswirksames Auflösen der aktiven Rechnungsabgrenzung im **Folgejahr**:

Aufwandskonto	an	2900 ARA

Passive Rechnungsabgrenzung

Laufende Buchung (mit Steuerpflicht) im **alten** Geschäftsjahr:

2800 BK	an	Ertragskonto (4800 UST)

Vorabschlussbuchung zum Bilanzstichtag 31.12.:

Ertragskonto	an	4900 PRA

Abschlussbuchungen am Bilanzstichtag 31.12.:

Ertragskonto	an	8020 GUV

4900 PRA	an	8010 SBK

Erfolgswirksames Auflösen der passiven Rechnungsabgrenzung im **Folgejahr**:

4900 PRA	an	Ertragskonto

LERNGERÜST

Rückstellungen

Bildung von Rückstellungen

Vorabschlussbuchung zum Bilanzstichtag 31.12.:

Aufwandskonto	an	3900 RST

Abschlussbuchungen am Bilanzstichtag 31.12.:

8020 GUV	an	Aufwandskonto

3900 RST	an	8010 SBK

Auflösung von Rückstellungen

1 Die Schätzung war richtig.

3900 RST 2600 VORST	an	2800 BK

2 Die Schätzung war zu niedrig.

3900 RST 6990 PFAW 2600 VORST	an	2800 BK

3 Die Schätzung war zu hoch.

3900 RST 2600 VORST	an	2800 BK 5490 PFE

4 Die Rückstellung wird nicht gebraucht.

3900 RST	an	5490 PFE

1.1 Periodenrichtige Erfolgsermittlung

1.1.1 Notwendigkeit der periodenrichtigen Erfolgsermittlung

Handelsrechtlicher Aspekt

Die Notwendigkeit einer periodenrichtigen Erfolgsermittlung ergibt sich durch verschiedene gesetzliche Vorgaben im **Handelsgesetzbuch (HGB)**.

Ein Geschäftsjahr eines Unternehmens darf laut **§ 240 HGB** zwölf Monate, d.h. ein Jahr, nicht überschreiten. Dieses Geschäftsjahr beginnt meist am 01.01. und endet am 31.12. eines Kalenderjahres. Im Laufe eines Geschäftsjahres fallen unzählige Geschäftsvorfälle mit Aufwendungen und Erträgen an. Dabei kann es passieren, dass diese Geschäftsvorfälle teilweise in das nächste Geschäftsjahr hineinreichen und diesem der Klarheit, Wahrheit und Richtigkeit wegen zugerechnet werden müssen.

MERKE

Periodenfremde Aufwendungen/Erträge
Aufwendungen und Erträge, die wirtschaftlich dem nächsten Geschäftsjahr zugeordnet werden, bezeichnet man als **periodenfremd**.

Das Handelsgesetzbuch unterscheidet dabei zwei Fälle:

§ 250 HGB Rechnungsabgrenzungsposten

(1) Als Rechnungsabgrenzungsposten sind auf der Aktivseite Ausgaben vor dem Abschlussstichtag auszuweisen, soweit sie Aufwand für eine bestimmte Zeit nach diesem Tag darstellen.
(2) Auf der Passivseite sind als Rechnungsabgrenzungsposten Einnahmen vor dem Abschlussstichtag auszuweisen, soweit sie Ertrag für eine bestimmte Zeit nach diesem Tag darstellen.

www.gesetze-im-internet.de, Abruf am 27.01.2021

Steuerrechtlicher Aspekt

Eine weitere gesetzliche Grundlage zur periodenrichtigen Erfolgsermittlung stellt das **Einkommensteuergesetz (EStG)** dar:

> **§ 5 EStG Gewinn bei Kaufleuten**
>
> (5) [1] Als Rechnungsabgrenzungsposten sind nur anzusetzen
> 1. auf der Aktivseite Ausgaben vor dem Abschlussstichtag, soweit sie Aufwand für eine bestimmte Zeit nach diesem Tag darstellen;
> 2. auf der Passivseite Einnahmen vor dem Abschlussstichtag, soweit sie Ertrag für eine bestimmte Zeit nach diesem Tag darstellen.
>
> *www.gesetze-im-internet.de, Abruf am 27.10.2020*

Eine periodenrichtige Gewinn- und Verlustrechnung ist aus steuerrechtlicher Sicht von großer Wichtigkeit, da die GUV-Rechnung durch Gegenüberstellung aller Aufwendungen und Erträge das Gesamtergebnis eines Unternehmens ermittelt. Ein im GUV-Konto berechneter **Reingewinn** stellt die **Grundlage für die Berechnung der Steuerschuld** eines Unternehmens dar.

BEISPIEL

Das Unternehmen InntalTex e. K. überweist immer am 01.07. die Kfz-Steuer des gesamten Fuhrparks in Höhe von 6.000,00 € für ein Jahr im Voraus. Der Einkommensteuersatz beträgt 37 %.

Auswirkung auf die zu zahlende Steuer mit und ohne periodenrichtiger Erfolgsermittlung

Ohne periodenrichtiger Erfolgsermittlung

S	8020 GUV		H
6000 AWR	9.000,00 €	5000 UEFE	50.000,00 €
6010 AWF	4.000,00 €		
6020 AWH	2.000,00 €		
6030 AWB	5.000,00 €		
6200 LG	12.000,00 €		
6700 AWMP	4.000,00 €		
7000 GWST	4.000,00 €		
7030 KFZST	**6.000,00 €**		
Reingewinn	4.000,00 €		
	50.000,00 €		50.000,00 €

→ davon 37 % Einkommensteuer = 1.480,00 €

Mit periodenrichtiger Erfolgsermittlung

S	8020 GUV		H
6000 AWR	9.000,00 €	5000 UEFE	50.000,00 €
6010 AWF	4.000,00 €		
6020 AWH	2.000,00 €		
6030 AWB	5.000,00 €		
6200 LG	12.000,00 €		
6700 AWMP	4.000,00 €		
7000 GWST	4.000,00 €		
7030 KFZST	**3.000,00 €**		
Reingewinn	7.000,00 €		
	50.000,00 €		50.000,00 €

→ davon 37 % Einkommensteuer = 2.590,00 € ➔ **periodenrichtige** Einkommensteuerschuld

Unterschied Einkommensteuer/ Lohnsteuer
Die an den Staat abzuführende Steuer auf das Einkommen wird bei Selbstständigen Einkommensteuer und bei Arbeitnehmern Lohnsteuer genannt.

MERKE

Tatsächliche Einkommensteuerschuld
Nur mit einer periodenrichtigen Erfolgsermittlung ergibt sich nach den Grundsätzen ordnungsmäßiger Buchführung die korrekte Ermittlung der tatsächlichen Einkommensteuerschuld an das Finanzamt.

Betriebswirtschaftlicher Aspekt

Eine **periodenrichtige Gewinn- und Verlustrechnung** und eine **periodenrichtige Bilanz** bilden die Grundlage für **betriebswirtschaftlich sinnvolle Entscheidungen** eines Unternehmens. Eine exakte Gewinn- und Verlustrechnung ist dabei eine wichtige Berechnungsgrundlage für die Kalkulation von Verkaufspreisen der Fertigerzeugnisse eines Unternehmens, da alle in einem Unternehmen anfallenden Aufwendungen in der Kalkulation der Verkaufspreise in den Selbstkosten berücksichtigt werden. Periodenfremde Posten verfälschen jedoch die Ergebnisrechnung und somit die Berechnung der tatsächlichen Selbstkosten der Fertigerzeugnisse. Daher werden nur mithilfe einer periodenrichtigen Erfolgsermittlung die Selbstkosten in der Kalkulation der Verkaufspreise korrekt erfasst und die Verkaufspreise infolgedessen richtig ermittelt.

Periodenrichtige Erfolgsermittlung

↓

Korrekte Berechnung der Selbstkosten der Fertigerzeugnisse

↓

Richtige Kalkulation der Verkaufspreise der Fertigerzeugnisse

↓

KEIN Wettbewerbsnachteil des Unternehmens

AUFGABEN

1. Nennen Sie die Fachbegriffe der drei wesentlichen Aspekte, die eine periodenrichtige Erfolgsermittlung notwendig machen.

2. Entscheiden Sie, ob folgende Aussagen richtig oder falsch sind. Stellen Sie falsche Aussagen richtig.

2.1 Aufwendungen und Erträge, die wirtschaftlich dem nächsten Geschäftsjahr zugeordnet werden, bezeichnet man als periodenrichtig.

2.2 Eine gesetzliche Grundlage zur periodenrichtigen Erfolgsermittlung stellt das Umsatzsteuergesetz (UStG) dar.

2.3 Ein GUV-Konto, das mit der periodenrichtigen Erfolgsermittlung erstellt wurde, stellt die Grundlage für die Berechnung der Steuerschuld des Unternehmens dar.

2.4 Nur bei einer periodenrichtigen Erfolgsermittlung können die Verkaufspreise der Fertigerzeugnisse korrekt berechnet werden.

3. Ergänzen Sie den Lückentext.

Aufwendungen • 31.12. • Kalkulation • Handelsgesetzbuch • Erträge • steuerrechtlicher • handelsrechtlicher • Einkommensteuergesetz • Steuerschuld • Grundlage • zwölf • betriebswirtschaftlichen • Selbstkosten

Ein Geschäftsjahr eines Unternehmens umfasst immer (A) Monate und beginnt meist am 01.01. und endet am (B) eines Kalenderjahres. Da im Laufe eines Geschäftsjahres viele verschiedene Geschäftsvorfälle anfallen und diese teilweise in das nächste Geschäftsjahr hineinreichen, müssen diese periodenrichtig abgegrenzt werden. Diese Notwendigkeit der periodenrichtigen Erfolgsermittlung ergibt sich aus verschiedenen Vorgaben aus dem (C) (HGB) und wird deswegen auch (D) Aspekt genannt.

Der zweite wesentliche Aspekt als Grundlage der periodenrichtigen Erfolgsermittlung ergibt sich aus dem (E) (EStG). Die GUV-Rechnung ermittelt durch Gegenüberstellung aller (F) und (G) das Gesamtergebnis eines Unternehmens. Da der Reingewinn eines Unternehmens die Grundlage für die Berechnung der (H) darstellt, ist eine periodenrichtige Gewinn- und Verlustrechnung aus steuerrechtlicher Sicht von großem Interesse und wird daher (I) Aspekt genannt.

Eine periodenrichtige Gewinn- und Verlustrechnung ist für einen Unternehmer die (J) für betriebswirtschaftliche Entscheidungen. Periodenfremde Posten verfälschen die Ergebnisrechnung und somit die Berechnung der (K) der Fertigerzeugnisse. Mit einer periodenrichtigen Erfolgsermittlung werden die Selbstkosten in der (L) der Verkaufspreise korrekt erfasst. Diesen dritten Aspekt der periodenrichtigen Erfolgsermittlung nennt man den (M) Aspekt.

1.1.2 Unterscheidung der Begriffe Einnahme/Ertrag bzw. Ausgabe/Aufwand

Ich habe gerade den § 250 im HGB gelesen. Da werden die Begriffe Ausgabe und Aufwand bzw. Einnahmen und Ertrag verwendet. Können Sie mir diese nochmal erklären? Da habe ich im BwR-Unterricht nicht richtig aufgepasst.

Im Unternehmensalltag werden die Begriffe **Einnahme** und **Ertrag** sowie **Ausgabe** und **Aufwand** täglich verwendet. Damit diese Begriffe im Sprachgebrauch der Mitarbeiter auch tatsächlich richtig angewandt werden, müssen die Definitionen für alle klar sein.

Einnahmen und Erträge

Die Firma InntalTex e. K. verkauft Winterjacken im Wert von 2.200,00 € netto auf Ziel. — **GESCHÄFTSVORFALL**

2400 FO	2.618,00 €	an	5000 UEFE	2.200,00 €
			4800 UST	418,00 €

BUCHUNGSSATZ

Einnahmen

Alle Geschäftsvorfälle, durch die sich das **Geldvermögen** eines Unternehmens **erhöht**, führen zu **Einnahmen**. Das Geldvermögen wird wie folgt berechnet:

	Bankguthaben	150.000,00 €
+	Kassenbestand	20.000,00 €
+	Forderungen	200.000,00 €
–	Verbindlichkeiten	100.000,00 €
=	Geldvermögen	270.000,00 €

Durch den Buchungssatz ergeben sich nun folgende Änderungen:

	Bankguthaben	150.000,00 €	
+	Kassenbestand	20.000,00 €	
+	Forderungen	202.618,00 €	(200.000,00 € + 2.618,00 €)
–	Verbindlichkeiten	100.000,00 €	
=	Geldvermögen	272.618,00 €	

Der Buchungssatz hat zu einer Erhöhung des Geldvermögens und somit zu einer Einnahme in Höhe von 2.618,00 € geführt.

Erträge

Alle Geschäftsvorfälle, bei denen die Kontenklasse 5 betroffen ist, führen zu **Erträgen**. Grund dafür ist der **Wertezufluss**, der dabei dem Unternehmen auf dem jeweiligen Ertragskonto entsteht. Da der Wertezufluss zu einer Erhöhung der Erträge führt, hat dieser eine **positive Auswirkung auf die Erfolgsrechnung (GUV)** des Unternehmens.

Durch den Verkauf von Fertigerzeugnissen ist bei InntalTex e. K. ein solcher Wertezufluss und damit ein Ertrag in Höhe von 2.200,00 € entstanden.

Ausgaben und Aufwendungen

GESCHÄFTSVORFALL

Die Firma InntalTex e. K. kauft für die laufende Produktion von Schals neuen Baumwollstoff (Rechnungsbetrag 595,00 €) auf Ziel.

BUCHUNGSSATZ

6000 AWR	500,00 €			
2600 VORST	95,00 €	an	4400 VE	595,00 €

Ausgaben

Alle Geschäftsvorfälle, durch die sich das **Geldvermögen** eines Unternehmens **mindert**, führen zu **Ausgaben**.

Durch den Buchungssatz ergibt sich folgende Änderung des Geldvermögens:

	Bankguthaben	150.000,00 €	
+	Kassenbestand	20.000,00 €	
+	Forderungen	202.618,00 €	
–	Verbindlichkeiten	100.595,00 €	(100.000,00 € + 595,00 €)
=	Geldvermögen	272.023,00 €	

Der Buchungssatz hat zu einer Minderung des Geldvermögens und somit zu einer Ausgabe in Höhe von 595,00 € geführt.

Aufwendungen

Alle Geschäftsvorfälle, durch die ein Konto der Kontenklasse 6 oder 7 betroffen ist, führen im Unternehmen zu **Aufwendungen**. Grund dafür ist der **Werteabfluss**, der dabei dem Unternehmen auf dem jeweiligen Aufwandskonto entsteht. Da der Werteabfluss zu einer Erhöhung der Aufwendungen führt, hat dieser eine **negative Auswirkung auf die Erfolgsrechnung (GUV)** des Unternehmens.

Durch den Einkauf von Rohstoffen ist bei InntalTex e. K. ein solcher Werteabfluss und damit ein Aufwand in Höhe von 500,00 € entstanden.

MERKE

Einnahmen, Erträge, Ausgaben, Aufwendungen
Einnahmen und Ausgaben haben Einfluss auf das Geldvermögen eines Unternehmens. Erhöht sich das Geldvermögen durch einen Geschäftsvorfall, handelt es sich um eine Einnahme. Mindert sich das Geldvermögen hingegen, handelt es sich um eine Ausgabe.
Erträge und Aufwendungen haben Einfluss auf die Erfolgsrechnung (GUV) eines Unternehmens. Erträge (z. B. durch Umsatzerlöse für eigene Erzeugnisse) wirken sich dabei positiv, Aufwendungen (z. B. Aufwendungen für Rohstoffe) negativ auf das Konto GUV und damit auf den Unternehmenserfolg aus.

AUFGABEN

1. Ordnen Sie den Buchungssätzen jeweils einen oder mehrere der folgenden Begriffe zu:

Ausgabe • Aufwand • Einnahme • Ertrag

1.1

6000 AWR	200,00 €			
2600 VORST	38,00 €	an	4400 VE	238,00 €

1.2

2400 FO	952,00 €	an	5400 EMP	800,00 €
			4800 UST	152,00 €

1.3

2800 BK		an	5710 ZE	98,00 €

2. Erklären Sie, warum es sich bei folgendem Buchungssatz um keine Einnahme handelt.

2800 BK		an	2400 FO	1.190,00 €

3. Bilden Sie je einen Buchungssatz, der die im Folgenden genannte Bedingung erfüllt und nicht bereits in Aufgabe 1 oder 2 dargestellt wurde. Wichtig: Das ausschließliche Verändern von Beträgen der Buchungssätze aus Aufgabe 1 und 2 ist dabei unzulässig. Der Buchungssatz stellt für das Unternehmen …

3.1 … eine Einnahme und einen Ertrag dar.
3.2 … eine Ausgabe und einen Aufwand dar.
3.3 … weder eine Einnahme, noch einen Ertrag dar.

4. Bilden Sie den Geschäftsvorfall zu einem Buchungssatz, der für das Unternehmen weder eine Ausgabe, noch einen Aufwand darstellt.

1.1.3 Periodenrichtige Aufteilung von Aufwendungen und Erträgen

Aufwendungen und Erträge fallen in einem Unternehmen das ganze Geschäftsjahr über an. Dabei kann es sein, dass diese Aufwendungen und Erträge bereits im alten Geschäftsjahr bezahlt werden, tatsächlich aber einen Zeitraum betreffen, der über den Bilanzstichtag (31.12.) hinausgeht. Dann müssen die entsprechenden Beträge berechnet sowie periodenrichtig aufgeteilt und abgegrenzt werden.

Berechnung des abzugrenzenden Betrages

GESCHÄFTSVORFALL

> Die Firma InntalTex e. K. überweist die gesamten Versicherungsbeiträge in Höhe von 1.200,00 € für den Zeitraum vom 01.05. bis 30.04. des folgenden Jahres im Voraus.

Darstellung mittels Zeitgeraden:

01.05. | Bilanzstichtag 31.12. | 30.04.

Altes Jahr	Neues Jahr
Gesamtzahlung im Voraus: 1.200,00 € (Ausgabe)	
Mai–Dezember (8 Monate)	Januar–April (4 Monate)
NR: $\frac{1.200,00\,€ \cdot 8\,m}{12\,m} = 800,00\,€$	NR: $\frac{1.200,00\,€ \cdot 4\,m}{12\,m} = 400,00\,€$
Anteil für das **alte** Geschäftsjahr: 800,00 € 800,00 € sind periodenrichtig.	Anteil für das **neue** Geschäftsjahr: 400,00 € 400,00 € sind periodenfremd.

AUFGABEN

1. Erstellen Sie für die Eintragungen im Kontoauszug der Firma InntalTex e. K. jeweils eine eigene Zeitgerade, um die Beträge auf das alte und das neue Geschäftsjahr zu verteilen.

Allfinanzbank Rosenheim
Hauptstr. 7, 83022 Rosenheim

IBAN: DE74 7384 0000 0514 3273 14

Vorgang	Buchungstag	Wertstellung	Soll [€]	Haben [€]
1 Bezahlung der Kfz-Steuer für ein Jahr im Voraus	01.10.20..	02.10.20..	6.000,00	
2 Bezahlung der Zinsen für Okt., Nov., Dez.	01.10.20..	02.10.20..	240,00	
3 Miete für Lagerhalle (Okt.–März)	01.10.20..	03.10.20..		5.400,00
Kontostand	03.10.20..			**325.410,00**

InntalTex e. K. – Hauptstr. 27 – 83022 Rosenheim

2. Erklären Sie an einem selbstgewählten Beispiel die Begriffe periodenrichtig und periodenfremd.

3. Durch Zufall findet Max Inntaler den folgenden Auszug aus dem Einkommensteuergesetz (EStG):

Einkommensteuergesetz (EStG) § 4 a Gewinnermittlungszeitraum, Wirtschaftsjahr

(1) [1] Bei Land- und Forstwirten und bei Gewerbetreibenden ist der Gewinn nach dem Wirtschaftsjahr zu ermitteln. [2] Wirtschaftsjahr ist
1. bei Land- und Forstwirten der Zeitraum vom 1. Juli bis zum 30. Juni.

www.gesetze-im-internet.de, Abruf am 06.05.2021

3.1 Beschreiben Sie mindestens einen Grund, der das zeitliche Abweichen des Wirtschaftsjahres für Land- und Forstwirte von der Norm (01.01.–31.12.) legitimieren könnte.

3.2 Außerdem erinnert sich Max Inntaler in diesem Zusammenhang wieder an den § 240 HGB und die Pflicht zur Aufstellung eines Inventarverzeichnisses. Erklären Sie den Begriff Inventar.

Wirtschaftsjahr
Wirtschaftsjahr ist ein Synonym für Geschäftsjahr.

1.1.4 Abgrenzungsbuchungen

Nach **§ 250 HGB** werden zwei Abgrenzungsfälle unterschieden:

1. **aktive Rechnungsabgrenzung** für einen Aufwand
2. **passive Rechnungsabgrenzung** für einen Ertrag

Beide Fälle haben gemeinsam, dass im alten Geschäftsjahr ein Zahlvorgang erfolgt, obwohl der Aufwand bzw. der Ertrag tatsächlich erst im neuen Geschäftsjahr entsteht und daher auch erst dann erfolgswirksam gebucht werden darf. Mithilfe der jeweiligen Abgrenzungsposten werden die dem neuen Geschäftsjahr zugehörenden Aufwendungen/Erträge in die korrekte Periode übertragen. Aufgrund dieser Eigenschaft werden die Rechnungsabgrenzungsposten auch als „**transitorische Posten**" (lat. transire = hinübergeben) bezeichnet.

Würde man keine Abgrenzungsbuchungen vornehmen, würden zu hohe Aufwendungen/Erträge im alten Geschäftsjahr und zu niedrige Aufwendungen/Erträge im neuen Jahr geltend gemacht werden und so den jeweiligen Gewinn verfälschen.

Aktive Rechnungsabgrenzung

GESCHÄFTSVORFALL

Die Firma InntalTex e. K. überweist jedes Jahr am 1.10. die Kfz-Steuer für ihre Firmen-Pkw in Höhe von 960,00 € für ein Jahr im Voraus.

Darstellung mittels Zeitgeraden:

01.10. | Bilanzstichtag 31.12. | 30.09.

Altes Jahr	Neues Jahr
Gesamtzahlung im Voraus: 960,00 € (Ausgabe)	
Oktober–Dezember (3 Monate)	Januar–September (9 Monate)
NR: $\frac{960{,}00\,€ \cdot 3\,m}{12\,m} = 240{,}00\,€$	NR: $\frac{960{,}00\,€ \cdot 9\,m}{12\,m} = 720{,}00\,€$
Anteil für das **alte** Geschäftsjahr: 240,00 € 240,00 € sind periodenrichtig.	Anteil für das **neue** Geschäftsjahr: 720,00 € 720,00 € sind periodenfremd.

Laufende Buchung am 01.10.:

BUCHUNGSSATZ 1

7030 KFZST	an	2800 BK	960,00 €

Auch wenn ein Teil der Kfz-Steuer tatsächlich erst im neuen Jahr anfällt, wird bei der Überweisung am 01.10. der Aufwand zunächst in voller Höhe gebucht.

Darstellung in T-Konten:

S	7030 KFZST		H
[1] 2800 BK	960,00 €		

S	2800 BK		H
AB	200.000,00 €	[1] 7030 KFZST	960,00 €

Vorabschlussbuchung zum Bilanzstichtag 31.12.:

2900 ARA	an	7030 KFZST	720,00 €

BUCHUNGSSATZ [2]

Die buchhalterische Erfassung des Aufwandes, der zwar im alten Jahr gebucht wurde, aber tatsächlich erst im neuen Jahr entsteht, erfolgt auf dem aktiven Bestandskonto **2900 ARA** (aktive Rechnungsabgrenzung). Als Gegenkonto wird das jeweilige Aufwandskonto (hier 7030 KFZST) verwendet und damit der Betrag, der auf das neue Jahr entfällt, vom Konto 7030 KFZST auf das Konto 2900 ARA umgebucht.

Darstellung in T-Konten:

S	2900 ARA		H
[2] 7030 KFZST	720,00 €		

S	7030 KFZST		H
[1] 2800 BK	960,00 €	[2] 2900 ARA	720,00 €

Hinweis
Zur Erleichterung des Verständnisses wird zunächst angenommen, dass das Konto 2900 ARA keinen Anfangsbestand hat.

Abschlussbuchungen am Bilanzstichtag 31.12.:

8020 GUV	an	7030 KFZST	240,00 €

BUCHUNGSSATZ [3]

Am Jahresende wird das Aufwandskonto 7030 KFZST auf das Konto 8020 GUV abgeschlossen.

Darstellung in T-Konten:

S	8020 GUV		H
...	...	...	...
[3] 7030 KFZST	240,00 €		
...	...		

S	7030 KFZST		H
[1] 2800 BK	960,00 €	[2] 2900 ARA	720,00 €
		[3] 8020 GUV	240,00 €

BUCHUNGSSATZ 4

8010 SBK	an	2900 ARA	720,00 €

Am Jahresende wird das aktive Bestandskonto 2900 ARA auf das Konto 8010 SBK abgeschlossen.

Darstellung in T-Konten:

S	8010 SBK		H
…	…	…	…
4 2900 ARA	720,00 €		
…	…		

S	2900 ARA		H
2 7030 KFZST	720,00 €	4 8010 SBK	720,00 €

Erfolgswirksames Auflösen der aktiven Rechnungsabgrenzung im Folgejahr:

BUCHUNGSSATZ 5

7030 KFZST	an	2900 ARA	720,00 €

Mit dem Beginn des neuen Geschäftsjahres und damit in dem Jahr, in dem die 720,00 € Kfz-Steuer **tatsächlich** anfällt, muss der auf dem Konto 2900 ARA gebuchte Betrag wieder auf das Aufwandskonto 7030 KFZST zurückgebucht werden. So vermindert der Aufwand am Jahresende des richtigen Geschäftsjahres in korrekter Höhe den Gewinn.

Darstellung in T-Konten:

S	7030 KFZST		H
5 2900 ARA	720,00 €		

S	2900 ARA		H
AB	720,00 €	5 7030 KFZST	720,00 €

Zweck der aktiven Rechnungsabgrenzung

Ohne eine Rechnungsabgrenzung würden die Kfz-Steuern am Jahresende des alten Jahres in voller Höhe (960,00 €) auf dem Konto 8020 GUV gebucht werden, obwohl **tatsächlich** lediglich 240,00 € auf dieses Geschäftsjahr entfallen. Folglich würde der Gewinn im alten Geschäftsjahr zu stark und im neuen Geschäftsjahr zu wenig reduziert werden. Mit der Rechnungsabgrenzung erfolgt eine buchhalterisch korrekte Verteilung der gesamten Kfz-Steuern auf die richtigen Geschäftsjahre und führt damit jeweils zu einer korrekten Gewinnermittlung.

Aktive Rechnungsabgrenzung

MERKE

Das Konto **2900 ARA** ist ein aktives Bestandskonto, auf dem die Bestände der **periodenfremden Aufwendungen** (= Zahlung im alten Jahr, tatsächliches Anfallen der Aufwendung erst im neuen Jahr; wird auch als „transitorischer Posten" bezeichnet) gebucht werden. Die aktive Rechnungsabgrenzung dient der korrekten Verteilung des im alten Jahr gezahlten Aufwands auf das alte und neue Jahr und gewährleistet so eine korrekte Gewinnermittlung in beiden Jahren.

Passive Rechnungsabgrenzung

GESCHÄFTSVORFALL

Um die Firma InntalTex e. K. als treuen Kunden zu halten, überweist die Allfinanzbank als besondere Werbemaßnahme Zinsen in Höhe von 120,00 € für sechs Monate im Voraus auf das Geschäftsbankkonto von Max Inntaler.

Darstellung mittels Zeitgeraden:

01.12. | Bilanzstichtag 31.12. | 31.05.

Altes Jahr | Neues Jahr

Gesamtzahlung im Voraus:
120,00 € (Ausgabe)

Dezember (1 Monat) | Januar–Mai (5 Monate)

NR: $\frac{120{,}00\,€ \cdot 1\,m}{6\,m} = 20{,}00\,€$

NR: $\frac{120{,}00\,€ \cdot 5\,m}{6\,m} = 100{,}00\,€$

Anteil für das **alte** Geschäftsjahr: 20,00 €
20,00 € sind periodenrichtig.

Anteil für das **neue** Geschäftsjahr: 100,00 €
100,00 € sind periodenfremd.

Hinweis
Banken zahlen Zinsen in der Realität lediglich im Nachhinein an den Kontoinhaber aus. Für inhaltliche Varianz wird hier jedoch dieser fiktive Fall angenommen.

Laufende Buchung am 01.12.:

2800 BK	an	5710 ZE	120,00 €

BUCHUNGSSATZ 1

Auch wenn ein Teil der Zinserträge tatsächlich erst im neuen Jahr entsteht, wird bei Zahlungseingang am 01.12. der Ertrag zunächst in voller Höhe gebucht.

Darstellung in T-Konten:

S	2800 BK		H
AB	200.000,00 €	7030 KFZST	960,00 €
[1] 5710 ZE	120,00 €		

S	5710 ZE		H
		[1] 2800 BK	120,00 €

Vorabschlussbuchung zum Bilanzstichtag 31.12.:

BUCHUNGSSATZ [2]

5710 ZE	an	4900 PRA	100,00 €

Die buchhalterische Erfassung des Ertrags, der zwar im alten Jahr gebucht wurde, aber tatsächlich erst im neuen Jahr entsteht, erfolgt auf dem passiven Bestandskonto **4900 PRA** (passive Rechnungsabgrenzung). Als Gegenkonto wird das jeweilige Ertragskonto (hier 5710 ZE) verwendet und damit der Betrag, der auf das neue Jahr entfällt, vom Konto 5710 ZE auf das Konto 4900 PRA umgebucht.

Hinweis
Zur Erleichterung des Verständnisses wird zunächst angenommen, dass das Konto 4900 PRA keinen Anfangsbestand hat.

Darstellung in T-Konten:

S	5710 ZE		H
[2] 4900 PRA	100,00 €	[1] 2800 BK	120,00 €

S	4900 PRA		H
		[2] 5710 ZE	100,00 €

Abschlussbuchungen am Bilanzstichtag 31.12.:

BUCHUNGSSATZ [3]

5710 ZE	an	8020 GUV	20,00 €

Am Jahresende wird das Ertragskonto 5710 ZE auf das Konto 8020 GUV abgeschlossen.

Darstellung in T-Konten:

S	5710 ZE		H
[2] 4900 PRA	100,00 €	[1] 2800 BK	120,00 €
[3] 8020 GUV	20,00 €		

S	8020 GUV		H
...	...	...	...
		[3] 5710 ZE	20,00 €
		...	...

4900 PRA	an	8010 SBK	100,00 €

BUCHUNGSSATZ 4

Am Jahresende wird das passive Bestandskonto 4900 PRA auf das Konto 8010 SBK abgeschlossen.

Darstellung in T-Konten:

S	4900 PRA		H
4 8010 SBK	100,00 €	2 5710 ZE	100,00 €

S	8010 SBK		H
...	...	...	...
		4 4900 PRA	100,00 €
		...	...

Erfolgswirksames Auflösen der passiven Rechnungsabgrenzung im Folgejahr:

4900 PRA	an	5710 ZE	100,00 €

BUCHUNGSSATZ 5

Mit dem Beginn des neuen Geschäftsjahres und damit in dem Jahr, in dem die 100,00 € Zinserträge **tatsächlich** entstehen, muss der auf dem Konto 4900 PRA gebuchte Betrag wieder auf das Ertragskonto 5710 ZE zurückgebucht werden. So erhöht der Ertrag am Jahresende des richtigen Geschäftsjahres in korrekter Höhe den Gewinn.

Darstellung in T-Konten:

S	4900 PRA		H
5 5710 ZE	100,00 €	AB	100,00 €

S	5400 EMP		H
		5 4900 PRA	100,00 €

Zweck der passiven Rechnungsabgrenzung

Ohne eine Rechnungsabgrenzung würden die Zinserträge am Jahresende des alten Jahres in voller Höhe (120,00 €) auf dem Konto 8020 GUV gebucht werden, obwohl **tatsächlich** lediglich 20,00 € auf dieses Geschäftsjahr entfallen. Folglich würde der Gewinn im alten Geschäftsjahr zu stark und im neuen Geschäftsjahr zu wenig erhöht werden. Mit der Rechnungsabgrenzung erfolgt eine buchhalterisch korrekte Verteilung der gesamten Zinserträge auf die richtigen Geschäftsjahre und führt damit jeweils zu einer korrekten Gewinnermittlung.

MERKE

Passive Rechnungsabgrenzung

Das Konto **4900 PRA** ist ein passives Bestandskonto, auf dem die Bestände der **periodenfremden Erträge** (= Zahlung im alten Jahr, tatsächliches Anfallen des Ertrags erst im neuen Jahr; wird auch als „transitorischer Posten" bezeichnet) gebucht werden. Die passive Rechnungsabgrenzung dient der korrekten Verteilung des im alten Jahr gebuchten Ertrags auf das alte und neue Jahr und gewährleistet so eine korrekte Gewinnermittlung in beiden Jahren.

Umsatzsteuerpflichtige Abgrenzungsfälle

Fall A: Aktive Rechnungsabgrenzung mit Steuer

GESCHÄFTSVORFALL

Die Miete für eine Lagerhalle wird von InntalTex e. K. zum 01.11. für ein halbes Jahr im Voraus per Banküberweisung bezahlt, 6.426,00 € brutto.

Darstellung mittels Zeitgeraden:

01.11. | Bilanzstichtag 31.12. | 30.04.

Altes Jahr | Neues Jahr

Gesamtzahlung im Voraus:
6.426,00 € (Ausgabe)

November–Dezember (2 Monate)

$$\text{NR: } \frac{6.426{,}00\,€ \cdot 2\,\text{m}}{6\,\text{m}} = 2.142{,}00\,€ \text{ (brutto)}$$

$$\text{NR: } \frac{2.142{,}00\,€ \cdot 100\,\%}{119\,\%} = 1.800{,}00\,€ \text{ (netto)}$$

Anteil für das **alte** Geschäftsjahr: 1.800,00 €
1.800,00 € sind periodenrichtig.

Januar–April (4 Monate)

$$\text{NR: } \frac{6.426{,}00\,€ \cdot 4\,\text{m}}{6\,\text{m}} = 4.284{,}00\,€ \text{ (brutto)}$$

$$\text{NR: } \frac{4.284{,}00\,€ \cdot 100\,\%}{119\,\%} = 3.600{,}00\,€ \text{ (netto)}$$

Anteil für das **neue** Geschäftsjahr: 3.600,00 €
3.600,00 € sind periodenfremd.

Laufende Buchung am 01.11.:

BUCHUNGSSATZ 1

6700 AWMP	5.400,00 €			
2600 VORST	1.026,00 €	an	2800 BK	6.426,00 €

Auch wenn ein Teil der Mietaufwendungen tatsächlich erst im neuen Jahr entsteht, wird bei der Überweisung am 01.11. der Ertrag zunächst in voller Höhe gebucht. Die anfallende Steuer wird wie gewohnt berechnet und gebucht.

Vorabschlussbuchung zum Bilanzstichtag 31.12.:

2900 ARA	an	6700 AWMP	3.600,00 €

BUCHUNGSSATZ [2]

Die buchhalterische Erfassung des Aufwands, der zwar im alten Jahr gebucht wird, aber tatsächlich erst im neuen Jahr entsteht, erfolgt auf dem aktiven Bestandskonto 2900 ARA (aktive Rechnungsabgrenzung).

Darstellung in T-Konten:

S	2900 ARA		H
AB	720,00 €	7030 KFZST	720,00 €
[2] 6700 AWMP	3.600,00 €		

S	6700 AWMP		H
[1] 2800 BK	5.400,00 €	[2] 2900 ARA	3.600,00 €

Hinweis:
Das Konto 2900 ARA von S. 54 wird hier fortgeführt, weshalb bereits der Anfangsbestand sowie die Konteneintragung zur Kfz-Steuer enthalten sind.

Abschlussbuchungen am Bilanzstichtag 31.12.:

8020 GUV	an	6700 AWMP	1.800,00 €

BUCHUNGSSATZ [3]

Beim Konto 6700 AWMP (= Miete, Pachten) handelt es sich um ein Aufwandskonto, welches am Bilanzstichtag auf das Konto 8020 GUV abgeschlossen wird. Dabei steht das GUV-Konto im Soll, das Aufwandskonto im Haben des Buchungssatzes.

Darstellung in T-Konten:

S	8020 GUV		H
...	...	...	...
[3] 6700 AWMP	1.800,00 €		
...	...		

S	6700 AWMP		H
[1] 2800 BK	5.400,00 €	[2] 2900 ARA	3.600,00 €
		[3] 8020 GUV	1.800,00 €

8010 SBK	an	2900 ARA	3.600,00 €

BUCHUNGSSATZ [4]

Das Konto 2900 ARA (= Aktive Rechnungsabgrenzung) ist ein aktives Bestandskonto und wird am Bilanzstichtag auf das Konto 8010 SBK abgeschlossen. Das Schlussbilanzkonto steht dabei im Soll, das aktive Bestandskonto im Haben des Buchungssatzes.

Darstellung in T-Konten:

S	8010 SBK		H
…	…	…	…
4 2900 ARA	3.600,00 €		
…	…		

S	2900 ARA		H
AB	720,00 €	7030 KFZST	720,00 €
2 6700 AWMP	3.600,00 €	4 8010 SBK	3.600,00 €

MERKE

Die Vorsteuer bei der aktiven Rechnungsabgrenzung

Bei der aktiven Rechnungsabgrenzung wird die Vorsteuer **nicht** abgegrenzt, sondern in voller Höhe zum Zeitpunkt der Bezahlung auf dem Konto **2600 VORST** gebucht. Lediglich die **Nettobeträge** werden buchhalterisch abgegrenzt und periodenrichtig erfasst.

Erfolgswirksames Auflösen der aktiven Rechnungsabgrenzung im Folgejahr:

BUCHUNGSSATZ 5

6700 AWMP	an	2900 ARA	3.600,00 €

Mit dem Beginn des neuen Geschäftsjahres und damit in dem Jahr, in dem die 3.600,00 € Mietaufwendungen **tatsächlich** anfallen, muss der auf dem Konto 2900 ARA gebuchte Betrag wieder auf das Aufwandskonto 6700 AWMP zurückgebucht werden. So vermindert der Aufwand am Jahresende des richtigen Geschäftsjahres in korrekter Höhe den Gewinn. Da die Steuer bereits in voller Höhe im alten Geschäftsjahr gebucht wurde, darf sie nun nicht erneut gebucht werden.

Darstellung in T-Konten:

S	6700 AWMP		H
5 2900 ARA	3.600,00 €		

S	2900 ARA		H
AB	3.600,00 €	5 6700 AWMP	3.600,00 €

Fall B: Passive Rechnungsabgrenzung mit Steuer

Die Firma InntalTex e.K. erhält am 01.11. für drei Monate im Voraus per Banküberweisung 214,20 € brutto für an einen anderen Unternehmer vermieteten Garagenstellplatz.

GESCHÄFTSVORFALL

Darstellung mittels Zeitgeraden:

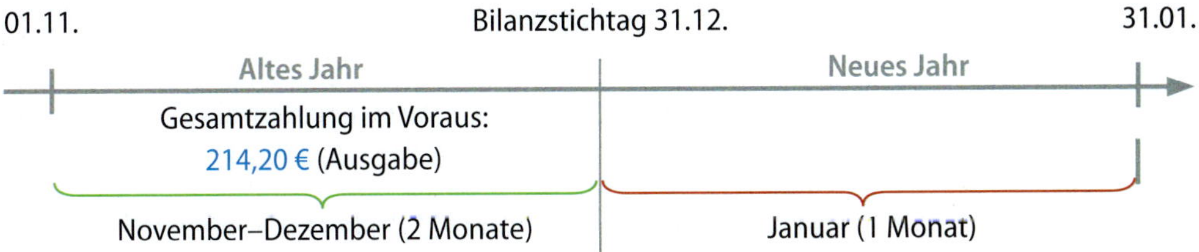

NR: $\dfrac{214{,}20\,€ \cdot 2\,m}{3\,m} = 142{,}80\,€$ (brutto)

NR: $\dfrac{142{,}80\,€ \cdot 100\,\%}{119\,\%} = 120{,}00\,€$ (netto)

Anteil für das **alte** Geschäftsjahr: 120,00 €
120,00 € sind periodenrichtig.

NR: $\dfrac{214{,}20\,€ \cdot 1\,m}{3\,m} = 71{,}40\,€$ (brutto)

NR: $\dfrac{71{,}40\,€ \cdot 100\,\%}{119\,\%} = 60{,}00\,€$ (netto)

Anteil für das **neue** Geschäftsjahr: 60,00 €
60,00 € sind periodenfremd.

Laufende Buchung am 01.11.:

2800 BK	214,20 €	an	5400 EMP	180,00 €
			4800 UST	34,20 €

BUCHUNGSSATZ 1

Auch wenn ein Teil des Mieterträgs tatsächlich erst im neuen Jahr entsteht, wird bei Zahlungseingang am 01.11. der Ertrag zunächst in voller Höhe gebucht. Die anfallende Steuer wird wie gewohnt berechnet und gebucht.

Vorabschlussbuchung zum Bilanzstichtag 31.12.:

5400 EMP	an	4900 PRA	60,00 €

BUCHUNGSSATZ 2

Die buchhalterische Erfassung des Ertrages, der zwar im alten Jahr gebucht wird, aber tatsächlich erst im neuen Jahr entsteht, erfolgt auf dem passiven Bestandskonto 4900 PRA (passive Rechnungsabgrenzung).

Zinserträge:
Das Konto 4900 PRA von S. 57 wird hier fortgeführt, weshalb bereits der Anfangsbestand sowie die Konteneintragung Zinserträge enthalten sind

Darstellung in T-Konten:

S	5400 EMP		H
[2] 4900 PRA	60,00 €	[1] 2800 BK	180,00 €

S	4900 PRA		H
5710 ZE	100,00 €	AB	100,00 €
		[2] 5400 EMP	60,00 €

Abschlussbuchungen am Bilanzstichtag 31.12.:

BUCHUNGSSATZ [3]

5400 EMP	an	8020 GUV	120,00 €

Darstellung in T-Konten:

S	5400 EMP		H
[2] 4900 PRA	60,00 €	[1] 2800 BK	180,00 €
[3] 8020 GUV	120,00 €		

S	8020 GUV		H
...	...	...	...
		[3] 5400 EMP	120,00 €
		...	...

BUCHUNGSSATZ [4]

4900 PRA	an	8010 SBK	60,00 €

Darstellung in T-Konten:

S	4900 PRA		H
5710 ZE	100,00 €	AB	100,00 €
[4] 8010 SBK	60,00 €	[2] 5400 EMP	60,00 €

S	8010 SBK		H
...	...	...	...
		[4] 4900 PRA	60,00 €
		...	...

MERKE

Die Umsatzsteuer bei der passiven Rechnungsabgrenzung
Bei der passiven Rechnungsabgrenzung wird die Umsatzsteuer **nicht** abgegrenzt, sondern in voller Höhe zum Zeitpunkt der Bezahlung auf dem Konto **4800 UST** gebucht. Lediglich die **Nettobeträge** werden buchhalterisch abgegrenzt und periodenrichtig erfasst.

Erfolgswirksames Auflösen der passiven Rechnungsabgrenzung im Folgejahr:

4900 PRA	an	5400 EMP	60,00 €

BUCHUNGSSATZ 5

Mit dem Beginn des neuen Geschäftsjahres und damit in dem Jahr, in dem die 60,00 € Mieterträge **tatsächlich** anfallen, muss der auf dem Konto 4900 PRA gebuchte Betrag wieder auf das Ertragskonto 5400 EMP zurückgebucht werden. So erhöht der Ertrag am Jahresende des richtigen Geschäftsjahres in korrekter Höhe den Gewinn. Da die Steuer bereits in voller Höhe im alten Geschäftsjahr gebucht wurde, darf sie nun nicht erneut gebucht werden.

Darstellung in T-Konten:

S	**4900 PRA**		H
5 5400 EMP	60,00 €	AB	60,00 €

S	**5400 EMP**		H
		5 4900 PRA	60,00 €

MERKE

Zusammenfassung aktive oder passive Rechnungsabgrenzung

Es findet im alten Geschäftsjahr ein Geldfluss statt, der Beträge aus dem neuen Geschäftsjahr enthält.

Aufwand oder Ertrag?

Aufwand

Aktive Rechnungsabgrenzung

Laufende Buchung ohne Steuerpflicht im **alten** Geschäftsjahr:

Aufwandskonto	an	2800 BK

Vorabschlussbuchung zum Bilanzstichtag 31.12.:

2900 ARA	an	Aufwandskonto

Abschlussbuchungen am Bilanzstichtag 31.12.:

8020 GUV	an	Aufwandskonto
8010 SBK	an	2900 ARA

Erfolgswirksames Auflösen der aktiven Rechnungsabgrenzung im **Folgejahr**:

Aufwandskonto	an	2900 ARA

Ertrag

Passive Rechnungsabgrenzung

Laufende Buchung ohne Steuerpflicht im **alten** Geschäftsjahr:

2800 BK	an	Ertragskonto

Vorabschlussbuchung zum Bilanzstichtag 31.12.:

Ertragskonto	an	4900 PRA

Abschlussbuchungen am Bilanzstichtag 31.12.:

Ertragskonto	an	8020 GUV
4900 PRA	an	8010 SBK

Erfolgswirksames Auflösen der passiven Rechnungsabgrenzung im **Folgejahr**:

4900 PRA	an	Ertragskonto

Achtung: Bei umsatzsteuerpflichtigen Abgrenzungsfällen muss bei den laufenden Buchungen noch die Vorsteuer (Aufwand) bzw. die Umsatzsteuer (Ertrag) gebucht werden.

AUFGABEN

1. Die Firma InntalTex e. K. überweist vom Geschäftsbankkonto jedes Jahr am 01.09.20.. Darlehenszinsen an die Allfinanzbank in Höhe von 2.760,00 € für ein halbes Jahr im Voraus.

1.1 Stellen Sie den Geschäftsvorfall in einer aussagekräftigen Zeitgeraden dar.
1.2 Bilden Sie den Buchungssatz zur laufenden Buchung am 01.09.
1.3 Bilden Sie den vorbereitenden Abschlussbuchungssatz zum 31.12.
1.4 Bilden Sie die beiden Abschlussbuchungssätze am 31.12.
1.5 Bilden Sie den Buchungssatz zum erfolgswirksamen Auflösen der Rechnungsabgrenzung im Folgejahr.

2. Erklären Sie den Begriff transitorischer Posten anhand eines konkreten Beispiels.

3. Die Firma InntalTex e.K. überweist am 1.10.20.. vertragsgemäß 1.999,20 € brutto für gemietete Stellplätze für zwölf Monate im Voraus.

3.1 Stellen Sie den Geschäftsvorfall in einer aussagekräftigen Zeitgeraden dar.
3.2 Bilden Sie den Buchungssatz/die Buchungssätze für
3.2.1 … die laufende Buchung am 01.10.
3.2.2 … die Vorabschlussbuchung zum 31.12.
3.2.3 … die beiden Abschlussbuchungen am 31.12.
3.2.4 … das erfolgswirksame Auflösen der Rechnungsabgrenzung im Folgejahr.

4. Am 31.12.20.. weist das Konto 7000 GWST die folgenden Eintragungen auf:

S		**7000 GWST**	H
[1] 2800 BK	945,00 €	[2] 2900 ARA	630,00 €
		[3] 8020 GUV	315,00 €

4.1 Bilden Sie den Geschäftsvorfall zur Eintragung [1]. Tipp: Berücksichtigen Sie dabei auch die übrigen Konteneintragungen.
4.2 Geben Sie die Höhe der periodenfremden Gewerbesteuer des aktuellen Geschäftsjahres an.
4.3 Bilden Sie die Buchungssätze zu den Konteneintragungen [2] und [3].

5. Füllen Sie die Lücken des Textes mit den korrekten Fachbegriffen. Notieren Sie dazu die Buchstaben A bis D in Ihr Heft und halten Sie daneben den korrekten Fachbegriff schriftlich fest.

Die aktive und passive Rechnungsabgrenzung dient dem Zweck, dass der (A) des jeweiligen Geschäftsjahres in korrekter Höhe ausgewiesen wird. Bei der Rechnungsabgrenzung dürfen lediglich die (B) der jeweiligen Aufwendungen bzw. Erträge abgegrenzt werden. (C) werden nicht abgegrenzt, sondern zum Zeitpunkt der Bezahlung bzw. des Zahlungseingangs sofort und in (D) Höhe buchhalterisch erfasst.

1.2 Rückstellungen

Max Inntaler hatte am 20.12.20.. auf eisiger Fahrbahn einen Unfall mit seinem Firmenwagen. Da die Werkstatt den Pkw nicht mehr vor dem 31.12.20.. und damit nicht mehr im Geschäftsjahr des Unfalls reparieren kann, wird auch die Rechnung für die Instandsetzung erst im nächsten Geschäftsjahr bei InntalTex e. K. eingehen.

Da der Unfall aber in diesem Geschäftsjahr passiert ist, muss Max Inntaler schon jetzt einen bestimmten Geldbetrag für die Instandsetzung im nächsten Jahr bereithalten. Das Besondere dabei ist, dass diese **Rückstellung** einen Aufwand für das **alte Geschäftsjahr** darstellt, auch wenn die **genaue Höhe und Fälligkeit** der Verbindlichkeit noch **unbekannt** sind. Daher muss Max Inntaler nach vernünftiger kaufmännischer Abwägung die Reparaturkosten für den Firmen-Pkw schätzen und diesen Betrag als Rückstellung in der Bilanz buchen.

§ 249 HGB – Rückstellungen

(1) Rückstellungen sind für ungewisse Verbindlichkeiten und für drohende Verluste aus schwebenden Geschäften zu bilden. Ferner sind Rückstellungen zu bilden für
1. im Geschäftsjahr unterlassene Aufwendungen für Instandhaltung, die im folgenden Geschäftsjahr innerhalb von drei Monaten, oder für Abraumbeseitigung, die im folgenden Geschäftsjahr nachgeholt werden,
2. Gewährleistungen, die ohne rechtliche Verpflichtung erbracht werden.
(2) Für andere als die in Absatz 1 bezeichneten Zwecke dürfen Rückstellungen nicht gebildet werden. Rückstellungen dürfen nur aufgelöst werden, soweit der Grund hierfür entfallen ist.

www.gesetze-im-internet.de, Abruf am 26.01.2021

1.2.1 Bildung von Rückstellungen

GESCHÄFTSVORFALL

Max Inntaler kommt am 20.12.20.. mit einem Firmen-Pkw auf glatter Fahrbahn von der Straße ab und rutscht in den Straßengraben. Die Firma InntalTex e. K. erhält zwei Tage später von der Werkstatt einen Kostenvoranschlag für die Reparatur des Fahrzeugs in Höhe von 3.300,00 € netto.

Kostenvoranschlag
Ein Kostenvoranschlag ist ein unverbindliches Angebot.

Vorabschlussbuchung zum Bilanzstichtag 31.12.:

6160 FRI	an	3900 RST	3.300,00 €

Erfassung werterhaltender Reparaturen
Werterhaltende Reparaturen werden immer auf dem Konto 6160 FRI erfasst.

Die buchhalterische Erfassung des Instandhaltungsaufwandes, dessen genaue Höhe und Fälligkeit im nächsten Geschäftsjahr nicht bekannt ist, erfolgt auf dem passiven Bestandskonto **3900 RST (Rückstellungen)**.

Darstellung in T-Konten:

S	6160 FRI		H
3900 RST	3.300,00 €		

S	3900 RST		H
		6160 FRI	3.300,00 €

Als Gegenkonto wird das konkrete Aufwandskonto, für das die Rückstellung gebildet wird (hier 6160 FRI), verwendet. Da es sich hier um einen Schätzwert handelt, darf die Steuer buchhalterisch nicht erfasst werden.

Abschlussbuchungen am Bilanzstichtag 31.12.:

8020 GUV	an	6160 FRI	3.300,00 €

3900 RST	an	8010 SBK	3.300,00 €

Am Jahresende wird das Aufwandskonto auf 8020 GUV und das passive Bestandskonto auf 8010 SBK abgeschlossen.

MERKE

Rückstellungen
Rückstellungen sind nach § 249 HGB **für ungewisse Verbindlichkeiten**, die dem abgelaufenen Geschäftsjahr zuzuordnen sind, zu bilden. Bei der Bildung der Rückstellungen stehen allerdings der genaue Betrag und die Fälligkeit der Verbindlichkeit noch nicht fest, daher muss der **Nettobetrag** nach vernünftiger kaufmännischer Abwägung für die Bildung der Rückstellung geschätzt werden.

AUFGABEN

1. Es liegen folgende Geschäftsvorfälle vor. Bilden Sie jeweils den Buchungssatz für die Bildung der Rückstellung sowie für die beiden Abschlussbuchungssätze jeweils zum Bilanzstichtag.

1.1 Die Firma InntalTex e. K. erhält am 23.12. einen Kostenvoranschlag für die Reparatur einer Maschine in Höhe von 2.975,00 € brutto.

1.2 Bei einem Wasserrohrbruch Ende November entstand am Firmengebäude ein Sachschaden in Höhe von 27.000,00 € netto. Die Reparatur wird erst im neuen Geschäftsjahr abgeschlossen sein.

1.3

Dr. Bender und Partner, Schillerstr. 105, 83022 Rosenheim

InntalTex e. K.
Hauptstr. 27
83022 Rosenheim

20.12.20..

Kostenvoranschlag

Sehr geehrter Herr Inntaler,

für den im neuen Geschäftsjahr startenden Gerichtsprozess wegen einer Lizenzstreitigkeit, bei dem wir Sie vertreten sollen, veranschlagen wir für die Beratungskosten als Kostenvoranschlag 2.700,00 € netto.

Mit freundlichen Grüßen

Ralf Bender

2. Verbessern Sie folgenden Fehlertext, in dem Sie ihn korrekt in Ihre Unterlagen übertragen.

Die Bildung von Rückstellungen sind im § 249 des BGB geregelt. Sie müssen für ungewisse Verbindlichkeiten aus dem neuen Geschäftsjahr gebildet werden. Die Höhe des Betrags der zu bildenden Rückstellung steht fest, allerdings die Fälligkeit der Verbindlichkeit im neuen Geschäftsjahr noch nicht. Bei der Bildung der Rückstellung wird der Bruttobetrag nach vernünftiger kaufmännischer Abwägung errechnet.

Vorsicht Fehler!

1.2.2 Auflösung von Rückstellungen

Die Werkstatt hat den Firmen-Pkw von Max Inntaler nun wieder repariert. Zur Begleichung der tatsächlichen Rechnung, löst Max Inntaler seine im Vorjahr gebildete Rückstellung wieder auf.

Zur Erinnerung: Vorabschlussbuchung zum Bilanzstichtag 31.12. (Vorjahr):

6160 FRI	an	3900 RST	3.300,00 €

Da der Betrag der im Vorjahr gebildeten Rückstellung nur geschätzt war, kann die tatsächliche Rechnung der Reparatur nun vier Situationen hervorrufen:

1. Die Schätzung war richtig.
2. Die Schätzung war zu niedrig.
3. Die Schätzung war zu hoch.
4. Die Rückstellung wird nicht gebraucht.

GESCHÄFTSVORFALL 1

Max Inntaler erhält am 07.02.20.. von der Autowerkstatt für die Reparatur seines Firmen-Pkw eine Rechnung in Höhe von 3.927,00 € brutto.

Nebenrechnung:

Tatsächlicher Reparaturaufwand (netto): $\frac{3.927{,}00\ € \cdot 100\ \%}{119\ \%} = 3.300{,}00\ €$

Für tatsächlichen Reparaturaufwand anfallende Steuer: $\frac{3.300{,}00\ € \cdot 19\ \%}{100\ \%} = 627{,}00\ €$

Gegenüberstellung: Tatsächlicher Reparaturaufwand und gebildete Rückstellung

Tatsächlicher Reparaturaufwand		Gebildete Rückstellung	Differenz
3.300,00 €	=	3.300,00 €	–

3900 RST	3.300,00 €			
2600 VORST	627,00 €	an	4400 VE	3.927,00 €

BUCHUNGSSATZ 1

Die im Vorjahr für die Reparatur gebildete Rückstellung wird nun aufgelöst, sodass für die buchhalterische Erfassung das Konto 3900 RST verwendet wird. Da der Nettobetrag des tatsächlichen Reparaturaufwands genau der gebildeten Rückstellung entspricht, wird kein weiteres Konto benötigt.

> Max Inntaler erhält am 07.02.20.. des Folgejahres von der Autowerkstatt für die Reparatur seines Firmen-Pkw eine Rechnung in Höhe von 4.403,00 € brutto.

GESCHÄFTSVORFALL 2

Nebenrechnung:

Tatsächlicher Reparaturaufwand (netto): $\frac{4.403{,}00\ € \cdot 100\,\%}{119\,\%} = 3.700{,}00\ €$

Für tatsächlichen Reparaturaufwand anfallende Steuer: $\frac{3.700{,}00\ € \cdot 19\,\%}{100\,\%} = 703{,}00\ €$

Gegenüberstellung: Tatsächlicher Reparaturaufwand und gebildete Rückstellung

Tatsächlicher Reparaturaufwand		Gebildete Rückstellung	Differenz
3.700,00 €	>	3.300,00 €	400,00 €

Max Inntaler hat im vergangenen Jahr 400,00 € zu wenig Rückstellungen für die Instandhaltung gebildet.

3900 RST	3.300,00 €			
6990 PFAW	400,00 €			
2600 VORST	703,00 €	an	4400 VE	4.403,00 €

BUCHUNGSSATZ 2

Die im Vorjahr für die Reparatur gebildete Rückstellung wird nun aufgelöst, sodass für die buchhalterische Erfassung das Konto 3900 RST verwendet wird. Diese Rückstellung ist jedoch um 400,00 € zu niedrig, sodass diese Differenz zwischen tatsächlichem Reparaturaufwand (netto) und gebildeter Rückstellung als zusätzlicher **Aufwand im aktuellen Geschäftsjahr** gebucht werden muss. Da der Aufwand allerdings bereits im Vorjahr (= andere/fremde Periode) entstanden ist, wird hier das Aufwandskonto **6990 PFAW** (Periodenfremde Aufwendungen) verwendet.

> Max Inntaler erhält am 07.02.20.. des Folgejahres von der Autowerkstatt für die Reparatur seines Firmen-Pkw eine Rechnung in Höhe von 3.332,00 € brutto.

GESCHÄFTSVORFALL 3

Nebenrechnung:

Tatsächlicher Reparaturaufwand (netto): $\frac{3.332{,}00\ € \cdot 100\,\%}{119\,\%} = 2.800{,}00\ €$

Für tatsächlichen Reparaturaufwand anfallende Steuer: $\frac{2.800{,}00\ € \cdot 19\,\%}{100\,\%} = 532{,}00\ €$

Gegenüberstellung: Tatsächlicher Reparaturaufwand und gebildete Rückstellung

Tatsächlicher Reparaturaufwand		Gebildete Rückstellung	Differenz
2.800,00 €	<	3.300,00 €	500,00 €

Max Inntaler hat im vergangenen Jahr 500,00 € zu viel Rückstellungen für die Instandhaltung gebildet.

BUCHUNGSSATZ 3

3900 RST	3.300,00 €			
2600 VORST	532,00 €	an	4400 VE	3.332,00 €
			5490 PFE	500,00 €

Die im Vorjahr für die Reparatur gebildete Rückstellung wird nun aufgelöst, sodass für die buchhalterische Erfassung das Konto 3900 RST verwendet wird. Diese Rückstellung ist jedoch um 500,00 € zu hoch, sodass diese Differenz zwischen tatsächlichem Reparaturaufwand (netto) und gebildeter Rückstellung als zusätzlicher **Ertrag im aktuellen Geschäftsjahr** gebucht werden muss. Da der Ertrag allerdings bereits im Vorjahr (= andere/fremde Periode) entstanden ist, wird hier das Ertragskonto **5490 PFE** (Periodenfremde Erträge) verwendet.

Achtung: Die gebuchte Vorsteuer wird vom Reparaturaufwand (siehe Nebenrechnung oben) berechnet und **nicht** von der im Vorjahr gebildeten Rückstellung.

GESCHÄFTSVORFALL 4

Max Inntaler erhält am 07.02.20.. des Folgejahres von der Autowerkstatt eine Nachricht, dass die Reparatur seines Firmen-Pkw bereits vollständig von der Versicherung beglichen wurde.

Gegenüberstellung: Tatsächlicher Reparaturaufwand und gebildete Rückstellung

Tatsächlicher Reparaturaufwand		Gebildete Rückstellung	Differenz
0,00 €	<	3.300,00 €	3.300,00 €

BUCHUNGSSATZ 4

3900 RST	an	5490 PFE	3.300,00 €

Die im Vorjahr für die Reparatur gebildete Rückstellung wird nun aufgelöst, sodass für die buchhalterische Erfassung das Konto 3900 RST verwendet wird. Da die Reparaturkosten jedoch nicht von Max Inntaler beglichen werden, entspricht die gebildete Rückstellung in voller Höhe dem periodenfremden Ertrag.

AUFGABEN

1. Bilden Sie jeweils den Buchungssatz für die Auflösung der Rückstellung.

1.1 Die tatsächlichen Reparaturkosten einer Maschine entsprechen mit 2.975,00 € brutto genau dem im Vorjahr geschätzten Kostenvoranschlag, auf dessen Basis eine entsprechende Rückstellung gebildet wurde.

1.2 Für die Reparatur eines Wasserrohrdurchbruchs wurde im Vorjahr eine Rückstellung in Höhe von 27.000,00 € netto gebildet. Die tatsächlichen Kosten belaufen sich auf 30.345,00 € brutto.

1.3 InntalTex e. K. hat im Vorjahr für die Reparatur des Firmen-Pkw eine Rückstellung (2.700,00 € netto) gebildet. Im neuen Jahr ging folgendes Schreiben bei Max Inntaler ein:

Auto Jacob OHG – Ringstr. 33 – 83022 Rosenheim

AUTO JACOB OHG

InntalTex e. K.
Max Inntaler
Hauptstr. 27
83022 Rosenheim

20.01.20..

Rechnung

Sehr geehrter Herr Inntaler,

wir haben Ihren Firmen-Pkw nun endlich reparieren können (siehe Schreiben vom 20.12.) und erlauben uns folgenden Rechnungsbetrag von Ihnen in Höhe von 3.689,00 € zu fordern.

Die Details zur Rechnung sehen Sie auf Seite 2.

Mit freundlichen Grüßen

Konstantin Jacob

2. Erklären Sie, weshalb das Auflösen von Rückstellungen notwendig ist.

ZUSAMMENFASSUNG

Kap. 1.1.1

Notwendigkeit der periodenrichtigen Erfolgsermittlung

Geschäftsvorfälle reichen teilweise in das nächste Geschäftsjahr hinein, obwohl das aktuelle Geschäftsjahr noch nicht abgeschlossen ist. Betroffene Aufwendungen und Erträge müssen zur buchhalterischen Klarheit, Wahrheit und Richtigkeit über den jeweiligen Rechnungsabgrenzungsposten (§ 250 HGB) in das korrekte Geschäftsjahr übertragen werden (= handelsrechtlicher Aspekt). Diese Zuteilung führt dazu, dass die Aufwendungen und Erträge den Gewinn des betroffenen Geschäftsjahres in richtiger Höhe erhöhen/senken und so eine korrekte Berechnung der jeweiligen Steuerlast ermöglichen (§ 5 EStG; steuerrechtlicher Aspekt). Nicht zuletzt das Wissen um den korrekten Gewinn und die korrekte Steuerlast ermöglichen es dem Unternehmer wiederum, taktisch kluge betriebswirtschaftliche Entscheidungen zu treffen (betriebswirtschaftlicher Aspekt).

Kap. 1.1.2

Unterscheidung der Begriffe Einnahme/Ertrag bzw. Ausgabe/Aufwand

Berechnung des Geldvermögens:

	Bankguthaben
+	Kassenbestand
+	Forderungen
–	Verbindlichkeiten
=	Geldvermögen

Geschäftsvorfälle, die eine Erhöhung des Geldvermögens bewirken und keine Auswirkungen auf die Erfolgsrechnung haben, stellen für das Unternehmen **Einnahmen** dar. Wird hingegen das Geldvermögen gesenkt, ohne die Erfolgsrechnung des Unternehmens zu beeinflussen, handelt es sich um eine **Ausgabe**.
Die positive Beeinflussung der Erfolgsrechnung (Konto 8020 GUV) eines Unternehmens führt zu einem **Ertrag**, die negative zu einem **Aufwand**. Oftmals geht ein und derselbe Geschäftsvorfall mit einem Aufwand und einer Ausgabe bzw. einem Ertrag und einer Einnahme einher.

Kap. 1.1.3

Periodenrichtige Aufteilung von Aufwendungen und Erträgen

Zur periodenrichtigen Aufteilung der Beträge auf das alte und das neue Geschäftsjahr ist ein **Zeitstrahl** zu bilden:

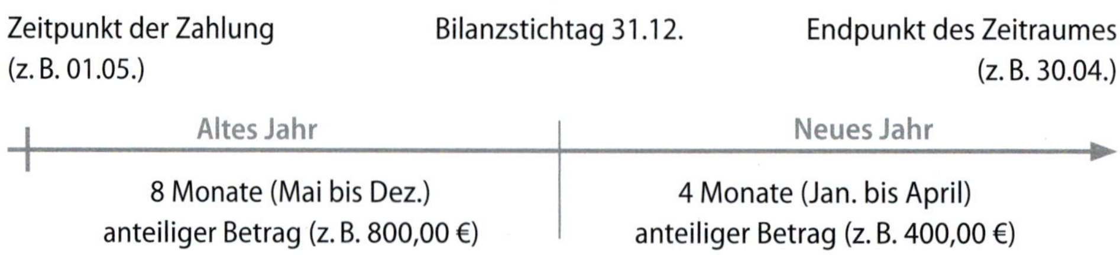

Abgrenzungsbuchungen

Kap. 1.1.4

Aktive Rechnungsabgrenzung

Aufwendungen, die im alten Geschäftsjahr im Voraus für einen Zeitraum bezahlt werden, der sich in Teilen im neuen Geschäftsjahr befindet, sind auf die jeweiligen Jahre korrekt zu verteilen und deshalb am Bilanzstichtag abzugrenzen. Der Aufwand, der im **alten Jahr gezahlt wird, aber tatsächlich erst im neuen Jahr anfällt**, wird auf dem Konto **2900 ARA** erfasst.

Buchungssatz zum Bilanzstichtag:

2900 ARA	an	Aufwandskonto	… € (Aufwand neues Jahr)

Im **neuen Geschäftsjahr** erfolgt unmittelbar die Auflösung der Abgrenzungsbuchung mit demselben Betrag.

Aufwandskonto	an	2900 ARA	… € (Aufwand neues Jahr)

Passive Rechnungsabgrenzung

Erträge, die im alten Geschäftsjahr im Voraus für einen Zeitraum im Unternehmen eingehen, der sich in Teilen im neuen Geschäftsjahr befindet, sind auf die jeweiligen Jahre korrekt zu verteilen und deshalb am Bilanzstichtag abzugrenzen. Der Ertrag, der im **alten Jahr eingeht aber tatsächlich erst im neuen Jahr anfällt**, wird auf dem Konto **4900 PRA** erfasst.

Buchungssatz zum Bilanzstichtag:

Ertragskonto	an	4900 PRA	… € (Ertrag neues Jahr)

Im **neuen Geschäftsjahr** erfolgt unmittelbar die Auflösung der Abgrenzungsbuchung mit demselben Betrag.

4900 PRA	an	Ertragskonto	… € (Ertrag neues Jahr)

Umsatzsteuerpflichtige Abgrenzungsfälle

Sind abzugrenzende Aufwendungen/Erträge steuerpflichtig, werden diese inkl. der anfallenden Vor- bzw. Umsatzsteuer zum Zeitpunkt des Geschäftsvorfalles im alten Geschäftsjahr gebucht. Eine Abgrenzung der **Steuer** zum Bilanzstichtag erfolgt **nicht**. Der **Nettowert** der Aufwendung/des Ertrags wird hingegen wie gewohnt zum Bilanzstichtag abgegrenzt und im neuen Geschäftsjahr aufgelöst.

Rückstellungen

Kap. 1.2

Rückstellungen sind für Verbindlichkeiten zu bilden, die einen Aufwand für das alte Geschäftsjahr darstellen und deren **Höhe und Fälligkeit** aber noch **unbekannt** sind. Diese können daher erst im neuen Geschäftsjahr beglichen werden.

KOMPETENZCHECK

1. Erklären Sie die folgenden Begriffe:

Ausgabe • Aufwand • Einnahme • Ertrag

2. Ordnen Sie den Geschäftsvorfällen und Buchungssätzen die jeweils zutreffenden Begriffe (A) Ausgabe, (B) Aufwand, (C) Einnahme und (D) Ertrag zu. Begründen Sie Ihre Zuordnungen.

2.1 Ein Mitarbeiter der Firma InntalTex e. K. kauft Spezialputzmittel für die Produktionsmaschinen in Höhe von 238,00 € brutto und überweist den Rechnungsbetrag sofort.

2.2 Die Firma InntalTex e. K. überweist noch offene Verbindlichkeiten in Höhe von 1.190,00 € brutto an einen Lieferanten.

2.3 Eine Kunde für Fertigerzeugnisse der Firma InntalTex e. K. begleicht eine noch offene Forderung in Höhe von 656,88 € brutto per Banküberweisung.

2.4

6000 AWR	700,00 €			
2600 VORST	133,00 €	an	4400 VE	833,00 €

2.5

2400 FO	1.071,00 €	an	5000 UEFE	900,00 €
			4800 UST	171,00 €

2.6

4400 VE		an	2800 BK	1.071,00 €

3. Erstellen Sie für folgende Geschäftsvorfälle jeweils eine eigene Zeitgerade, um die Beträge auf das alte und das neue Geschäftsjahr korrekt zu verteilen.

3.1 Die Firma InntalTex e. K. erhält am 01.10. von der Bank Zinsen in Höhe von 330,00 € für sechs Monate im Voraus.

3.2 Die Firma InntalTex e. K. überweist am 01.07. die Beiträge zur Brandversicherung der Gebäude in Höhe von 1.452,00 € für ein Jahr im Voraus.

4. Bilden Sie für die folgenden Geschäftsvorfälle die Buchungssätze zur Vorabschlussbuchung am 31.12. und zur erfolgswirksamen Auflösung der Rechnungsabgrenzung im Folgejahr.

4.1 Die Hausbank der Firma InntalTex e. K. überweist am 01.11. Sparzinsen in Höhe von 57,00 € für drei Monate im Voraus.

4.2 Die Firma InntalTex e. K. überweist am 01.12. vereinbarungsgemäß 2.427,60 € brutto für eine gemietete Lagerhalle für zwölf Monate im Voraus.

4.3 Am 01.09. überweist InntalTex e. K. Versicherungsbeiträge in Höhe von 702,00 € für ein halbes Jahr im Voraus.

4.4 Die Firma InntalTex e. K. erhält am 01.11. eine Zinsgutschrift auf ihr Geschäftsbankkonto in Höhe von 240,00 € für vier Monate im Voraus.

4.5 Am 01.10. erhält InntalTex e. K. für eine vermietete Garage 142,80 € brutto für vier Monate im Voraus.

4.6 Die Firma InntalTex e. K. überweist von ihrem Geschäftsbankkonto jedes Jahr am 01.07. Darlehenszinsen an die Allfinanzbank in Höhe von 2.760,00 € für ein Jahr im Voraus.

5. Die Firma InntalTex e. K. erhält Ende Dezember einen Kostenvoranschlag für die Reparatur eines ihrer Firmen-Lkw in Höhe von 2.380,00 € brutto.

5.1 Bilden Sie den Buchungssatz für die Rückstellung zum Bilanzstichtag.

5.2 Bilden Sie die Abschlussbuchungssätze am Bilanzstichtag.

5.3 Die Firma InntalTex e. K. erhält Ende Januar die tatsächliche Rechnung für die Reparatur des Firmen-Lkw in der Höhe von 2.737,00 € brutto. Bilden Sie den Buchungssatz für die Auflösung der Rückstellung.

5.4 Bilden Sie den Buchungssatz zur Auflösung der Rückstellung unter der Annahme, dass sich die tatsächlichen Reparaturkosten des Firmen-Lkw stattdessen auf 1.850,00 € netto belaufen.

6. Nennen Sie zwei Gründe für die Bildung von Rückstellungen.

7. Bei InntalTex e. K. wurden folgende T-Konten erstellt:

S	**3900 RST** H
[1] 4400 VE, 5490 PFE [2] 4400 VE	[3] 6770 RBK

S	**4400 VE** H
	[1] 3900 RST, 2600 VORST [2] 3900 RST, 6990 PFAW, 2600 VORST

7.1 Bilden Sie die Buchungssätze [1] bis [3] ohne Beträge.

7.2 Erstellen Sie zu den Buchungssätzen [1] bis [3] jeweils einen Geschäftsvorfall. Verwenden Sie dabei den Begriff „Kostenvoranschlag" an einer passenden Stelle.

7.3 Erläutern Sie den Begriff Kostenvoranschlag unter Verwendung eines selbstgewählten Beispiels.

7.4 Bilden Sie den Buchungssatz zum Abschluss des Kontos …

7.4.1 … 3900 RST (Saldo von 9.793,10 €).

7.4.2 … 5490 PFE (Saldo von 4.288,00 €).

7.4.3 … 6990 PFAW (Saldo 6.439,20 €).

Was wissen und was können Sie schon?

1. Benennen Sie die Größen zur Berechnung der Eigenkapitalquote.
2. Erläutern Sie die Vorteile einer hohen Eigenkapitalquote.

2

Unternehmensabschluss und Auswertung

Der § 242 HGB schreibt einen Jahresabschluss vor. Bei Einzelunternehmen wie InntalTex e. K. gehören die Bilanz sowie die Gewinn- und Verlustrechnung zum Jahresabschluss, der letztlich die Datenbasis für die Unternehmensanalyse bildet. Dabei werden verschiedene Unternehmenskennzahlen berechnet, ausgewertet und schließlich mit denen aus früheren Abrechnungsperioden und/oder mit denen anderer Branchen verglichen. Sie stellen damit für Max Inntaler ein wichtiges Hilfsmittel für zukünftige Planungen und betriebswirtschaftliche Entscheidungen dar. Gleichzeitig dienen die Kennzahlen der Bemessung des wirtschaftlichen Erfolgs eines Unternehmens und müssen deshalb ständig überprüft werden.

Der Jahresabschluss dient jedoch nicht nur der Ermittlung von Unternehmenskennzahlen: Er stellt gleichzeitig auch die Bemessungsgrundlage für die Besteuerung eines Unternehmens dar und ist deshalb von großer unternehmerischer sowie steuerrechtlicher Bedeutung.

In diesem Kapitel …

… erstellen Sie auf Grundlage eines Geschäftsgangs eine Bilanz sowie eine Gewinn- und Verlustrechnung.

… erläutern Sie die Notwendigkeit einer Unternehmensanalyse für ein Unternehmen.

… unterscheiden Sie den internen und externen Bilanzvergleich.

… begründen Sie das Interesse anderer Adressaten am Jahresabschluss.

… bereiten Sie die Bilanz auf und erstellen so eine vereinfachte Bilanz als Grundlage für die Berechnung der Unternehmenskennzahlen.

… berechnen Sie die Unternehmenskennzahlen Barliquidität, Einzugsliquidität sowie Anlagendeckung I und II.

… entnehmen Sie aus der aufbereiteten Gewinn- und Verlustrechnung das Zahlenmaterial zur Berechnung der Eigenkapitalrentabilität.

… beurteilen Sie die Unternehmenskennzahlen anhand spezifischer Vergleichswerte und treffen Aussagen über die derzeitige wirtschaftliche Lage des Unternehmens.

LERNGERÜST

Durchführung eines Geschäftsgangs

1. Schritt: Eröffnungsbilanz und Eröffnung der Bestandskonten
2. Schritt: Laufende Buchungen (z. B. Materialbeschaffung, Verkauf, Personalaufwand)
3. Schritt: Vorabschlussbuchungen (z. B. Bestandsveränderungen, Unterkonten)
4. Schritt: Abschlussbuchungen (Erfolgskonten, **GUV-Konto**, Bestandskonten)
5. Schritt: Erstellung der **Schlussbilanz**

Betriebswirtschaftliche Auswertung des Jahresabschlusses (Unternehmensanalyse)

Allgemeine Ziele

Unternehmenslage und Leistungsfähigkeit identifizieren • Stärken und Schwächen analysieren • zukünftige Entwicklungschancen ermitteln • Stellung gegenüber der Konkurrenz einschätzen

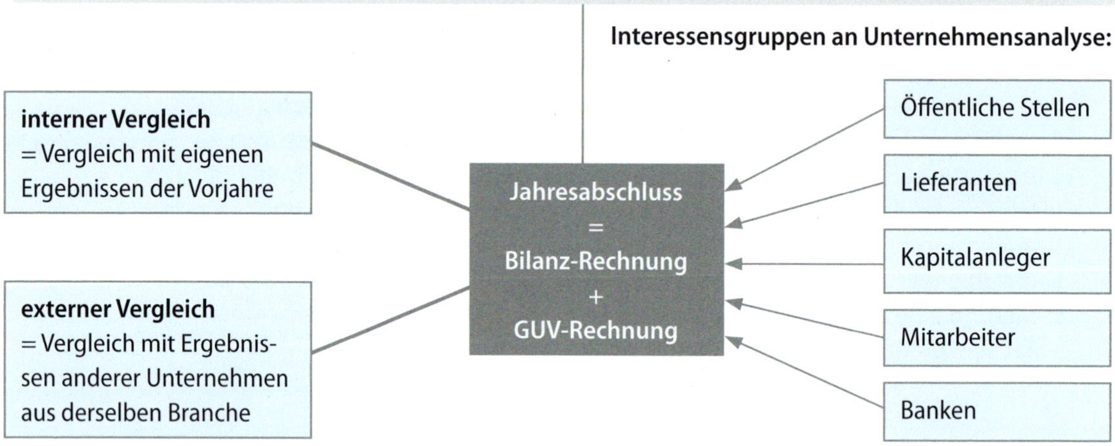

Vorbereitung der Unternehmensanalyse

Aufbereitung der Bilanz

Aktiva **aufbereitete Bilanz** Passiva

Anlagevermögen (AV)	… €	**Eigenkapital (EK)**	… €
Umlaufvermögen (UV)		**Fremdkapital (FK)**	
Vorräte	… €	langfristiges FK	… €
Forderungen	… €	kurzfristiges FK	… €
flüssige Mittel	… €		
	… €		… €

Aufbereitung der Gewinn- und Verlustrechnung in Staffelform

	Umsatzerlöse	408.360,00 €
+	sonstige betriebliche Erträge	3.890,00 €
–	Materialaufwand	167.000,00 €
–	Aufwendungen für bezogene Leistungen	60.000,00 €
–	Personalaufwand	95.800,00 €
–	Abschreibungen auf Anlagevermögen	33.500,00 €
–	sonstige betriebliche Aufwendungen	17.000,00 €
+	Zinsen und ähnliche Erträge	6.400,00 €
–	Zinsen und ähnliche Aufwendungen	6.100,00 €
=	Ergebnis der gewöhnlichen Geschäftstätigkeit	39.250,00 €
–	Steuern	4.250,00 €
=	Jahresüberschuss (Reingewinn)	+ 35.000,00 €

Aufbereitung der Gewinn- und Verlustrechnung in Kontenform

S	GUV-Rechnung		H
Materialaufwand	167.000,00 €	Umsatzerlöse	408.360,00 €
Aufwendungen für bezogene Leistungen	60.000,00 €	sonstige betriebliche Erträge	3.890,00 €
Personalaufwand	95.800,00 €	Zinsen und ähnliche Erträge	6.400,00 €
Abschreibungen auf Anlagevermögen	33.500,00 €		
sonstige betriebliche Aufwendungen	17.000,00 €		
Zinsen und ähnliche Aufwendungen	6.100,00 €		
Steuern	4.250,00 €		
Jahresüberschuss	**35.000,00 €**		
	418.650,00 €		418.650,00 €

LERNGERÜST

Berechnung und Beurteilung der Unternehmenskennzahlen

Kennzahlen der Bilanz	Formel	Ø Deutschland	Zielwert
Barliquidität (%)	$= \frac{\text{flüssige Mittel (€)} \cdot 100\,\%}{\text{kurzfristiges Fremdkapital (€)}}$	20 %	10 % – 30 %
Einzugsliquidität (%)	$= \frac{(\text{flüssige Mittel (€)} + \text{Forderungen (€)}) \cdot 100\,\%}{\text{kurzfristiges Fremdkapital (€)}}$	70 %	100 % – 120 %
Anlagendeckung I (%)	$= \frac{\text{Eigenkapital (€)} \cdot 100\,\%}{\text{Anlagevermögen (€)}}$	70 % – 100 %	110 % – 150 %
Anlagendeckung II (%)	$= \frac{(\text{Eigenkapital (€)} + \text{langfristiges Fremdkapital (€)}) \cdot 100\,\%}{\text{Anlagevermögen (€)}}$	110 % – 150 %	110 % – 150 %

Kennzahl der GUV-Rechnung	Formel	Ø innerhalb Deutschlands	Zielwert
Eigenkapitalrentabilität (%)	$= \frac{\text{Jahresüberschuss} \cdot 100\,\%}{\text{Eigenkapital (Anfangsbestand)}}$ oder	10 %–20%	Mind. über (Kapital)-Marktzins
Eigenkapitalrentabilität (%)	$= \frac{\text{Jahresfehlbetrag} \cdot 100\,\%}{\text{Eigenkapital (Anfangsbestand)}}$		

	Eigenkapital (Anfangsbestand)
–	Privatentnahmen
+	Privateinlagen
+	Jahresüberschuss
=	Eigenkapital (Schlussbestand)

	Eigenkapital (Anfangsbestand)
–	Privatentnahmen
+	Privateinlagen
–	Jahresfehlbetrag
=	Eigenkapital (Schlussbestand)

2.1 Durchführung eines Geschäftsgangs

Der Jahresabschluss nach § 242 HGB ist für jedes Geschäftsjahr aufzustellen. Er setzt voraus, dass alle Zahlungen, Güter- und Leistungsströme unter Beachtung ordnungsgemäßer Buchführung wert- und mengenmäßig erfasst wurden. Die Buchführung ist dann ordnungsgemäß, wenn für einen sachverständigen Dritten (z. B. Wirtschaftsprüfer, Finanzamt etc.) alle Geschäftsvorgänge nachvollziehbar sind und so ein Überblick über die Vermögens-, Finanz- und Ertragslage verschafft werden kann.

§ 242 HGB Pflicht zur Aufstellung

(1) [1]Der Kaufmann hat zu Beginn seines Handelsgewerbes und für den Schluss eines jeden Geschäftsjahrs einen das Verhältnis seines Vermögens und seiner Schulden darstellenden Abschluss (Eröffnungsbilanz, Bilanz) aufzustellen. [2]Auf die Eröffnungsbilanz sind die für den Jahresabschluss geltenden Vorschriften entsprechend anzuwenden, soweit sie sich auf die Bilanz beziehen.
(2) Er hat für den Schluss eines jeden Geschäftsjahrs eine Gegenüberstellung der Aufwendungen und Erträge des Geschäftsjahrs (Gewinn- und Verlustrechnung) aufzustellen.
(3) Die Bilanz und die Gewinn- und Verlustrechnung bilden den Jahresabschluss.

www.dejure.org, Abruf am 02.02.2021

Im Laufe der vergangenen Jahrgangsstufen haben Sie gelernt, wie man zum Gewinn- und Verlustkonto sowie zur Schlussbilanz gelangt. Die Arbeitsschritte eines Geschäftsganges lauten daher wie folgt:

1. Schritt: Eröffnungsbilanz und Eröffnung der Bestandskonten (an Beispielen)

a) Erstellung der Eröffnungsbilanz (Auszug):

Aktiva	**Bilanz zum 01.01.20..**		Passiva
Anlagevermögen		**Eigenkapital**	
0500 GR	95.000,00 €	3000 EK	966.750,00 €
0530 BVG	510.000,00 €	**Fremdkapital**	
...	... €	4200 KBKV	220.000,00 €
Umlaufvermögen		4250 LBKV	600.000,00 €
2000 R	75.000,00 €	4400 VE	225.250,00 €
...	... €	...	... €
	2.120.000,00 €		2.120.000,00 €

b) Eröffnung der Bestandskonten:

S	**0500 GR**		H
AB	95.000,00 €		

S	3000 EK		H
		AB	966.750,00 €

…

2. Schritt: Laufende Buchungen (an Beispielen)

Hinweis: Aufgrund der Vielzahl von Geschäftsvorfällen innerhalb eines Geschäftsjahres werden in Schritt 2 exemplarisch nur einzelne Beispiele zu verschiedenen Themenbereichen aufgeführt.

GESCHÄFTSVORFALL 1 ➔

InntalTex e. K. erhält eine Eingangsrechnung von Reißverschlüssen der Firma „Ratsch": Listenpreis netto 2.400,00 €, abzüglich 20 % Sofortrabatt, zzgl. berechnete Leihverpackung, netto 100,00 €.

BUCHUNGSSATZ 1 ➔

6010 AWF	1.920,00 €			
6011 BZKF	100,00 €			
2600 VORST	383,80 €	an	4400 VE	2.403,80 €

GESCHÄFTSVORFALL 2 ➔

Rücksendung der Leihverpackung aus 1 an die Firma „Ratsch", der Betrag wird unserem Kundenkonto gutgeschrieben.

BUCHUNGSSATZ 2 ➔

4400 VE	119,00 €	an	6011 BZKF	100,00 €
			2600 VORST	19,00 €

GESCHÄFTSVORFALL 3 ➔

Ausgangsrechnung über den Verkauf für 50 Hemden zu einem Preis von je 19,99 € netto, abzüglich 15 % Sonderrabatt.

BUCHUNGSSATZ 3 ➔

2400 FO	1.011,00 €	an	5000 UEFE	849,58 €
			4800 UST	161,42 €

GESCHÄFTSVORFALL 4 ➔

Der Kunde reklamiert, dass ein Teil der Hemden aus 3 leichte Mängel aufweist. Wir erstellen eine Gutschrift in Höhe von 142,80 € brutto.

BUCHUNGSSATZ 4 ➔

5001 EBFE	120,00 €			
4800 UST	22,80 €	an	2400 FO	142,80 €

GESCHÄFTSVORFALL 5 ➔

Eingangsrechnung für die Geschäftsreise zur Freizeitmesse nach München, brutto 297,50 €.

BUCHUNGSSATZ 5 ➔

6850 REK	250,00 €			
2600 VORST	47,50 €	an	4400 VE	297,50 €

3. Schritt: Vorabschlussbuchungen (an Beispielen)

a) Abschluss der Unterkonten auf die Hauptkonten

6001 BZKR	Saldo im Haben, 3.200,00 €
6002 NR	Saldo im Soll, 2.900,00 €
...	...
5001 EBFE	Saldo im Haben, 4.600,00 €
3001 P	Saldo im Soll , 5.500,00 €

6000 AWR	an	6001 BZKR	3.200,00 €

6002 NR	an	6000 AWR	2.900,00 €

5000 UEFE	an	5001 EBFE	4.600,00 €

3001 P	an	3000 EK	5.500,00 €

b) Erfassung der Bestandsveränderungen

	2020 H	2030 B
Anfangsbestand	12.100,00 €	8.700,00 €
Schlussbestand	12.500,00 €	7.600,00 €

2020 H	an	6020 AWH	400,00 €

6030 AWB	an	2030 B	1.100,00 €

c) Bewertung der Sachanlagen (Abschreibungen)

Konto	Abschreibung
0530 BVG	10.000,00 €
0840 FP	8.500,00 €
...	...
0890 GWG	1.000,00 €

6520 ABSA	an	0530 BVG	10.000,00 €

6520 ABSA	an	0840 FP	8.500,00 €

6540 ABGWG	an	0890 GWG	1.000,00 €

d) Bewertung der Forderungen

GESCHÄFTSVORFALL 1 ➔ Zum 31.12.20.. wird der Ausfall der zweifelhaften Forderungen auf 6.700,00 € netto geschätzt.

BUCHUNGSSATZ 1 ➔

6950 ABFO	an	3670 EWB	6.700,00 €

GESCHÄFTSVORFALL 2 ➔ Für die einwandfreien Forderungen in Höhe von insgesamt 190.400,00 € soll eine Pauschalwertberichtigung von 1 % vorgenommen werden.

	einwandfreie Forderungen (brutto)	190.400,00 €
–	Umsatzsteuer	30.400,00 €
=	einwandfreie Forderungen (netto)	160.000,00 €
➔	davon 1 % (PWB)	1.600,00 €

BUCHUNGSSATZ 2 ➔

6950 ABFO	an	3680 PWB	1.600,00 €

e) Durchführung der periodenrichtigen Erfolgsermittlung am 31.12.

GESCHÄFTSVORFALL 3 ➔ Der Versicherungsbeitrag der Handelskammer in Höhe von 1.200,00 € bezieht sich auf den Zeitraum Dezember bis einschließlich November des Folgejahres.

BUCHUNGSSATZ 3 ➔

2900 ARA	an	6900 VBEI	1.100,00 €

GESCHÄFTSVORFALL 4 ➔ Die Bankgutschrift für die vierteljährlichen Zinseinnahmen in Höhe von 600,00 € beziehen sich auf den Zeitraum Dezember bis einschließlich Februar des Folgejahres.

BUCHUNGSSATZ 4 ➔

5710 ZE	an	4900 PRA	400,00 €

GESCHÄFTSVORFALL 5 ➔ Für die Renovierung der Schließanlage an der Wareneingangskontrolle wird eine Rückstellung in Höhe von 6.780,00 € gebildet.

BUCHUNGSSATZ 5 ➔

6160 FRI	an	3900 RST	6.780,00 €

4. Schritt: Abschlussbuchungen (an Beispielen)

a) Abschluss von Erfolgskonten

8020 GUV	an	6000 AWR	120.000,00 €

...

5000 UEFE	an	8020 GUV	408.360,00 €

...

b) Erstellung und Abschluss des GUV-Kontos

S		**8020 GUV**	H
6000 AWR	120.000,00 €	5000 UEFE	408.360,00 €
6010 AWF	25.000,00 €	5400 EMP	1.350,00 €
6020 AWH	11.000,00 €	5430 ASBE	950,00 €
6030 AWB	6.500,00 €	5490 PFE	400,00 €
6040 AWVM	4.500,00 €	5495 EFO	1.100,00 €
6140 AFR	3.500,00 €	5650 EAWP	90,00 €
6160 FRI	56.500,00 €	5710 ZE	5.550,00 €
6200 LG	76.800,00 €	5780 DDE	850,00 €
6400 AGASV	19.000,00 €		
6520 ABSA	32.500,00 €		
6540 ABGWG	1.000,00 €		
6700 AWMP	775,00 €		
6730 GEB	350,00 €		
6750 KGV	550,00 €		
6760 PROV	1.800,00 €		
6770 RBK	400,00 €		
6800 BMK	725,00 €		
6820 KOM	280,00 €		
6850 REK	250,00 €		
6870 WER	300,00 €		
6900 VBEI	1.400,00 €		
6950 ABFO	10.000,00 €		
6990 PFAW	170,00 €		
7000 GWST	1.225,00 €		
7020 GRST	1.700,00 €		
7030 KFZST	1.325,00 €		
7460 VAWP	175,00 €		
7510 ZAW	5.925,00 €		
3000 EK	35.000,00 €		
	418.650,00 €		418.650,00 €

c) **Abschluss des Kontos 8020 GUV**

8020 GUV	an	3000 EK	35.000,00 €

d) **Abschluss des Kontos 3000 EK und der weiteren Bestandskonten**

S		**3000 EK**	H
8010 SBK	966.750,00 €	AB	926.250,00 €
		3001 P	5.500,00 €
		8020 GUV	35.000,00 €
	966.750,00 €		966.750,00 €

8010 SBK	an	0700 MA	670.000,00 €

…

4400 VE	an	8010 SBK	195.000,00 €

…

e) **Erstellung des Kontos 8010 SBK**

S		**8010 SBK**	H
0500 GR	95.000,00 €	3000 EK	966.750,00 €
0530 BVG	500.000,00 €	…	… €
…	… €	…	… €
	2.144.000,00 €		2.144.000,00 €

5. Schritt: Erstellung der Schlussbilanz

Aktiva	Bilanz zum 31.12.20..		Passiva
Anlagevermögen		**Eigenkapital**	
0500 GR	95.000,00 €	3000 EK	966.750,00 €
0530 BVG	500.000,00 €	**Fremdkapital**	
0700 MA	670.000,00 €	3670 EWB	6.700,00 €
0840 FP	165.000,00 €	3680 PWB	1.600,00 €
0860 BM	78.000,00 €	3900 RST	6.780,00 €
0870 BGA	55.000,00 €	4200 KBKV	260.000,00 €
1500 WP	65.000,00 €	4250 LBKV	580.000,00 €
Umlaufvermögen		4400 VE	195.000,00 €
2000 R	88.000,00 €	4800 UST	41.500,00 €
2010 F	42.000,00 €	4830 VFA	40.890,00 €
2020 H	12.500,00 €	4840 VSV	38.000,00 €
2030 B	7.600,00 €	4900 PRA	6.780,00 €
2400 FO	190.400,00 €		
2470 ZWFO	19.000,00 €		
2600 VORST	17.000,00 €		
2800 BK	117.800,00 €		
2880 KA	16.700,00 €		
2900 ARA	5.000,00 €		
	2.144.000,00 €		2.144.000,00 €

MERKE

Die Gewinn- und Verlustrechnung (GUV-Rechnung) und Schlussbilanz

Der Jahresabschluss besteht laut § 242 HGB aus der **Bilanz** sowie der **Gewinn- und Verlustrechnung**. Die **Gewinn- und Verlustrechnung** bildet die Erfolgslage des Unternehmens über einen bestimmten Zeitraum (≙ Geschäftsjahr) ab.

Die **Schlussbilanz** stellt die Vermögenslage des Unternehmens zu einem bestimmten Zeitpunkt (z. B. 31.12.) dar.

AUFGABEN

Führen Sie den Geschäftsgang aus Sicht von RTM Bikes GmbH durch, indem Sie die Aufgaben 1 bis 5 bearbeiten.

Hinweis zu Aufgabe 1
Die Konten VORST und UST sind in der Bilanz aufgeführt, da die Bildung der UST-Zahllast bzw. des VORST-Überhangs nicht durchgeführt wurde.

1. Erstellen Sie die Eröffnungsbilanz der Firma RTM Bikes GmbH mit folgenden Werten:

0500 GR 70.000,00 € • 0530 BVG 540.000,00 € • 0700 MA 475.000,00 € • 0840 FP 165.000,00 € • 0860 BM 68.000,00 € • 0870 BGA 56.000,00 € • 1500 WP 56.938,00 € • 2000 R 125.000,00 € • 2010 F 112.000,00 € • 2020 H 85.000,00 € • 2030 B 8.100,00 € • 2600 VORST 5.950,00 € • 2400 FO 166.600,00 € • 2470 ZWFO 18.000,00 € • 2800 BK 221.000,00 € • 2880 KA 15.000,00 € • 2900 ARA 7.000,00 € • 3000 EK ? • 3900 RST 21.000,00 € • 4200 KBKV 420.000,00 € • 4250 LBKV 850.000,00 € • 4400 VE 225.000,00 € • 4800 UST 14.280,00 € • 4900 PRA 6.700,00 €

2. Im Laufe des Geschäftsjahres wurden schon einige Geschäftsvorfälle bearbeitet. Sie sehen hier auszugsweise den Monat November.

BA	Datum	Soll	Haben	BNR	Text	B/N	Betrag	UCo.
LB	01.11.	6820	2800	980	Lastschrift Telefon	B	142,80 €	19
LB	05.11.	6900	2800	981	Lastschrift Versicherungsbeiträge	–	990,00 €	–
LB	08.11.	5000	2400	982	Kunde sendet Leihverpackung zurück	B	892,50 €	19
LB	10.11.	2800	5780	983	Dividendengutschrift	–	550,00 €	–
LB	13.11.	2800	4200	985	Aufnahme eines 10-monatigen Kredits	–	18.000,00 €	–
LB	13.11.	3001	2880	986	Privatentnahme aus Kasse für private Zwecke	–	4.500,00 €	–
LB	15.11.	5001	2400	988	Gutschrift wegen mangelhafter Montage	B	1.487,50 €	19
LB	15.11.	6040	4400	989	Zielkauf von Verpackungskartons	N	3.750,00 €	19

Bilden Sie im Folgenden die Buchungssätze für die Monate November bis Dezember.

2.1 Eingangsrechnung von 200 Reifen „Winter 622-28 Zoll" der Firma „Satz": Listenpreis netto 7,50 €, abzüglich 10 % Sofortrabatt, 2 % Skonto innerhalb Zahlung von 8 Tagen, Leihverpackung 75,00 €.

2.2 Rücksendung der Leihverpackung aus 2.1 an die Firma „Satz". Der Betrag wird unserem Kundenkonto gutgeschrieben.

2.3 Banküberweisung des noch offenen Rechnungsbetrags der Reifen an die Firma „Satz" innerhalb der Skontofrist.

2.4 Ausgangsrechnung über den Verkauf von 50 Crossbikes an den örtlichen Baumarkt zu einem Preis von je 570,00 € netto, abzüglich 15 % Sonderrabatt.

2.5 Der Kunde Velo-Doktor bezahlt trotz mehrfacher Mahnung nicht. Die Rechnung beläuft sich auf 9.044,00 €.

2.6 Der örtliche Baumarkt reklamiert, dass ein Teil der Crossräder aus 2.4 leichte Lackschäden aufweist. Wir erstellen eine Gutschrift in Höhe von 5.087,25 € brutto.

2.7 Die Eröffnung des Insolvenzverfahrens gegen den Kunden Velo-Doktor (vgl. 2.5) wurde mangels Masse abgelehnt.

2.8 Banklastschrift der Kfz-Versicherung in Höhe von 2.400,00 €.

2.9 Bankgutschrift für eine verpachtete Lagerhalle in Höhe von 5.355,00 € brutto.

2.10 Erfassung des Personalaufwands für den Dezember:

Bruttolöhne:	40.485,00 €
Bruttogehälter:	24.291,00 €
Steuer:	9.233,89 €
Sozialabgaben AN-Anteil:	12.628,39 €
Sozialabgaben AG-Anteil:	12.550,32 €
Auszahlung per Banküberweisung:	42.913,72 €

2.11 Banküberweisung der einbehaltenen Sozialversicherungsbeiträge an die Krankenkasse (vgl. 2.10).

2.12 Banküberweisung der einbehaltenen Steuer an das Finanzamt (vgl. 2.10).

2.13 Beleg 1:

Naabbank Nabburg
Amberger Str. 25, 92507 Nabburg

IBAN: DE82 5454 2000 8533 6542 44

Vorgang	Buchungstag	Wertstellung	Soll [€]	Haben [€]
Garagenmiete Bergstr. 9	02.12.20..	03.12.20..	630,70	
Steuerberater	02.12.20..	03.12.20..	1.487,50	
Dauerauftrag geschaltete Werbung	03.12.20..	03.12.20..	152,32	
Kontostand	03.12.20..			[illegible]

RTM Bikes GmbH – Bergstr. 7 – 92507 Nabburg

2.14 Eingangsrechnung für die Geschäftsreise zur Eurobike Messe November 20.. nach Friedrichshafen, brutto 571,20 €.

2.15 Wider Erwarten geht eine bereits vollständig abgeschriebene Forderung vom Kunden FlixBIKE auf dem Geschäftsbankkonto ein, 5.950,00 €.

2.16 Ende letzten Geschäftsjahres wurde die Instandsetzung der Fassade der Fertigungshalle in Auftrag gegeben. Aufgrund eines Kostenvoranschlags wurde dafür eine Rückstellung in Höhe von 21.000,00 € gebildet. Die Reparatur wurde Anfang Dezember abgeschlossen. Die Rechnung in Höhe von 30.345,00 € netto geht am 15. Dezember ein.

2.17 Aus einer Erbschaft zahlt Thorsten Staller (RTM Bikes GmbH) 30.000,00 € auf das Geschäftsbankkonto ein.

2.18 RTM Bikes GmbH erhält die Rechnung für die Bestellung von 200m² Carbonzuschnitten bei der Firma „CarboLight". Der Listenpreis beträg netto 14,60 €/m². Als Neukunde erhält RTM Bikes GmbH einen Rabatt in Höhe von 15 %, bei Zahlung innerhalb von 10 Tagen 3 % Skonto. Die Transportkosten belaufen sich auf eine Pauschale von 150,00 €.

2.19 Bei der Wareneingangskontrolle stellt RTM Bikes GmbH fest, dass 50 % der Carbon-Zuschnitte die falsche Stärke haben. Die Hälfte der Ware wird zurückgesendet und der entsprechende Warenwert (ohne Transportkosten) gutgeschrieben (vgl. 2.18).

2.20 Banküberweisung an die Firma „CarboLight" des noch offenen Rechnungsbetrags in Höhe von 1.432,49 € innerhalb der Skontofrist (vgl. 2.18/2.19).

2.21 Beleg 2:

Bürofachhandel Krims & Krams, Marktplatz 20, 92507 Nabburg

RTM Bikes GmbH
Bergstr. 7
92507 Nabburg

Bürofachhandel Krims & Krams
Marktplatz 20
92507 Nabburg
Internet: www. buerokrimsundkrams.de
E-Mail: krimsundkrams@mail.de

Rechnung

Kundennummer 234955

Datum: **17.12.20..**	Rechnungs-Nr.: **9867**	USt-IdNr.: **DE547845696**

Artikelnr.	Einheit	Ware	Einzelpreis	Gesamtpreis
1008930	1 Stück	Kopiergerät	1.350,00 €	1.350,00 €
4569584	100 Stück	Kopierpapier 80 g/m² weiß	6,90 €	690,00 €
			Warenwert (netto)	2.040,00 €
			+ Umsatzsteuer 19 %	387,60 €
			Rechnungsbetrag	**2.427,60 €**

Vielen Dank für Ihren Auftrag.
Zahlung innerhalb 30 Tage rein netto. Lieferdatum entspricht Rechnungsdatum.

2.22 Beleg 3:

RTM Bikes GmbH, Bergstr. 7, 92507 Nabburg

Velo Center Albrecht
Einsteinstraße 95
81675 München

RTM Bikes GmbH
Bergstr. 7
92507 Nabburg
Internet: www.rtm-bikes.de
E-Mail: rtm-bikes@mail.de

Rechnung

Kundennummer 234955

Datum: **19.12.20..**	Rechnungs-Nr.: **789**	USt-IdNr.: **DE988356219**

Artikelnr.	**Einheit**	**Ware**	**Einzelpreis**	**Gesamtpreis**
590445	18 Stück	Trekkingbike „Roadrunner“	570,00 €	10.260,00 €
595697	10 Stück	Mountainbike „Gipfelstürmer“	894,00 €	8.940,00 €

Warenwert (netto)	19.200,00 €
Verpackung	375,00 €
+ Umsatzsteuer 19 %	3.719,25 €
Rechnungsbetrag	**23.294,25 €**

Vielen Dank für Ihren Auftrag. Bei Zahlung innerhalb von 8 Tagen gewähren wir 2 % Skonto, innerhalb von 30 Tagen rein netto. Lieferdatum entspricht Rechnungsdatum.

RTM Bikes GmbH
Bergstr. 7
92507 Nabburg

Naabbank Nabburg
IBAN: DE82 5454 2000 8533 6542 44
BIC: GENODEFISWB

Amtsgericht Amberg
HRB 978234

2.23 Im Zusammenhang mit der Lieferung an den Kunden Velo Center Albrecht (vgl. 2.22) schickt uns ein Spediteur eine Rechnung in Höhe von 238,00 € für den Transport der Räder.

2.24 Der Kunde Velo Center Albrecht überweist am 27.12.20.. den Rechnungsbetrag (vgl. 2.22).

AUFGABEN

3. Bearbeiten Sie die Aufgaben zu den Vorabschlussbuchungen am 31.12.20..

3.1 Bilden Sie die Buchungssätze für den Abschluss der genannten Unterkonten.

3001 P	Saldo im Soll, 25.500,00 €
5001 EBFE	Saldo im Haben, 13.700,00 €
…	…
6031 BZKB	Saldo im Haben, 3.550,00 €
6032 NB	Saldo im Soll, 1.690,00 €

3.2 Bilden Sie die Buchungssätze für die Erfassung der Bestandsveränderungen.

	2000 R	2010 F	2020 H	2030 B
Anfangsbestand	125.000,00 €	112.000,00 €	85.000,00 €	8.100,00 €
Schlussbestand	145.400,00 €	95.000,00 €	68.200,00 €	12.700,00 €

3.3 Bilden Sie die Buchungssätze zur Abschreibung der genannten Sachanlagen.

Konto	Abschreibung
0530 BVG	20.000,00 €
0700 MA	25.000,00 €
0890 GWG	5.000,00 €

3.4 Bilden Sie die Buchungssätze zu den folgenden Geschäftsvorfällen zur Forderungsbewertung.

3.4.1 Zum 31.12.20.. wird der Ausfall der zweifelhaften Forderungen auf 2.973,00 € netto geschätzt.

3.4.2 Für die einwandfreien Forderungen in Höhe von insgesamt 157.080,00 € soll eine Pauschalbewertung von 1 % vorgenommen werden.

3.5 Bilden Sie die Buchungssätze zu den folgenden Geschäftsvorfällen zur periodenrichtigen Erfolgsermittlung.

3.5.1 Die Kfz-Versicherung in Höhe von 2.400,00 € (vgl. 2.8) bezieht sich auf den Zeitraum Dezember bis einschließlich November des Folgejahres.

3.5.2 Die Bankgutschrift für die verpachtete Lagerhalle in Höhe von 5.355,00 € (vgl. 2.9) bezieht sich auf den Zeitraum Dezember bis einschließlich Februar des Folgejahres.

3.5.3 Für einen laufenden Rechtsstreit mit dem Lieferanten „Sattelfest" wird eine Rückstellung in Höhe von 4.000,00 € gebildet.

4. Bearbeiten Sie die Aufgaben zu den Abschlussbuchungen am 31.12.20..

4.1 Stellen Sie in einem GUV-Konto folgende Aufwendungen und Erträge gegenüber:

Aufwendungen	672.650,00 €
Erträge	714.650,00 €

4.2 Bilden Sie den Buchungssatz für den Abschluss des Kontos GUV (vgl. 4.1).

4.3 Notieren Sie jeweils den allgemeinen Buchungssatz für den Abschluss der aktiven und der passiven Bestandskonten (ohne Beträge).

5. Nachdem noch viele weitere laufende Buchungen bei RTM Bikes GmbH durchgeführt wurden, liegen nun die Werte der Schlussbilanz vor. Erstellen Sie daher die Schlussbilanz der Firma RTM Bikes GmbH mit folgenden Werten:

0500 GR 60.000,00 € • 0530 BVG 520.000,00 € • 0700 MA 450.000,00 € •
0840 FP 190.000,00 € • 0860 BM 70.000,00 € • 0870 BGA 58.500,20 € •
1500 WP 55.000,00 € • 2000 R 145.400,00 € • 2010 F 95.000,00 € •
2020 H 68.200,00 € • 2030 B 12.700,00 € • 2400 FO 157.080,00 € •
2470 ZWFO 19.360,80 € • 2600 VORST 23.800,00 € • 2800 BK 240.000,00 € •
2880 KA 15.500,00 € • 2900 ARA 2.200,00 € • 3000 EK ? •
3670 EWB 2.973,00 € • 3680 PWB 1.320,00 € • 3900 RST 4.000,00 € •
4200 KBKV 415.500,00 € • 4250 LBKV 792.000,00 € • 4400 VE 196.000,00 € •
4800 UST 42.840,00 € • 4900 PRA 3.000,00 €

Hinweis zu Aufgabe 5
Die Konten 4830 VFA und 4840 VSV werden hier nicht aufgeführt, da diese in Aufgabe 2.11 und 2.12 beglichen wurden.

2.2 Betriebswirtschaftliche Auswertung des Jahresabschlusses (Unternehmensanalyse)

Aus dem Jahresabschluss (= Bilanz, Gewinn- und Verlustrechnung) lassen sich mithilfe der Unternehmensanalyse wertvolle Erkenntnisse über das Vermögen und die Ertragskraft eines Unternehmens gewinnen. Die Unternehmensanalyse gibt Max Inntaler daher Aufschluss über

- Lage und Leistungsfähigkeit seines Unternehmens,
- zukünftige Entwicklungschancen,
- Stärken und Schwächen und
- die Stellung seines Unternehmens gegenüber der Konkurrenz.

Damit bildet die Unternehmensanalyse eine wichtige Entscheidungsgrundlage für die weitere unternehmerische Planung des Unternehmers Inntaler. Doch auch weitere Gruppen haben Interesse an den Unternehmenskennzahlen:

Mitarbeiter
Sie wollen Auskunft über die Wettbewerbsfähigkeit des Unternehmens, auch im Hinblick darauf, ob ihre Arbeitsplätze in Gefahr oder langfristig gesichert sind.

Lieferanten
Die Lieferanten benötigen Einblick in die Finanzkraft des Unternehmens, um eigene Zahlungsschwierigkeiten infolge eines illiquiden Unternehmens (= Kunden) zu vermeiden.

Jahresabschluss = Bilanz-Rechnung + GUV-Rechnung

Kapitalanleger
Aktionäre, Geschäftspartner etc. überlegen sich auf Basis der Kennzahlen, ob evtl. eine Beteiligung oder Investition sinnig ist.

Öffentliche Stellen
Öffentliche Stellen benötigen Einblick in die Kennzahlen, um z. B. entscheiden zu können, ob ein Unternehmen staatliche Fördermittel erhält.

Banken
Banken wollen Auskunft über die Kennzahlen eines Unternehmens, um beispielsweise die Kreditwürdigkeit eines Unternehmens vor einer möglichen Kreditvergabe zu prüfen.

Eine ständige Analyse des Unternehmens mittels Kennzahlen ist notwendig, um Risiken entgegenzuwirken und bei Bedarf entsprechende Maßnahmen zum Erhalt der Wettbewerbsfähigkeit des Unternehmens einzuleiten. Damit die bei der Analyse ermittelten Kennzahlen aussagekräftige Anhaltspunkte geben und damit eine geeignete Grundlage für unternehmerische Entscheidungen darstellen, müssen diese jedoch mit anderen Kennzahlen verglichen werden (= Bilanzvergleich).

Arten des Bilanzvergleichs

Die Zahlen können …

… aus vorhergehenden Abrechnungszeiträumen (z. B. unterschiedlicher Vorjahre) des eigenen Unternehmens stammen.	… aus anderen Unternehmen der gleichen Branche stammen.
= Zeitvergleich **= innerbetrieblicher Vergleich** **= interner Vergleich**	**= Betriebsvergleich** **= zwischenbetrieblicher Vergleich** **= externer Vergleich**

MERKE

Ziel der Unternehmensanalyse
Die Unternehmensanalyse dient allgemein als Entscheidungsgrundlage für künftige Planungen innerhalb des Unternehmens.

AUFGABEN

1. Ergänzen Sie folgende Lücken.

Der Jahresabschluss umfasst die (A) und die (B). Er gibt unter anderem Auskunft über die (C) des Unternehmens und dient dem (D) daher als wichtige Grundlage für sinnige unternehmerische (E).

2. Der Bilanzvergleich kann auf zwei unterschiedlichen Wegen erfolgen.

2.1 Erläutern Sie die Zielsetzung des Zeitvergleichs sowie des Betriebsvergleichs.

2.2 Max Inntaler möchte InntalTex e. K. mit RTM Bikes GmbH vergleichen. Verfassen Sie eine kurze E-Mail an Herrn Inntaler, in der Sie ihm begründet von dieser Art des Betriebsvergleichs abraten.

2.3 Vorbereitung der Unternehmensanalyse

2.3.1 Aufbereitung der Bilanz (Bilanzanalyse)

Die vielen Posten der Bilanz sind nicht geeignet, um die Berechnung der Bilanzkennzahlen durchzuführen und anschließend beurteilen zu können. Es bedarf daher einer Aufbereitung der Bilanz. Dies erfolgt in drei Schritten:

Schritt 1: Sachlich zusammengehörende Bilanzposten identifizieren

Aktiva — **Bilanz zum 31.12.20..** — Passiva

Aktiva		Passiva	
Anlagevermögen		**Eigenkapital**	
0500 GR	95.000,00 €	3000 EK	966.750,00 €
0530 BVG	500.000,00 €	**Fremdkapital**	
0700 MA	670.000,00 €	3670 EWB	6.700,00 €
0840 FP	165.000,00 €	3680 PWB	1.600,00 €
0860 BM	78.000,00 €	3900 RST	6.780,00 €
0870 BGA	55.000,00 €	4200 KBKV	260.000,00 €
1500 WP	65.000,00 €	4250 LBKV	580.000,00 €
Umlaufvermögen		4400 VE	195.000,00 €
2000 R	88.000,00 €	4800 UST	41.500,00 €
2010 F	42.000,00 €	4830 VFA	40.890,00 €
2020 H	12.500,00 €	4830 VSV	38.000,00 €
2030 B	7.600,00 €	4900 PRA	6.780,00 €
2400 FO	190.400,00 €		
2470 ZWFO	19.000,00 €		
2600 VORST	17.000,00 €		
2800 BK	117.800,00 €		
2880 KA	16.700,00 €		
2900 ARA	5.000,00 €		
	2.144.000,00 €		2.144.000,00 €

Schritt 2: Sachlich zusammengehörende Bilanzposten addieren bzw. subtrahieren

0500 GR	95.000,00 €
+ 0530 BVG	500.000,00 €
+ 0700 MA	670.000,00 €
+ 0840 FP	165.000,00 €
+ 0860 BM	78.000,00 €
+ 0870 BGA	55.000,00 €
+ 1500 WP	65.000,00 €
∑ Anlagevermögen	**1.628.000,00 €**

2400 FO	190.400,00 €
+ 2470 ZWFO	19.000,00 €
+ 2600 VORST	17.000,00 €
+ 2900 ARA	5.000,00 €
– 3670 EWB	6.700,00 €
– 3680 PWB	1.600,00 €
∑ Forderungen	**223.100,00 €**

Da es sich bei EWB und PWB um Schätzungen handelt, dürfen sie bei der Berechnung der Forderungen nicht berücksichtigt werden. Sie sind daher abzuziehen.

2000 R	88.000,00 €
+ 2010 F	42.000,00 €
+ 2020 H	12.500,00 €
+ 2030 B	7.600,00 €
∑ Vorräte	**150.100,00 €**

+ 2800 BK	117.800,00 €
+ 2880 KA	16.700,00 €
∑ flüssige Mittel	**134.500,00 €**

3900 RST	6.780,00 €
+ 4200 KBKV	260.000,00 €
+ 4400 VE	195.000,00 €
+ 4800 UST	41.500,00 €
+ 4830 VFA	40.890,00 €
+ 4840 VSV	38.000,00 €
+ 4900 PRA	6.780,00 €
∑ kurzfristiges FK	**588.950,00 €**

Schritt 3: Die errechneten Werte zur aufbereiteten Bilanz zusammenführen

Aktiva **aufbereitete Bilanz** Passiva

Anlagevermögen (AV)	1.628.000,00 €	**Eigenkapital (EK)**	966.750,00 €
Umlaufvermögen (UV)		**Fremdkapital (FK)**	
Vorräte	150.100,00 €	langfristiges FK	580.000,00 €
Forderungen	223.100,00 €	kurzfristiges FK	588.950,00 €
flüssige Mittel	134.500,00 €		
	2.135.700,00 €		2.135.700,00 €

MERKE

Aufbereitung der Bilanz

Um eine Unternehmensanalyse durchführen zu können, müssen als Vorbereitung die vielen Posten einer Bilanz zusammengefasst und zu einer **aufbereiteten Bilanz** zusammengeführt werden. Dazu sind sachlich zusammengehörende Bilanzposten zu identifizieren, zu addieren/subtrahieren und aus den errechneten Werten eine aufbereitete Bilanz zu erstellen.

AUFGABEN

1. Beschreiben Sie den Prozess von der normalen zur aufbereiteten Bilanz.

2. Ordnen Sie die aufgelisteten Konten den entsprechenden Posten der aufbereiteten Bilanz zu.

0500 GR • 1500 WP • 2020 H • 2900 ARA • 3670 EWB •
3900 RST • 4900 PRA

3. Ergänzen Sie die Lücken.

Das Konto (A) (Rechnungsabgrenzungsposten) wird zu den Forderungen addiert. Auf den Konten (B) und (C) sind die geschätzten Forderungsausfälle gebucht und müssen deshalb von den Forderungen (D) werden.

4. Ihnen liegt folgende Bilanz zum 31.12. der RTM Bikes GmbH vor. Bereiten Sie diese auf.

Hinweis
4830 VFA und 4840 VSV wurden bereits beglichen und sind daher nicht in der Bilanz aufgeführt.

Aktiva — **Bilanz zum 31.12.20..** — Passiva

Anlagevermögen		**Eigenkapital**	
0500 GR	60.000,00 €	3000 EK	725.108,00 €
0530 BVG	520.000,00 €	**Fremdkapital**	
0700 MA	450.000,00 €	3670 EWB	2.973,00 €
0840 FP	190.000,00 €	3680 PWB	1.320,00 €
0860 BM	70.000,00 €	3900 RST	4.000,00 €
0870 BGA	58.500,20 €	4200 KBKV	415.500,00 €
1500 WP	55.000,00 €	4250 LBKV	792.000,00 €
Umlaufvermögen		4400 VE	196.000,00 €
2000 R	145.400,00 €	4800 UST	42.840,00 €
2010 F	95.000,00 €	4900 PRA	3.000,00 €
2020 H	68.200,00 €		
2030 B	12.700,00 €		
2400 FO	157.080,00 €		
2470 ZWFO	19.360,80 €		
2600 VORST	23.800,00 €		
2800 BK	240.000,00 €		
2880 KA	15.500,00 €		
2900 ARA	2.200,00 €		
	2.182.741,00 €		2.182.741,00 €

2.3.2 Aufbereitung der GUV-Rechnung

Die Bilanzanalyse alleine reicht nicht aus, um aussagekräftige Informationen über ein Unternehmen zu erhalten und daraus strategische Unternehmensentscheidungen abzuleiten. Wichtig ist daher auch der Blick in die Gewinn- und Verlustrechnung, da der dort ermittelte Erfolg, d.h. Reingewinn/-verlust oder Jahresüberschuss/-fehlbetrag, zeigt, wie erfolgreich ein Unternehmen ist.

Da auch die GUV-Rechnung oftmals sehr umfangreich ist, wird auch diese aufbereitet und zu gleichartigen Posten übersichtlich zusammengefasst. Anschließend werden die so ermittelten Daten entweder in Staffel- oder in Kontenform dargestellt.

In Kapitel 2.1 hat InntalTex e.K. bereits ein GUV-Konto erstellt, welches nun aufbereitet wird. Dazu wurden die sachlich zusammengehörenden Konten addiert und die so errechnete Summe dem jeweiligen Oberbegriff der aufbereiteten GUV-Rechnung zugeordnet. So kann anschließend die Berechnung des Jahresüberschusses (Reingewinns) erfolgen.

Reingewinn/-Verlust
Der Reingewinn/-Verlust ist der Saldo zwischen Erträgen und Aufwendungen.
Erträge > Aufwendungen = Reingewinn
Erträge < Aufwendungen = Reinverlust

Aufbereitung der GUV-Rechnung in Staffelform

	Wert in €	**Konten***
Umsatzerlöse	408.360,00 €	5000
+ sonstige betriebliche Erträge	3.890,00 €	5400 bis 5650
– Materialaufwand	167.000,00 €	6000 bis 6040
– Aufwendungen für bezogene Leistungen	60.000,00 €	6140 und 6160
– Personalaufwand	95.800,00 €	6200 bis 6400
– Abschreibungen auf Anlagevermögen	33.500,00 €	6520 bis 6540
– sonstige betriebliche Aufwendungen	17.000,00 €	6700 bis 6990
+ Zinsen und ähnliche Erträge	6.400,00 €	5710 und 5780
– Zinsen und ähnliche Aufwendungen	6.100,00 €	7460 und 7510
= Ergebnis der gewöhnlichen Geschäftstätigkeit	**(+) 39.250,00 €**	
– Steuern	4.250,00 €	7000 bis 7030
= Jahresüberschuss (Reingewinn)	**(+) 35.000,00 €**	

**siehe Kapitel 2.1, Schritt 4 b)*

Aufbereitung der GUV-Rechnung in Kontenform

S	GUV-Rechnung		H
Materialaufwand	167.000,00 €	Umsatzerlöse	408.360,00 €
Aufwendungen für bezogene Leistungen	60.000,00 €	sonstige betriebliche Erträge	3.890,00 €
Personalaufwand	95.800,00 €	Zinsen und ähnliche Erträge	6.400,00 €
Abschreibungen	33.500,00 €		
sonstige betriebliche Aufwendungen	17.000,00 €		
Zinsen und ähnliche Aufwendungen	6.100,00 €		
Steuern	4.250,00 €		
Jahresüberschuss	**35.000,00 €**		
	418.650,00 €		418.650,00 €

Der Jahresüberschuss/Reingewinn ist die Bemessungsgrundlage für die Einkommensteuer.

MERKE

Aufbereitung der GUV-Rechnung

Mit der Gewinn- und Verlustrechnung werden Informationen über die Ertragskraft eines Unternehmens gewonnen. Sachlich zusammengehörende Posten werden entweder in **Staffel- oder Kontenform** übersichtlich aufbereitet.

AUFGABEN

1. Es liegen folgende zusammengefasste Aufwendungen und Erträge von RTM Bikes GmbH vor.
Erstellen Sie die aufbereitete Gewinn- und Verlustrechnung für die Firma RTM Bikes GmbH und ermitteln Sie den Jahresüberschuss bzw. Jahresfehlbetrag in …

Abschreibungen 105.000,00 € • sonstige betriebliche Erträge 2.990,00 € • Steuern 9.500,00 € • Aufwendungen für bezogenen Leistungen 3.150,00 € • Zinsen und ähnliche Erträge 3.800,00 € • sonstige betriebliche Aufwendungen 7.800,00 € • Personalaufwand 450.000,00 € • Zinsen und ähnliche Aufwendungen 4.800,00 € • Umsatzerlöse 607.860,00 € • Materialaufwand 92.400,00 €

1.1 … Kontenform.
1.2 … Staffelform.

2. Bilden Sie den allgemeinen Buchungssatz für den Abschluss des Kontos 8020 GUV …

2.1 … bei Gewinn/Jahresüberschuss.
2.2 … bei Verlust/Jahresfehlbetrag.

2.4 Berechnung und Beurteilung der Unternehmenskennzahlen

2.4.1 Barliquidität (Liquidität 1. Grades)

Liquidität
Unter Liquidität versteht man die Zahlungsfähigkeit eines Unternehmens. Im Falle einer mangelnden Liquidität läuft es Gefahr Insolvenz anmelden zu müssen.

Bei der **Barliquidität** werden die flüssigen Mittel ins Verhältnis zu dem kurzfristigen Fremdkapital gesetzt. Da beide Seiten der Bilanz betrachtet werden, spricht man von einer **horizontalen Bilanzanalyse**. Die Kennzahl gibt Auskunft darüber, …

- … wie viel Prozent des kurzfristigen Fremdkapitals allein mit sofort verfügbaren Geldquellen gedeckt sind.
- … ob Zahlungsverpflichtungen pünktlich nachgekommen werden kann.
- … ob flüssige Mittel wirtschaftlich angelegt wurden.

Berechnung der Barliquidität

kurzfristiges Fremdkapital ≙ 100 %
flüssige Mittel ≙ x %

MERKE

Formel zur Berechnung der Barliquidität:

$$\textbf{Barliquidität (in \%)} = \frac{\text{flüssige Mittel} \cdot 100\,\%}{\text{kurzfristiges Fremdkapital}}$$

BEISPIEL

Für InntalTex e. K. kann nun die Barliquidität auf Basis der Werte aus der aufbereiteten Bilanz berechnet werden:

aufbereitete Bilanz

Aktiva		Passiva	
Anlagevermögen (AV)	1.628.000,00 €	**Eigenkapital (EK)**	966.750,00 €
Umlaufvermögen (UV)		**Fremdkapital (FK)**	
Vorräte	150.100,00 €	langfristiges FK	580.000,00 €
Forderungen	223.100,00 €	kurzfristiges FK	588.950,00 €
flüssige Mittel	134.500,00 €		
	2.135.700,00 €		2.135.700,00 €

$$\text{Barliquidität (in \%)} = \frac{\text{flüssige Mittel} \cdot 100\,\%}{\text{kurzfristiges Fremdkapital}} = \frac{134.500{,}00\,€ \cdot 100\,\%}{588.950{,}00\,€} = 22{,}84\,\%$$

Für InntalTex e. K. ergibt sich eine Barliquidität von 22,84 %. Um herauszufinden, ob es sich dabei um einen guten oder schlechten Wert handelt, muss diese Kennzahl nun beurteilt werden.

Beurteilung der Barliquidität

Barliquidität = 100 %	Das Unternehmen kann seinen Zahlungsverpflichtungen vollständig und jederzeit mit den sofort vorhandenen liquiden Mitteln nachkommen. Dieser hohe Wert ist allerdings nicht zwingend nötig, da auch Forderungen aus Lieferungen und Leistungen zur Deckung des kurzfristigen Fremdkapitals beitragen können (vgl. Liquidität 2. Grades).
Barliquidität > 100 %	Es sind (eventuell deutlich) mehr flüssige Mittel vorhanden, als für die Deckung des kurzfristigen Fremdkapitals notwendig sind. Diese überschüssigen flüssigen Mittel sind „totes Kapital", da sie besser für Investitionen bzw. Geldanlagen genutzt werden könnten.
Barliquidität < 100 %	Die kurzfristigen Schulden können nicht vollständig mit sofort verfügbaren Geldmitteln bezahlt werden. Das muss aber nicht bedeuten, dass das Unternehmen sofort in Zahlungsschwierigkeiten gerät. Hier ist die Liquidität 2. Grades die aussagekräftigere Kennzahl.

Der Durchschnittswert der Barliquidität in Deutschland beträgt derzeit ca. 20 %, der Zielwert liegt zwischen 10 % und 30 %.

Zielwert:
10 %–30 %

Durchschnittswert in Deutschland:
20 %

BEISPIEL

Beurteilung der Barliquidität von InntalTex e. K.

Die Barliquidität von InntalTex e. K. liegt mit 22,84 % über dem Durchschnittswert Deutschlands (ca. 20 %) und innerhalb des Zielwertes von 10 % bis 30 %. Um jedoch alle kurzfristigen Zahlungsverpflichtungen mit den sofort vorhandenen liquiden Mitteln decken zu können, ist eine höhere Barliquidität dennoch ratsam.

Tipp
Rechnerisch betrachtet, muss zur Verbesserung entweder der Zähler (hier flüssige Mittel) erhöht, oder der Nenner (hier kurzfristiges Fremdkapital) reduziert werden.

Möglichkeiten zur Verbesserung der Barliquidität

1. Maßnahmen zur Erhöhung der flüssigen Mittel
- Beschleunigung des Mahnverfahrens
- Verkürzung des Zahlungsziels und damit Erhöhung der flüssigen Mittel
- Absatzsteigerung durch verkaufsfördernde Maßnahmen (z. B. Werbung)
- Verkauf von Lagerbeständen
- Verkauf von gebrauchten, nicht mehr benötigten Sachanlagen

2. Maßnahme zur Verminderung des kurzfristigen Fremdkapitals
- Umschichtung des kurzfristigen Fremdkapitals in langfristiges Fremdkapital

MERKE

Die Barliquidität

Die Barliquidität setzt die flüssigen, sofort verfügbaren Geldquellen ins Verhältnis zum kurzfristigen Fremdkapital. Sie gibt somit Auskunft darüber, wie viel Prozent des kurzfristigen Fremdkapitals unmittelbar durch flüssige Mittel beglichen werden könnten.

$$\textbf{Barliquidität (in \%)} = \frac{\text{flüssige Mittel} \cdot 100\,\%}{\text{kurzfristiges Fremdkapital}}$$

AUFGABEN

1. Ihnen liegt folgende aufbereitete Bilanz der Firma RTM Bikes GmbH vor.

Aktiva		**aufbereitete Bilanz**	Passiva
Anlagevermögen (AV)	1.403.500,20 €	**Eigenkapital (EK)**	725.108,00 €
Umlaufvermögen (UV)		**Fremdkapital (FK)**	
Vorräte	321.300,00 €	langfristiges FK	792.000,00 €
Forderungen	198.147,80 €	kurzfristiges FK	661.340,00 €
flüssige Mittel	255.500,00 €		
	2.178.448,00 €		2.178.448,00 €

1.1 Beschreiben Sie, worüber die Kennzahl der Barliquidität Auskunft gibt.

1.2 Berechnen und beurteilen Sie die Kennzahl der Barliquidität auf Basis der obigen aufbereiteten Bilanz.

1.3 RTM Bikes GmbH möchte im nächsten Quartal einen neuen Kleintransporter für die Auslieferung von Mountainbikes anschaffen. Dieser soll durch einen Kredit (Laufzeit 10 Monate) in Höhe von 45.000,00 € finanziert werden. Erläutern Sie die daraus resultierende Auswirkung auf die in 1.2 ermittelte Kennzahl.

2. Am Jahresende liegen die Jahresabschlüsse der Marktführer aus der Textilbranche vor. Die Barliquidität der Unternehmen weist folgende Werte aus:

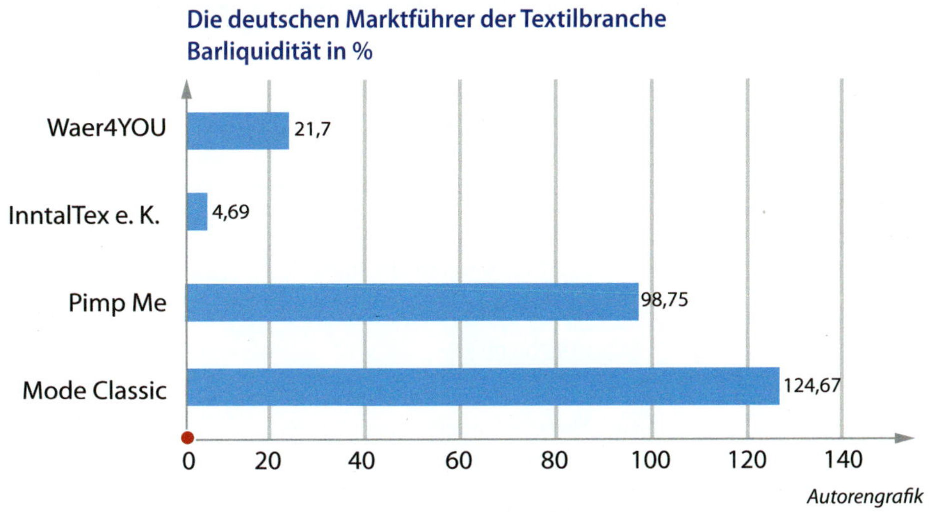

Autorengrafik

2.1 Nennen Sie die Art des hier vorliegenden Vergleichs.

2.2 Beurteilen Sie die Kennzahlen der einzelnen Unternehmen.

2.3 Max Inntaler möchte im nächsten Jahr eine höhere Barliquidität erreichen. Nennen Sie mindestens drei Verbesserungsvorschläge, durch die er das Ziel erreichen könnte.

2.4 Tauschen Sie sich mit einer Lernpartnerin oder einem Lernpartner über Ihr Ergebnis aus 2.3 aus und bringen Sie alle genannten Vorschläge in ein begründetes Ranking. Beginnen Sie dabei mit dem Vorschlag, den Sie zur Verbesserung der Barliquidität als erstes umsetzen würden.

2.4.2 Einzugsliquidität (Liquidität 2. Grades)

Die **Einzugsliquidität** ist etwas weiter gefasst als die Barliquidität (vgl. 2.4.1). Hier werden neben den flüssigen Mitteln auch die Forderungen ins Verhältnis zu dem kurzfristigen Fremdkapital gesetzt. Da auch hier beide Seiten der Bilanz betrachtet werden, handelt es sich hierbei ebenfalls um eine **horizontale Bilanzanalyse**. Diese Kennzahl gibt Max Inntaler Aufschluss darüber, …

- … wie viel Prozent des kurzfristigen Fremdkapitals mit sofort verfügbaren Geldquellen und Forderungen gedeckt sind.
- … ob den Zahlungsverpflichtungen pünktlich nachgekommen werden kann.
- … ob flüssige Mittel wirtschaftlich angelegt wurden.

Berechnung der Einzugsliquidität

kurzfristiges Fremdkapital ≙ 100 %
flüssige Mittel + Forderungen ≙ x %

MERKE

Formel zur Berechnung der Einzugsliquidität:

$$\textbf{Einzugsliquidität (in \%)} = \frac{\text{(flüssige Mittel + Forderungen)} \cdot 100\,\%}{\text{kurzfristiges Fremdkapital}}$$

BEISPIEL

Für InntalTex e. K. kann nun die Einzugsliquidität auf Basis der Werte aus der aufbereiteten Bilanz berechnet werden:

Aktiva | **aufbereitete Bilanz** | Passiva

Anlagevermögen (AV)	1.628.000,00 €	**Eigenkapital (EK)**	966.750,00 €
Umlaufvermögen (UV)		**Fremdkapital (FK)**	
Vorräte	150.100,00 €	langfristiges FK	580.000,00 €
Forderungen	223.100,00 €	kurzfristiges FK	588.950,00 €
flüssige Mittel	134.500,00 €		
	2.135.700,00 €		2.135.700,00 €

$$\text{Einzugsliquidität (in \%)} = \frac{\text{(flüssige Mittel + Forderungen)} \cdot 100\,\%}{\text{kurzfristiges Fremdkapital}}$$

$$= \frac{(134.500{,}00\,€ + 223.100{,}00\,€) \cdot 100\,\%}{588.950{,}00\,€} = 60{,}72\,\%$$

Für InntalTex e. K. ergibt sich eine Einzugsliquidität von 60,72 %. Um herauszufinden, ob es sich dabei um einen guten oder schlechten Wert handelt, muss diese Kennzahl nun beurteilt werden.

Beurteilung der Einzugsliquidität

Einzugsliquidität = 100 %	Das Unternehmen kann seinen Zahlungsverpflichtungen jederzeit nachkommen.
Einzugsliquidität > 100 %	Flüssige Mittel wurden möglicherweise nicht wirtschaftlich angelegt (totes Kapital).
Einzugsliquidität < 100 %	Das Unternehmen ist nicht liquide (= illiquide). Rechnungen oder Tilgungen von kurzfristigen Krediten können derzeit nicht vollständig bezahlt werden. Bei einer Einzugsliquidität weit unter 100 % droht die Anmeldung einer Insolvenz.

Der Durchschnittswert in Deutschland beträgt derzeit 70 %, der Zielwert liegt zwischen 100 % (= Idealwert) und 120 %.

Zielwert:
100 % – 120 %

Durchschnittswert in Deutschland:
70 %

BEISPIEL

Beurteilung der Einzugsliquidität von InntalTex e. K.
Die Einzugsliquidität von InntalTex e. K. liegt mit 60,72 % unter dem Durchschnittswert Deutschlands (70 %) und deutlich unter dem Idealwert von 100 %. In dieser Situation kann InntalTex e. K. kurzfristige Verbindlichkeiten nicht vollständig mit den vorhandenen liquiden Mitteln decken, was zu Zahlungsschwierigkeiten führen kann.

Möglichkeiten zur Verbesserung der Einzugsliquidität

1. Maßnahmen zur Erhöhung der flüssigen Mittel/der Forderungen
- Beschleunigung des Mahnverfahrens
- Verkürzung des Zahlungsziels und damit Erhöhung der flüssigen Mittel
- Absatzsteigerung durch verkaufsfördernde Maßnahmen (z. B. Werbung)
- Verkauf der Lagerbestände
- Verkauf von gebrauchten, nicht mehr benötigten Sachanlagen

2. Maßnahme zur Verminderung des kurzfristigen Fremdkapitals
- Umschichtung des kurzfristigen Fremdkapitals in langfristiges Fremdkapital

Tipp
Rechnerisch betrachtet, muss zur Verbesserung entweder der Zähler (hier flüssige Mittel oder Forderungen) erhöht, oder der Nenner (hier kurzfristiges Fremdkapital) reduziert werden.

MERKE

Die Einzugsliquidität
Die Einzugsliquidität setzt die flüssigen Mittel und Forderungen zum kurzfristigen Fremdkapital ins Verhältnis. Sie gibt somit Auskunft darüber, wie viel Prozent des kurzfristigen Fremdkapitals unmittelbar durch flüssige Mittel und Forderungen beglichen werden könnten.

$$\textbf{Einzugsliquidität (in \%)} = \frac{(\text{flüssige Mittel} + \text{Forderungen}) \cdot 100\,\%}{\text{kurzfristiges Fremdkapital}}$$

AUFGABEN

1. **Erklären Sie den Begriff Liquidität.**

2. **Grenzen Sie die Liquiditätsgrade 1 und 2 voneinander ab.**

3. **Ordnen Sie die Konten den entsprechenden Posten einer aufbereiteten Bilanz zu.**

2800 BK • 2400 FO • 3900 RST • 4200 KBKV • 2880 KA • 2470 ZWFO • 2600 VORST • 2900 ARA • 4830 VFA • 4840 VSV • 4900 PRA • 1500 WP

4. **Es liegt folgende aufbereitete Bilanz der Firma RTM Bikes GmbH vor:**

Aktiva		aufbereitete Bilanz	Passiva
Anlagevermögen (AV)	1.403.500,20 €	**Eigenkapital (EK)**	725.108,00 €
Umlaufvermögen (UV)		**Fremdkapital (FK)**	
Vorräte	321.300,00 €	langfristiges FK	792.000,00 €
Forderungen	198.147,80 €	kurzfristiges FK	661.340,00 €
flüssige Mittel	255.500,00 €		
	2.178.448,00 €		2.178.448,00 €

4.1 Erklären Sie, worüber die Kennzahl der Einzugsliquidität Auskunft gibt.
4.2 Berechnen und beurteilen Sie die Einzugsliquidität.
4.3 Erläutern Sie Konsequenzen, die sich ergeben könnten, wenn Zahlungsverpflichtungen nicht nachgekommen werden kann.

5. **Der Firma RTM Bikes GmbH liegen folgende Werte zur Einzugsliquidität aus den Vorjahren vor:**

Jahr 1	Jahr 2	Jahr 3
109,21 %	62,69 %	72,42 %

5.1 Nennen Sie die Art des hier vorliegenden Bilanzvergleichs.
5.2 Beurteilen Sie die drei Kennzahlen.
5.3 Nennen Sie zwei Maßnahmen, die zur Verbesserung der Einzugsliquidität von Jahr 2 zu Jahr 3 geführt haben könnten.

2.4.3 Anlagendeckung I

Die Kennzahl der **Anlagendeckung I** gehört zur **horizontalen Bilanzanalyse**. Sie setzt das Eigenkapital in Verhältnis zu dem Anlagevermögen und gibt Auskunft darüber, wie viel Prozent des Anlagevermögens durch Eigenkapital finanziert wurde. Angestrebt wird dabei die Einhaltung der **goldenen Bilanzregel**. Diese besagt, dass das gesamte langfristig gebundene Vermögen auch durch langfristig gebundenes Kapital (idealerweise Eigenkapital) finanziert werden sollte.

Berechnung der Anlagendeckung I

Anlagevermögen ≙ 100 %
Eigenkapital ≙ x %

MERKE

Formel zur Berechnung der Anlagendeckung I:

$$\textbf{Anlagendeckung (in \%)} = \frac{\text{Eigenkapital} \cdot 100\,\%}{\text{Anlagevermögen}}$$

BEISPIEL

Für InntalTex e. K. kann nun die Anlagendeckung I auf Basis der Werte aus der aufbereiteten Bilanz berechnet werden:

Aktiva — **aufbereitete Bilanz** — Passiva

Anlagevermögen (AV)	1.628.000,00 €	**Eigenkapital (EK)**	966.750,00 €
Umlaufvermögen (UV)		**Fremdkapital (FK)**	
Vorräte	150.100,00 €	langfristiges FK	580.000,00 €
Forderungen	223.100,00 €	kurzfristiges FK	588.950,00 €
flüssige Mittel	134.500,00 €		
	2.135.700,00 €		2.135.700,00 €

$$\text{Anlagendeckung I (in \%)} = \frac{\text{Eigenkapital} \cdot 100\,\%}{\text{Anlagevermögen}} = \frac{966.750{,}00\,€ \cdot 100\,\%}{1.628.000{,}00\,€} = 59{,}38\,\%$$

Für InntalTex e. K. ergibt sich eine Anlagendeckung I von 59,38 %. Um herauszufinden, ob es sich dabei um einen guten oder schlechten Wert handelt, muss diese Kennzahl nun beurteilt werden.

Beurteilung der Anlagendeckung I

Anlagendeckung I = 100 %	Die goldene Bilanzregel trifft zu: Das langfristig gebundene Vermögen wurde vollständig mit langfristigem Eigenkapital finanziert.
Anlagendeckung I > 100 %	Je höher die Anlagendeckung über 100 % liegt, desto mehr ist auch das Umlaufvermögen durch Eigenkapital finanziert. Dieses Eigenkapital könnte stattdessen für neue Investitionen genutzt werden.
Anlagendeckung I < 100 %	Dieser Fall ist in der Praxis nicht außergewöhnlich, da die Unternehmen meist auch mit Fremdkapital finanziert worden sind. Dennoch ist eine Anlagedeckung I von unter 100 % nicht ideal und sollte vermieden werden.

Der Durchschnittswert in Deutschland beträgt derzeit 70 % bis 100 %, der Zielwert liegt zwischen 110 % und 150 %.

BEISPIEL

Beurteilung der Anlagendeckung I von InntalTex e. K.
Die Anlagendeckung I von InntalTex e.K. liegt mit 59,38 % sowohl unter dem Durchschnittswert Deutschlands (70 % - 100 %), als auch weit unter dem Zielwert (110 % – 150 %). Das bedeutet, dass ein Großteil des Anlagevermögens nicht durch Eigenkapital gedeckt wurde. Auch wenn in der Realität viele Unternehmen auch mit Fremdkapital finanziert werden, sollte eine Erhöhung der Anlagendeckung I angestrebt werden.

Tipp
Rechnerisch betrachtet, muss zur Verbesserung entweder der Zähler (Eigenkapital) erhöht, oder der Nenner (hier Anlagevermögen) reduziert werden.

Möglichkeiten zur Verbesserung der Anlagedeckung I

1. Maßnahme zur Erhöhung des Eigenkapitals
- Einbringen von Privateinlagen in das Unternehmen

2. Maßnahme zur Verminderung des Anlagevermögens
- Verkauf von nicht mehr benötigten Sachanlagen

MERKE

Die Anlagendeckung I
Die Anlagendeckung I setzt das Eigenkapital ins Verhältnis zu dem Anlagevermögen. Sie gibt somit Auskunft darüber, wie viel Prozent des langfristigen Anlagevermögens durch Eigenkapital finanziert wurde.

$$\textbf{Anlagendeckung I (in \%)} = \frac{\text{Eigenkapital} \cdot 100\,\%}{\text{Anlagevermögen}}$$

AUFGABEN

1. Erklären Sie, worüber die Anlagendeckung I Auskunft gibt.

2. Berechnen und beurteilen Sie die Anlagendeckung I aus folgender aufbereiteten Bilanz von RTM Bikes Gmbh:

Aktiva	aufbereitete Bilanz		Passiva
Anlagevermögen (AV)	1.403.500,20 €	**Eigenkapital (EK)**	725.108,00 €
Umlaufvermögen (UV)		**Fremdkapital (FK)**	
Vorräte	321.300,00 €	langfristiges FK	792.000,00 €
Forderungen	198.147,80 €	kurzfristiges FK	661.340,00 €
flüssige Mittel	255.500,00 €		
	2.178.448,00 €		2.178.448,00 €

3. Nennen Sie mindestens eine Möglichkeit zur Verbesserung der Anlagendeckung I.

2.4.4 Anlagendeckung II

Die Kennzahl der **Anlagendeckung II** gehört zur **horizontalen Bilanzanalyse.** Diese Kennzahl berücksichtigt hinsichtlich der langfristigen Finanzierung des Anlagevermögens neben dem Eigenkapital auch das langfristige Fremdkapital. Sie gibt somit Auskunft darüber, wie viel Prozent des langfristigen Anlagevermögens durch Eigenkapital und langfristiges Fremdkapital finanziert ist. Im Gegensatz zur Anlagendeckung I ist die Kennzahl der Anlagendeckung II aussagekräftiger und realitätsnäher, da in der Regel die Unternehmen zum großen Teil auch mit dem langfristigen Fremdkapital finanziert sind (z. B. ein langfristiges Bankdarlehen zur Grundstücksfinanzierung).

Berechnung der Anlagendeckung II

Anlagevermögen ≙ 100 %
(Eigenkapital + langfristiges Fremdkapital) ≙ x %

MERKE

Formel zur Berechnung der Anlagendeckung II:

$$\textbf{Anlagendeckung II (in \%)} = \frac{\text{(Eigenkapital + langfristiges Fremdkapital)} \cdot 100\,\%}{\text{Anlagevermögen}}$$

BEISPIEL

Für InntalTex e. K. kann nun die Anlagedeckung II auf Basis der Werte aus der aufbereiteten Bilanz berechnet werden:

Aktiva	aufbereitete Bilanz		Passiva
Anlagevermögen (AV)	1.628.000,00 €	**Eigenkapital (EK)**	966.750,00 €
Umlaufvermögen (UV)		**Fremdkapital (FK)**	
Vorräte	150.100,00 €	langfristiges FK	580.000,00 €
Forderungen	223.100,00 €	kurzfristiges FK	588.950,00 €
flüssige Mittel	134.500,00 €		
	2.135.700,00 €		2.135.700,00 €

$$\text{Anlagendeckung II (in \%)} = \frac{\text{(Eigenkapital + langfristiges Fremdkapital)} \cdot 100\,\%}{\text{Anlagevermögen}}$$

$$= \frac{(966.750{,}00\,€ + 580.000{,}00\,€) \cdot 100\,\%}{1.628.000{,}00\,€} = 95{,}01\,\%$$

Für InntalTex e. K. ergibt sich eine Anlagendeckung II von 95,01 %. Um herauszufinden, ob es sich dabei um einen guten oder schlechten Wert handelt, muss diese Kennzahl nun beurteilt werden.

Beurteilung der Anlagendeckung II

Anlagendeckung II = 100 %	Das Anlagevermögen wurde vollständig mit langfristigem Kapital finanziert. Da die Kennzahl aber nicht deutlich macht, zu welchem Anteil das Vermögen mit langfristigem Fremdkapital finanziert wurde, sollte die Zahl deutlich über 100 % liegen.
Anlagendeckung II > 100 %	Das Anlagevermögen ist mehr als vollständig durch langfristiges Kapital finanziert. Je höher der Wert, desto stärker ist auch das Umlagevermögen mit langfristigem Eigen- und Fremdkapital gedeckt.
Anlagendeckung II < 100 %	Das bedeutet, dass das Anlagenvermögen (z. B. eine Maschine) auch durch kurzfristiges Kapital (z. B. einen kurzfristigen Bankkredit) finanziert wurde. Das Unternehmen könnte, wenn das Umlaufvermögen zur Deckung der Kredittilgung nicht ausreicht, in Schwierigkeiten geraten.

Der Durchschnittswert in Deutschland beträgt derzeit 110 % bis 150 %, der Zielwert liegt ebenfalls zwischen 110 % und 150 %.

BEISPIEL

Beurteilung der Anlagendeckung II von InntalTex e. K.

Die Anlagendeckung II von InntalTex e. K. liegt mit 95,01 % sowohl unter dem Durchschnittswert Deutschlands, als auch unter dem Zielwert (jeweils zwischen 110 % und 150 %). Das bedeutet, dass das Anlagevermögen teilweise durch kurzfristiges Fremdkapital finanziert wurde, was das Unternehmen in Krisenzeiten in finanzielle Schwierigkeiten bringen könnte. Die Anlagendeckung II sollte daher erhöht werden.

Tipp
Rechnerisch betrachtet, muss zur Verbesserung entweder der Zähler (Eigenkapital oder langfristiges Fremdkapital) erhöht, oder der Nenner (hier Anlagevermögen) reduziert werden.

Möglichkeiten zur Verbesserung der Anlagendeckung II

1. Maßnahmen zur Erhöhung des Eigenkapitals und langfristigen Fremdkapitals

- Erhöhung des Eigenkapitals, z. B. durch Privateinlagen
- Umschichtung von kurzfristigem Fremdkapital in langfristiges Fremdkapital

2. Maßnahmen zur Verminderung des Anlagevermögens

- Verkauf von ungenutztem Anlagevermögen

MERKE

Die Anlagendeckung II

Die Anlagendeckung II setzt das Eigenkapital und das langfristige Fremdkapital ins Verhältnis zum Anlagevermögen. Sie gibt somit Auskunft darüber, wie viel Prozent des Anlagevermögens durch langfristiges Eigen- und Fremdkapital finanziert wurde.

$$\textbf{Anlagendeckung II (in \%)} = \frac{(\text{Eigenkapital} + \text{langfristiges Fremdkapital}) \cdot 100\,\%}{\text{Anlagevermögen}}$$

AUFGABEN

1. Es liegt folgende aufbereitete Bilanz von RTM Bikes GmbH vor:

Aktiva	aufbereitete Bilanz		Passiva
Anlagevermögen (AV)	1.403.500,20 €	**Eigenkapital (EK)**	725.108,00 €
Umlaufvermögen (UV)		**Fremdkapital (FK)**	
Vorräte	321.300,00 €	langfristiges FK	792.000,00 €
Forderungen	198.147,80 €	kurzfristiges FK	661.340,00 €
flüssige Mittel	255.500,00 €		
	2.178.448,00 €		2.178.448,00 €

1.1 Grenzen Sie kurzfristiges und langfristiges Fremdkapital inhaltlich voneinander ab.

1.2 Erläutern Sie das Prinzip, nach dem das Umlaufvermögen in einer Bilanz sortiert wird.

1.3 Erklären Sie, worüber die Anlagendeckung II Auskunft gibt.

1.4 Berechnen und beurteilen Sie die Anlagendeckung II.

1.5 Nennen Sie mindestens eine Möglichkeit zur Verbesserung der Anlagendeckung II.

2. Erläutern Sie, warum die Anlagendeckung II im Vergleich zur Anlagendeckung I aussagekräftiger ist.

3. Entscheiden Sie, ob folgende Aussagen richtig oder falsch sind. Berichtigen Sie falsche Aussagen.

Vorsicht Fehler!

3.1	Sowohl die Anlagendeckung I als auch die Anlagendeckung II gehören zur horizontalen Bilanzanalyse.
3.2	Die goldene Bilanzregel besagt, dass langfristiges Vermögen mit langfristigem Kapital finanziert werden soll.
3.3	Die Anlagendeckung I sollte mindestens bei 100 % liegen.
3.4	Ist das Anlagevermögen auch kurzfristig finanziert, könnte das Zahlungsschwierigkeiten nach sich ziehen.
3.5	Eine Anlagendeckung II über 100 % bedeutet, dass zu viel Eigenkapital im Unternehmen ist und besser investiert werden sollte.
3.6	Um den Anlagedeckungsgrad II zu verbessern, sollte das Unternehmen weitere Sachanlagegüter erwerben.
3.7	Liegt der Anlagedeckungsgrad II bei 10 %, so entspricht dies genau dem Durchschnittswert in Deutschland.

2.4.5 Eigenkapitalrentabilität

(Kapital-)Marktzinssatz
Der Marktzinssatz ist derjenige Zinssatz, der sich am Markt aufgrund der Vorgaben durch die Europäische Zentralbank und durch das Zusammenspiel von Geldangebot und Geldnachfrage herausbildet.
www.wirtschaftslexikon.gabler.de, (Abruf am 02.02.2021)

Jedes Unternehmen strebt einen größtmöglichen Gewinn an. Doch ob ein Unternehmen erfolgreich gewirtschaftet hat, lässt sich nicht ausschließlich an der Höhe des Gewinns bzw. des Verlusts bemessen. Dazu ist es wichtig, den Gewinn/Verlust ins Verhältnis zum Anfangsbestand des Eigenkapitals (= eingesetztes Kapital) zu setzen. Dies erfolgt mithilfe der **Eigenkapitalrentabilität.** Diese Kennzahl gibt somit Auskunft …

- … über die Ertragskraft des Unternehmens.
- … darüber, wie viel Gewinn (ausgedrückt in Prozent) auf das eingesetzte Eigenkapital entfällt.
- … darüber, ob sich die Verzinsung des Kapitals im Unternehmen im Vergleich zu anderen Anlageformen gelohnt hat.

Berechnung der Eigenkapitalrentabilität

Eigenkapital (Anfangsbestand) ≙ 100 %
Jahresüberschuss (Gewinn) ≙ x %

MERKE

Formel zur Berechnung der Eigenkapitalrentabilität:

$$\textbf{Eigenkapitalrentabilität (in \%)} = \frac{\text{Jahresüberschuss} \cdot 100\,\%}{\text{Eigenkapital (Anfangsbestand)}}$$

BEISPIEL

Für InntalTex e. K. kann nun die Eigenkapitalrentabilität auf Basis der Werte aus der aufbereiteten Bilanz sowie der GUV-Rechnung berechnet werden:

Aktueller (Kapital-) Marktzinssatz

Mediencode 82226-02

Aktiva		**aufbereitete Bilanz**	Passiva
Anlagevermögen (AV)	1.628.000,00 €	**Eigenkapital (EK)**	966.750,00 €
Umlaufvermögen (UV)		**Fremdkapital (FK)**	
Vorräte	150.100,00 €	langfristiges FK	580.000,00 €
Forderungen	223.100,00 €	kurzfristiges FK	588.950,00 €
flüssige Mittel	134.500,00 €		
	2.135.700,00 €		2.135.700,00 €

S		**GUV-Rechnung**	H
Materialaufwand	167.000,00 €	Umsatzerlöse	408.360,00 €
Aufwendungen für bezogene Leistungen	60.000,00 €	sonstige betriebliche Erträge	3.890,00 €
Personalaufwand	95.800,00 €	Zinsen und ähnliche Erträge	6.400,00 €
Abschreibungen	33.500,00 €		
sonstige betriebliche Aufwendungen	17.000,00 €		
Zinsen und ähnliche Aufwendungen	6.100,00 €		
Steuern	4.250,00 €		
Jahresüberschuss	**35.000,00 €**		
	418.650,00 €		418.650,00 €

Achtung: Das in der aufbereiteten Bilanz ausgewiesene Eigenkapital ist der Eigenkapitalbestand, den das Konto am Jahresende aufweist. Es ist damit der **Schlussbestand** und nicht der für die Berechnung der Eigenkapitalrentabilität benötigte **Anfangsbestand**. Deshalb muss eine Kalkulation der Formel zur Eigenkapitalrentabilität vorgeschaltet werden:

Eigenkapital (Anfangsbestand)	... €
– Privatentnahmen	... €
+ Privateinlagen	... €
+ Jahresüberschuss	... €
= Eigenkapital (Schlussbestand)	... €

BEISPIEL

Das Privatkonto von InntalTex e. K. weist Privatentnahmen in Höhe von 5.000,00 € und Privateinlagen in Höhe von 10.500,00 € auf. Somit liegen nun alle notwendigen Werte zur schrittweisen Berechnung der Eigenkapitalrentabilität vor:

Schritt 1: Berechnung des Eigenkapitalanfangsbestandes

Eigenkapital (Anfangsbestand)	926.250,00 €
– Privatentnahmen	5.000,00 €
+ Privateinlagen	10.500,00 €
+ Jahresüberschuss	35.000,00 €
= Eigenkapital (Schlussbestand)	966.750,00 €

Schritt 2: Berechnung der Eigenkapitalrentabilität

$$\text{Eigenkapitalrentabilität (in \%)} = \frac{\text{Jahresüberschuss} \cdot 100\,\%}{\text{Eigenkapital (Anfangsbestand)}} = \frac{35.000{,}00\,€ \cdot 100\,\%}{926.250{,}00\,€} = 3{,}78\,\%$$

Für InntalTex e. K. ergibt sich eine Eigenkapitalrentabilität von 3,78 %. Um herauszufinden, ob es sich dabei um einen guten oder schlechten Wert handelt, muss diese Kennzahl nun beurteilt werden.

Beurteilung der Eigenkapitalrentabilität

Jeder Unternehmer hat die Wahl, sein Geld entweder im eigenen Unternehmen oder am Kapitalmarkt anzulegen. Die Verzinsung des Kapitals zeigt in beiden Fällen an, wie sehr sich die Anlage gelohnt hat. Die Eigenkapitalrentabilität (Verzinsung des im Unternehmen eingesetzten Kapitals) ist bei einer Beurteilung daher mit dem **(Kapital-)Marktzinssatz** (Verzinsung des am Kapitalmarkt eingesetzten Kapitals) zu vergleichen. Gleichzeitig muss der für die Berechnung der Eigenkapitalrentabilität benötigte Gewinn/Jahresüberschuss neben der **Eigenkapitalverzinsung** auch die **Risikoprämie** und den **Unternehmerlohn** bei Einzelunternehmen decken. Daher gilt: Je höher die Eigenkapitalrentabilität, desto höher ist der mit dem eingesetzten Eigenkapital erwirtschaftete Gewinn und damit die Eigenkapitalverzinsung, die Risikoprämie und der Unternehmerlohn.

Eigenkapitalrentabilität = (Kapital)Marktzinssatz	Die Anlage des Eigenkapitals in das Unternehmen hat dem Unternehmer keinen wirtschaftlichen Vorteil im Vergleich zur Anlage am Kapitalmarkt verschafft. Zudem erhält der Unternehmer keine Risikoprämie (Risikoprämie = Eigenkapitalrentabilität – (Kapital)Marktzinssatz) und auch der Unternehmerlohn fällt bei einer solchen Kennzahl voraussichtlich unterdurchschnittlich aus.
Eigenkapitalrentabilität > (Kapital)Marktzinssatz	Abhängig vom tatsächlichen Unterschied hat die Anlage des Eigenkapitals dem Unternehmer einen (großen) wirtschaftlichen Vorteil im Vergleich zur Anlage am Kapitalmarkt verschafft sowie die Risikoprämie und einen angemessenen Unternehmerlohn eingebracht. Zudem bleibt voraussichtlich ausreichend Geld übrig, um davon Investitionen (z. B. Erweiterungsinvestitionen) zu tätigen.
Eigenkapitalrentabilität < (Kapital)Marktzinssatz	Die Anlage des Eigenkapitals in das Unternehmen hat dem Unternehmer im Vergleich zur Anlage am Kapitalmarkt einen (eventuell großen) wirtschaftlichen Nachteil verschafft. Für den Unternehmer wäre es sinniger, sein Geld am Kapitalmarkt anzulegen. Allerdings ist die Höhe der Eigenkapitalrentabilität stark branchenabhängig und muss daher vor allem mit den unternehmenseigenen Vorjahreswerten verglichen werden.

Der Durchschnittswert in Deutschland liegt zwischen 10 % und 20 %, der Zielwert mindestens über dem (Kapital)Marktzins.

BEISPIEL

Beurteilung der Eigenkapitalrentabilität von InntalTex e. K.

Die Eigenkapitalrentabilität von InntalTex e. K. liegt mit 3,78 % deutlich unter dem Durchschnittswert Deutschlands, jedoch über dem (Kapital)Marktzinssatz von –0,51 % (Stand: 2020). Auch wenn diese Eigenkapitalrentabilität voraussichtlich die Risikoprämie abdeckt, ist sie dennoch zu gering und sollte daher erhöht werden.

Tipp
Rechnerisch betrachtet, muss zur Verbesserung entweder der Zähler (hier Jahresüberschuss) erhöht, oder der Nenner (hier Eigenkapital (Anfangsbestand)) reduziert werden.

Möglichkeiten zur Verbesserung der Eigenkapitalrentabilität

1. Maßnahmen zur Erhöhung des Jahresüberschusses
- Kostenersparnis (Aufwendungen verringern)
- Produktivitätssteigerung (Umsatzerlöse erhöhen), z. B. durch Kapazitätsauslastung

2. Maßnahmen zur Verringerung des Eigenkapitals (Anfangsbestand)
- Erhöhung der Privatentnahmen

MERKE

Die Eigenkapitalrentabilität

Die Eigenkapitalrentabilität setzt den erwirtschafteten Gewinn/Jahresüberschuss ins Verhältnis zum eingesetzten Eigenkapital. Sie gibt damit Auskunft über die Verzinsung des im Unternehmen eingesetzten Eigenkapitals.

$$\textbf{Eigenkapitalrentabilität (in \%)} = \frac{\text{Jahresüberschuss} \cdot 100\,\%}{\text{Eigenkapital (Anfangsbestand)}}$$

AUFGABEN

1. Es liegt Ihnen folgende GUV-Rechnung der Firma RTM Bikes GmbH vor:

S	GUV-Rechnung		H
Materialaufwand	92.400,00 €	Umsatzerlöse	707.860,00 €
Aufwendungen für bezogene Leistungen	3.150,00 €	sonstige betriebliche Erträge	2.990,00 €
Personalaufwand	450.000,00 €	Zinsen u. ähnliche Erträge	3.800,00 €
Abschreibungen	105.000,00 €		
sonstige betriebliche Aufwendungen	5.800,00 €		
Zinsen und ähnliche Aufwendungen	2.800,00 €		
Steuern	13.500,00 €		
Jahresüberschuss	42.000,00 €		
	714.650,00 €		714.650,00 €

Zudem sind die folgenden Informationen bekannt:

Privateinlagen: 30.000,00 € • Privatentnahmen: 4.500,00 € •
Eigenkapital (Schlussbestand): 725.108,00 €

1.1 Erklären Sie, worüber die Eigenkapitalrentabilität Auskunft gibt.
1.2 Berechnen und beurteilen Sie die Eigenkapitalrentabilität.
1.3 Aus dem Vorjahr liegen folgende Werte vor:

Jahresfehlbetrag 15.000,00 € • Privateinlagen 3.600,00 € •
Privatentnahmen 6.900,00 €

Berechnen und beurteilen Sie die Eigenkapitalrentabilität aus dem Vorjahr.

1.4 Nennen Sie Maßnahmen, die zur Veränderung der Eigenkapitalrentabilität zwischen Vorjahr (1.3) und aktuellem Geschäftsjahr (1.2) geführt haben könnten.

2. Ihnen liegen folgende Zahlen der Konkurrenz von RTM-Bikes GmbH vor:

	Zweirad Hersteller GmbH	Velobauer
Erträge	119.600,00 €	144.950,00 €
Aufwendungen	214.600,00 €	163.700,00 €
Eigenkapital SB	798.350,00 €	303.180,00 €
Privatentnahmen	15.400,00 €	17.900,00 €
Privateinlagen	125.000,00 €	2.330,00 €

2.1 Nennen Sie die Art des hier vorliegenden Bilanzvergleichs.
2.2 Ermitteln Sie jeweils die Eigenkapitalrentabilität und beurteilen Sie die Ergebnisse.
2.3 Begründen Sie mithilfe von zwei Argumenten, warum die Kennzahl deutlich über dem (Kapital)Marktzins liegen sollte.

ZUSAMMENFASSUNG

Kap. 2.1

Durchführung eines Geschäftsgangs

Nach § 242 HGB muss jährlich ein Jahresabschluss aufgestellt werden. Er besteht aus der Gewinn- und Verlustrechnung sowie der Schlussbilanz. Über den Geschäftsgang gelangt man in fünf Schritten zum Jahresabschluss.

Kap. 2.2

Betriebswirtschaftliche Auswertung des Jahresabschlusses (Unternehmensanalyse)

Um wirtschaftlich und strategisch sinnvolle Entscheidungen treffen zu können, muss eine regelmäßige Unternehmensanalyse mittels Kennzahlen aus der Bilanz sowie der Gewinn- und Verlustrechnung durchgeführt werden. Die Zahlen können mit denen aus den Vorjahren (interner Vergleich) oder mit denen aus anderen Branchen/Betrieben (externer Vergleich) verglichen werden. Auch andere Adressaten wie Mitarbeiter, Banken, Lieferanten, Kapitalanleger und öffentliche Stellen haben Interesse an dem Zahlenmaterial aus der Bilanz sowie der Gewinn- und Verlustrechnung.

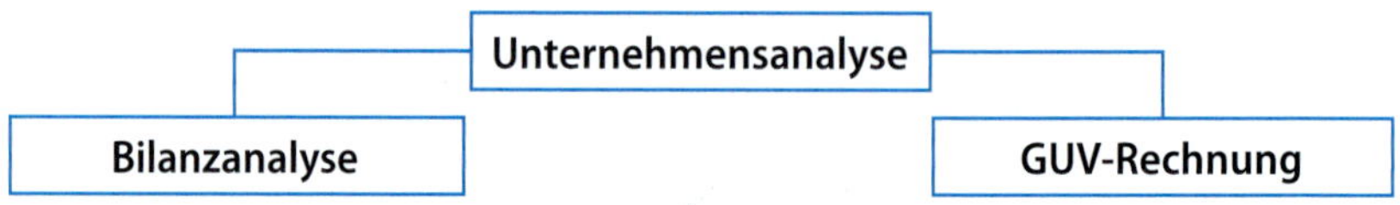

Kap. 2.3

Vorbereitung der Unternehmensanalyse

Die vielen Posten der Bilanz sowie der Gewinn- und Verlustrechnung erfordern eine Vereinfachung, um die Kennzahlen zur Analyse des Unternehmens berechnen zu können. Sowohl die Bilanz als auch die Gewinn- und Verlustrechnung müssen deshalb aufbereitet werden. Darunter versteht man das Zusammenfassen sachlich zusammengehörender Positionen.

Kap. 2.4

Berechnung und Beurteilung der Unternehmenskennzahlen

Bei der Berechnung der Kennzahlen wird Zahlenmaterial aus der Bilanz und Gewinn- und Verlustrechnung ins Verhältnis gesetzt. Man unterscheidet Kennzahlen der Bilanz (Bilanzanalyse) und Kennzahlen der Gewinn- und Verlustrechnung (Erfolgsanalyse).
Zur Beurteilung der Kennzahlen richtet man sich nach Durchschnittswerten aus Deutschland und konkreten Zielwerten. Im Falle von schlechten Kennzahlergebnissen gibt es verschiedene Verbesserungsmöglichkeiten.

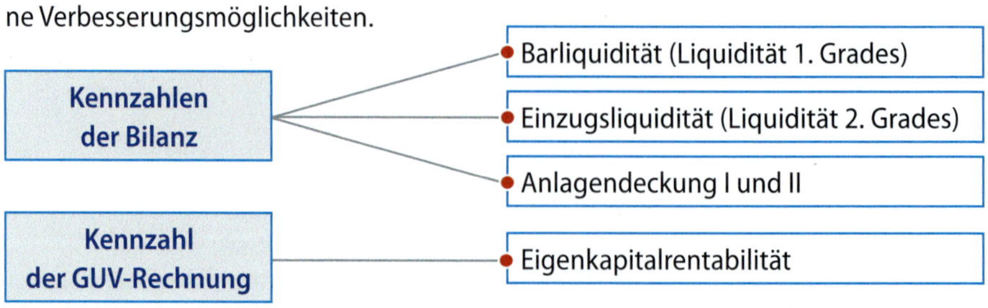

KOMPETENZCHECK

1. Bearbeiten Sie folgende Aufgaben, die bei der Mode-Firma KARLY am 31.12.20.. anfallen.

1.1 Formulieren Sie den Geschäftsvorfall zu folgendem Buchungssatz.

6160 FRI	an	3900 RST	21.500,00 €

1.2 Bilden Sie die Buchungssätze für …

1.2.1 … den Abschluss der aufgeführten Unterkonten.

6011 BZKF	Saldo im Haben	2.500,00 €
6012 NF	Saldo im Soll	1.900,00 €
5001 EBFE	Saldo im Haben	7.600,00 €
3001 P	Saldo im Haben	8.500,00 €

1.2.2 … die Bestandserhöhung im Konto 2030 B, 2.100,00 €.

1.2.3 … die Abschreibung des Kontos 0700 MA, 32.000,00 €.

1.2.4 … die Forderungsbewertung.

	geschätzter Ausfall (brutto)	**UST**	**geschätzter Ausfall (netto)**
2400 FO	1.523,20 €	243,20 €	1.280,00 €
2470 ZWFO	4.284,00 €	684,00 €	3.600,00 €

1.2.5 … aufgeführten Konten.

6000 AWR	225.000,00 €
5000 UEFE	520.000,00 €
8020 GUV	27.000,00 € (Jahresüberschuss)
0840 FP	125.000,00 €
4400 VE	98.000,00 €

1.3 Erstellen Sie zu untenstehenden Werten die aufbereitete Bilanz der Firma KARLY.

0500 GR 142.000,00 € • 0530 BVG 490.000,00 € •
0700 MA 295.000,00 € • 0840 FP 125.000,00 € • 0860 BM 79.000,00 € •
0870 BGA 65.000,00 € • 1500 WP 30.000,00 € • 2000 R 67.000,00 € •
2010 F 8.900,00 € • 2020 H 5.800,00 € • 2030 B 5.400,00 € •
2400 FO 152.320,00 € • 2470 ZWFO 14.280,00 € • 2600 VORST 21.380,00 € •
2800 BK 130.000,00 € • 2880 KA 8.000,00 € • 2900 ARA 3.000,00 € •
3000 EK ? • 3670 EWB 3.600,00 € • 3680 PWB 1.280,00 € •
3900 RST 21.500,00 € • 4200 KBKV 260.000,00 € • 4250 LBKV 700.000,00 € •
4400 VE 98.000,00 € • 4800 UST 37.500,00 € • 4830 VFA 31.500,00 € •
4840 VSV 39.000,00 € • 4900 PRA 2.300,00 €

2. Beurteilen Sie, ob die folgenden Aussagen richtig oder falsch sind. Berichtigen Sie falsche Aussagen.

Vorsicht Fehler!

2.1	Die Berechnung der Eigenkapitalrentabilität ist Bestandteil der Erfolgsanalyse.
2.2	Die Kennzahl der Anlagendeckung I ist aussagekräftiger als die der Anlagendeckung II, da sich ein Unternehmen hauptsächlich mit Eigenkapital finanziert.
2.3	Der Gewinn entspricht dem Unternehmerlohn.
2.4	Die Kennzahl der GUV-Rechnung gibt Auskunft über die Ertragskraft eines Unternehmens.
2.5	Liegt die Einzugsliquidität unter dem Kapitalmarktzins, ist es sinnvoller, das Eigenkapital in andere Geldanlageformen als in das eigene Unternehmen zu investieren.
2.6	Beträgt die Einzugsliquidität mehr als 100 %, so wurde Geld gut wirtschaftlich angelegt.

3. Erstellen Sie aus den Satzteilen 3.1 – 3.4 und A – D richtige Aussagen. Halten Sie diese schriftlich fest.

3.1	Die Barliquidität …	A	… gibt Auskunft darüber, in welchem Verhältnis flüssige Mittel und Forderungen zu dem kurzfristigen Fremdkapital stehen.
3.2	Die Einzugsliquidität …	B	… beschreibt das Verhältnis vom Jahresüberschuss (Reingewinn) zum Anfangsbestand des eingesetzten Eigenkapitals.
3.3	Die Anlagendeckung I …	C	… gibt Auskunft darüber, inwieweit die kurzfristigen Verbindlichkeiten allein mit sofort verfügbaren Geldquellen gedeckt werden können.
3.4	Die Eigenkapitalrentabilität …	D	… gibt Auskunft darüber, inwieweit das Anlagevermögen mit Eigenkapital finanziert wurde.

4. Zur Bearbeitung folgender Aufgaben liegt Ihnen eine aufbereitete Bilanz und GUV-Rechnung der Firma XYOU vor:

aufbereitete Bilanz 31.12.20..

Aktiva			Passiva
Anlagevermögen (AV)	244.580,00 €	**Eigenkapital (EK)**	81.500,00 €
Umlaufvermögen (UV)		**Fremdkapital (FK)**	
Vorräte	27.580,00 €	langfristiges FK	145.000,00 €
Forderungen	80.790,00 €	kurzfristiges FK	176.650,00 €
flüssige Mittel	50.200,00 €		
	403.150,00 €		403.150,00 €

S	GUV-Rechnung		H
Materialaufwand	15.000,00 €	Umsatzerlöse	97.122,00 €
Aufwendungen für bezogene Leistungen	4.500,00 €	sonstige betriebliche Erträge	3.678,00 €
Personalaufwand	38.900,00 €	Zinsen und ähnliche Erträge	1.780,00 €
Abschreibungen	24.900,00 €		
sonstige betriebliche Aufwendungen	6.700,00 €		
Zinsen und ähnliche Aufwendungen	2.100,00 €		
Steuern	980,00 €		
Jahresüberschuss	9.500,00 €		
	102.580,00 €		102.580,00 €

Des Weiteren liegen Ihnen folgende Werte vor:

Privateinlagen 1.600,00 € • Privatentnahmen 4.700,00 €

4.1 Berechnen und beurteilen Sie jeweils die Kennzahlen …
  4.1.1 … Barliquidität
  4.1.2 … Einzugsliquidität
  4.1.3 … Anlagendeckung I
  4.1.4 … Anlagendeckung II
  4.1.5 … Eigenkapitalrentabilität ((Kapital)Marktzins: 0,25 %)

4.2 Bilden Sie die Buchungssätze für den Abschluss …
  4.2.1 … des Kontos 3001 P.
  4.2.2 … des Kontos 8020 GUV.

5. Die Firma ModeHigh hat die Kennzahlen mit denen aus dem Vorjahr verglichen:

	Vorjahr	aktuelles Jahr
Barliquidität	20 %	15,63 %
Einzugsliquidität	104,75 %	100,38 %
Anlagendeckung I	54,90 %	26,33 %
Anlagendeckung II	105,64 %	104,90 %
Eigenkapitalrentabilität	−1,77 %	15,39 %

5.1 Grenzen Sie die beiden Arten der Bilanzvergleiche voneinander ab und benennen Sie die hier vorliegende Art.

5.2 Nennen Sie jeweils eine Maßnahme, die zur Verbesserung bzw. zur Verschlechterung der jeweiligen Kennzahl im aktuellen Jahr geführt haben könnte.

Was wissen und was können Sie schon?

Fassen Sie zusammen, welche Kosten bei der Produktion eines Fertigerzeugnisses – in unserem Beispiel Bekleidung – zu berücksichtigen sind.

3

Vollkostenrechnung: Kostenarten-, Kostenstellen- und Kostenträgerrechnung

Im Rechnungskreis I sind auch Vorgänge enthalten, die mit dem Betriebszweck nichts zu tun haben. Diese Vorgänge, wie z. B. Dividendenerträge, können das Betriebsergebnis daher verfälschen. Sie werden deshalb durch die Abgrenzungsrechnung herausgefiltert und bleiben so im Rechnungskreis II der Betriebsbuchführung unbeachtet. Dieser Rechnungskreis arbeitet mit Kosten und Leistungen. Die Kostenartenrechnung geht der Frage nach, welche Arten von Kosten in einem Unternehmen anfallen und unterscheidet dabei zwischen Einzel-, Gemein- und Sondereinzelkosten der Fertigung. Auch kalkulatorische Kosten werden beachtet. Die Kostenstellenrechnung ermittelt anschließend im Betriebsabrechnungsbogen, wo die verschiedenen Gemeinkosten verursacht werden und verteilt diese entsprechend eines Verteilungsschlüssels. Die Kostenträgerrechnung zeigt, wofür die Kosten entstanden sind bzw. welche Kosten unsere Produkte verursacht haben. Die Kostenträgerrechnung lässt sich in zwei Teile gliedern: die Kostenträgerzeitrechnung (ermittelt die Gesamtkosten einer Abrechnungsperiode für alle Kostenträger) und die Kostenträgerstückrechnung (berechnet die Stückkosten für einen Kostenträger).

In diesem Kapitel …

… unterscheiden Sie die Geschäftsbuchführung (Rechnungskreis I) und die Betriebsbuchführung (Rechnungskreis II).

… charakterisieren Sie die Aufgaben der Kosten- und Leistungsrechnung.

… erklären Sie die erfolgswirtschaftlichen Begriffe Aufwand, Ertrag, Kosten, Leistungen, Einnahmen und Ausgaben.

… erklären Sie den Begriff kalkulatorische Kosten und unterscheiden zwischen Anders- und Zusatzkosten.

… ermitteln Sie rechnerisch das Abgrenzungsergebnis, das Gesamtergebnis sowie das Betriebsergebnis.

… unterscheiden Sie zwischen Einzel-, Sondereinzel- und Gemeinkosten.

… erstellen Sie mithilfe geeigneter Kostenverteilungsschlüssel einen Betriebsabrechnungsbogen.

… führen Sie sowohl die Kostenträgerzeit- als auch die Kostenträgerstückrechnung durch.

LERNGERÜST

Teilbereiche des Rechnungswesens

Internes Rechnungswesen
Betriebsbuchführung
➔ Adressaten: intern

Externes Rechnungswesen
Geschäfts- bzw. Finanzbuchführung
➔ Adressaten: intern und extern

Erfolgswirtschaftliche Grundbegriffe

Aufwand
betrieblicher Aufwand = Kosten
Neutraler Aufwand

Ertrag
betrieblicher Ertrag = Leistungen
Neutraler Ertrag

Einnahmen
Zunahme des Geldvermögens

Ausgaben
Abnahme des Geldvermögens

Einzahlung
Zugang liquider Mittel

Auszahlung
Abgang liquider Mittel

Kalkulatorische Kosten

Anderskosten: kalkulatorische Abschreibung

Zusatzkosten: kalkulatorischer Unternehmerlohn, kalkulatorische Wagnisse, kalkulatorische Miete

Zweikreissystem

- **Rechnungskreis I** – Geschäftsbuchführung – Aufwand, Ertrag – Gesamtergebnis
- **Abgrenzungsrechnung** – neutraler Ertrag, neutraler Aufwand, kostenrechnerische Korrekturen
- **Rechnungskreis II** – Betriebsbuchführung – Kosten, Leistungen – Betriebsergebnis

Kostenarten

- **Einzelkosten** können einem Produkt direkt zugerechnet werden, z. B. Rohstoffe.
- **Sondereinzelkosten** der Fertigung fallen nicht immer an, z. B. Lizenzen.
- **Gemeinkosten** können einem Produkt nicht direkt zugerechnet werden. Sie werden daher über einen Kostenverteilungsschlüssel aufgeteilt, z. B. Kosten für Strom.

Betriebsabrechnungsbogen

Der Betriebsabrechnungsbogen verteilt die Gemeinkosten über einen Kostenverteilungsschlüssel verursachungsgerecht auf die Kostenstellen.

Beispiel für Betriebsabrechnungsbogen:

			Kostenstellen			
Gemeinkosten	Summe	Verteilungsschlüssel	I Material	II Fertigung	III Verwaltung	IV Vertrieb
Strom	… €	kWh	… €	… €	… €	… €
Gehälter	… €	€	… €	… €	… €	… €
Abschreibung	… €	%	… €	… €	… €	… €
Miete	… €	m^2	… €	… €	… €	… €
…	…		…	…	…	…

Kostenträgerzeitrechnung

			€	€	%	%
	Fertigungsmaterial	FM	…		100	
+	Materialgemeinkosten	MGK	…		a	
=	**Materialkosten**	**MK**		**…**	**100 + a**	
	Fertigungslöhne	FL	…			100
+	Fertigungsgemeinkosten	FGK	…			b
(+)	(Sondereinzelkosten der Fertigung)	(SEKF)	(…)			
=	**Fertigungskosten**	**FK**		**…**		**100 + b**
=	**Herstellkosten der Erzeugung**	**HKdE**		**…**		
–	Bestandserhöhungen (UFE/FE)			…		
+	Bestandsminderungen (UFE/FE)			…		
=	Herstellkosten des Umsatzes	HKdU		…	100	
+	Verwaltungsgemeinkosten	VwGK		…	c	
+	Vertriebsgemeinkosten	VtGK		…	d	
(+)	(Sondereinzelkosten des Vertriebs)	(SEKVt)		(…)		
=	**Selbstkosten des Umsatzes**	**SKdU**		**…**	100 + c + d	

Berechnung der Zuschlagsätze:

MGK-Zuschlagsatz: $\frac{\text{MGK in €} \cdot 100\,\%}{\text{FM in €}} = \ldots\,\%$

FGK-Zuschlagsatz: $\frac{\text{FGK in €} \cdot 100\,\%}{\text{FL in €}} = \ldots\,\%$

VwGK-Zuschlagsatz: $\frac{\text{VwGK in €} \cdot 100\,\%}{\text{HKdU in €}} = \ldots\,\%$

VtGK-Zuschlagsatz: $\frac{\text{VtK in €} \cdot 100\,\%}{\text{HKdU in €}} = \ldots\,\%$

LERNGERÜST

Kostenträgerstückrechnung

			€	€	%	%
	Fertigungsmaterial	FM	…		100	
+	Materialgemeinkosten	MGK	…		a	
=	**Materialkosten**	**MK**		…	**100 + a**	
	Fertigungslöhne	FL	…		100	
+	Fertigungsgemeinkosten	FGK	…		b	
(+)	(Sondereinzelkosten der Fertigung)	(SEKF)	(…)			
=	**Fertigungskosten**	**FK**		…	**100 + b**	
=	**Herstellkosten**	**HK**		…	**100**	
+	Verwaltungsgemeinkosten	VwGK		…	c	
+	Vertriebsgemeinkosten	VtGK		…	d	
=	**Selbstkosten**	**SKP**		**…**	**100 + c + d**	100
+	Gewinn	G		…		e
=	Barverkaufspreis	BVP		…	100 − f	100 + e
+	Kundenskonto	KS		…	f	
=	Zielverkaufspreis	ZVP		…	100	100 − g
+	Kundenrabatt	KR		…		g
=	Listenverkaufspreis	LVP		…		100

3.1 Betriebliches Rechnungswesen: Die Geschäfts- und Betriebsbuchführung

Fertigungsunternehmen sind wirtschaftliche Einheiten, die Fertigerzeugnisse herstellen. InntalTex e. K. ist ein solches Unternehmen, welches Kleidung im oberbayerischen Rosenheim produziert (= Betriebszweck). Jedes Unternehmen steht in Beziehung mit anderen Wirtschaftseinheiten, wie z. B. Banken, anderen Unternehmen, dem Staat und Kunden. Die Akteure sind mit Geld- und Güterströmen miteinander verbunden, sodass ein Wirtschaftskreislauf entsteht.

3.1.1 Betriebsfremde und betriebliche Aufwendungen und Erträge

Das Rechnungswesen beschäftigt sich mit den Geldströmen und damit, die Vorgänge im Betrieb zahlenmäßig erfassen. Dabei können die Aufwendungen und Erträge in zwei unterschiedliche Kategorien eingeteilt werden:

betriebsfremd	betrieblich
Alle Aufwendungen und Erträge, die **mit dem Betriebszweck nichts zu tun** haben.	Alle Aufwendungen und Erträge, die **im direkten Zusammenhang mit dem Betriebszweck** stehen.
Beispiele: • Dividendenerträge • Verluste durch den Verkauf von Wertpapieren	***Beispiele:*** • Umsatzerlöse durch den Verkauf von Fertigerzeugnissen • Aufwendungen für Rohstoffe

Für den typischen Jahresabschluss (Gewinn- und Verlustrechnung, Bilanz) greift die Buchhaltung von InntalTex e. K. sowohl auf betriebsfremde als auch auf betriebliche Aufwendungen und Erträge für die Gewinn- und Verlustrechnung zurück. Auch alle aktiven und passiven Bestandskonten halten über die Bilanz Einzug in den Jahresabschluss. Dadurch bietet er einen umfangreichen Einblick über das gesamte unternehmerische Geschehen.

Für einen gezielten Einblick in die internen Betriebsbelange sollte der Fokus jedoch vor allem auf den **betrieblichen Aufwendungen (= Kosten) und Erträgen (= Leistungen)** liegen. Aus diesen Informationen wird deshalb die sogenannte „Kosten- und Leistungsrechnung" erstellt, die dem Unternehmer als Informationsgrundlage für betriebsinterne Entscheidungen dient.

AUFGABE

Benennen Sie das Konto, das den jeweiligen Vorgang erfasst und entscheiden Sie, ob betriebsfremder Aufwand/Ertrag oder betrieblicher Aufwand/Ertrag vorliegt.

Kursverlust aus einem Aktienverkauf • Barkauf von Druckerpapier • Zinserträge aus einer Geldanlage • Banklastschrift: Kontoführungsgebühren • Zielverkauf von eigenen Erzeugnissen • Eingangsrechnung: Reinigungsmittel • Erhebung von Mahngebühren gegenüber einem Kunden

3.1.2 Geschäftsbuchführung (Rechnungskreis I) und Betriebsbuchführung (Rechnungskreis II)

Das betriebliche Rechnungswesen gliedert sich aufgrund der unterschiedlichen Aufgaben und Zielsetzungen in zwei verschiedene Teilbereiche:

Das betriebliche Rechnungswesen

Externes Rechnungswesen: Geschäftsbuchführung	Internes Rechnungswesen: Betriebsbuchführung
Beschreibung: Erfassung und Gegenüberstellung aller betriebsfremden und betrieblichen Aufwendungen und Erträge (GUV) sowie aller Bestandskonten (Bilanz)	**Beschreibung:** Erfassung und Gegenüberstellung der betrieblichen Aufwendungen (= Kosten) und Erträge (= Leistungen) des Unternehmens
Ziel: Erstellung der Gewinn- und Verlustrechnung sowie der Bilanz, um alle Adressaten über den allgemeinen Unternehmensstand zu informieren	**Ziel:** Erstellung der Kosten- und Leistungsrechnung, um z. B. der Unternehmensleitung als Grundlage für betriebsinterne Entscheidungen zu dienen
Adressaten: Unternehmensleitung, Lieferanten, Kunden, Gläubiger, Mitarbeiter, Kreditgeber, Staat, interessierte Öffentlichkeit	**Adressaten:** Unternehmensleitung
Gesetzesgrundlage: Handelsgesetzbuch (HGB)	**Gesetzesgrundlage:** Keine

Die Geschäfts- und Betriebsbuchführung als Bestandteile des betrieblichen Rechnungswesens sind jeweils als abgeschlossenes System (auch Rechnungskreise genannt) zu verstehen:

Rechnungskreis I
Geschäftsbuchführung

Erfassung aller **betrieblichen und betriebsfremden** Aufwendungen und Erträge sowie aller **Bestandskonten**

↓

Schwerpunkt: Datenbasis für die **Gewinn- und Verlustrechnung**. Berechnet wird das **Gesamtergebnis:**
Erträge > Aufwendungen = Gesamtgewinn
Erträge < Aufwendungen = Gesamtverlust

Rechnungskreis II
Betriebsbuchführung

Erfassung der **betrieblichen** Aufwendungen (= Kosten) und Erträge (= Leistungen)

↓

Datenbasis für die **Kosten- und Leistungsrechnung**. Berechnet wird das **Betriebsergebnis:**
Leistungen > Kosten = Betriebsgewinn
Leistungen < Kosten = Betriebsverlust

MERKE

Gesamtergebnis und Betriebsergebnis

In der Gewinn- und Verlustrechnung sind sowohl **alle betriebsfremden und betrieblichen** Aufwendungen und Erträge enthalten. Durch die Gegenüberstellung dieser Aufwendungen und Erträge wird das **Gesamtergebnis** (Gesamtgewinn/Gesamtverlust) berechnet.
In der Kosten- und Leistungsrechnung sind **ausschließlich die betrieblichen Aufwendungen (= Kosten) und Erträge (= Leistungen)** enthalten. Durch die Gegenüberstellung dieser Kosten und Leistungen wird das **Betriebsergebnis** (Betriebsgewinn/Betriebsverlust) berechnet.

Die Gewinn- und Verlustrechnung sowie die Bilanz sind bereits bekannt. Die Kosten- und Leistungsrechnung verfolgt hingegen besondere Aufgaben.

Aufgaben der Kosten- und Leistungsrechnung

- **Ermittlung aller Kosten und Leistungen für eine Periode**
  Die Produktion von Fertigerzeugnissen verursacht Kosten, der Verkauf bringt Leistungen. Dadurch dient die Kosten- und Leistungsrechnung der Darstellung der kurzfristigen (z. B. monatlichen oder quartalsweisen) betrieblichen Erfolgsermittlung. Dabei gilt: Leistungen > Kosten = Betriebsgewinn; Kosten < Leistungen = Betriebsverlust.
- **Ermittlung der Selbstkosten**
  Die Selbstkosten je Fertigungserzeugnis sind ein wesentlicher Faktor für die Festlegung des Verkaufspreises. Wie hoch die Stückkosten genau sind, gibt die Kosten- und Leistungsrechnung an.
- **Überprüfung der Wirtschaftlichkeit**
  Die Wirtschaftlichkeit bemisst sich am Verhältnis zwischen Leistungen und Kosten. Um konkurrenzfähig zu bleiben, ist es wichtig, mithilfe der Kosten- und Leistungsrechnung stets einen guten Überblick über die Wirtschaftlichkeit zu haben und so rechtzeitig beispielsweise kostensenkende Maßnahmen (z. B. Einstellung der Produktion eines einzelnen Produkts) einzuleiten.

Allgemein gilt: Die Kosten- und Leistungsrechnung stellt in ihrer Gesamtheit die Grundlage für wirtschaftlich sinnvolle Entscheidungen dar und ist damit ein wichtiges betriebswirtschaftliches Instrument.

AUFGABEN

1. **Erstellen Sie eine Mindmap, die zeigt, mit welchen Personengruppen/Institutionen ein Unternehmen in Verbindung steht. Stellen Sie die Beziehungen mit beschrifteten Pfeilen dar: Güterströme (grün), Geldströme (rot), andere Ströme (schwarz).**
2. **Unterscheiden Sie zwischen betriebsfremden und betrieblichen Aufwendungen und Erträgen.**
3. **Begründen Sie, weshalb die Kosten- und Leistungsrechnung auf keiner Gesetzesgrundlage beruht.**
4. **Beschreiben Sie die Aufgaben der Kosten- und Leistungsrechnung.**

3.2 Grundbegriffe der Kosten- und Leistungsrechnung

Im Zusammenhang mit der Kosten- und Leistungsrechnung fallen immer wieder besondere erfolgswirtschaftliche Begriffe, deren inhaltliche Abgrenzung für den weiteren Verlauf sehr wichtig ist.

3.2.1 Aufwendungen

Ganz allgemein gesagt ist ein Aufwand der Wert aller verbrauchten (verzehrten) Güter und Dienstleistungen, der innerhalb eines bestimmten Zeitraumes (z. B. ein Quartal, ein Geschäftsjahr) verbraucht wird und damit einen negativen Einfluss auf die Gewinn- und Verlustrechnung hat (Rechnungskreis I). Die Aufwandskonten werden am Ende des Geschäftsjahres im Konto 8020 GUV dem Ertrag gegenübergestellt, um den Erfolg (= Gesamtergebnis) zu ermitteln.

Die Kosten- und Leistungsrechnung unterscheidet:

Neutraler/betriebsfremder Aufwand
Aufwand, der **nicht** in direktem Zusammenhang mit dem Betriebszweck steht, periodenfremd ist oder selten vorkommt.
Beispiele:
- Betriebsfremd: 7460 VAWP
- Periodenfremd: 6990 PFAW
- Selten: 6950 ABFO

Betrieblicher Aufwand (= Kosten)
Aufwand, der in direktem Zusammenhang mit dem Betriebszweck steht.
Beispiele:
- 6000 AWR
- 6040 AWVM
- 6800 BMK

Tipp: Alle Kosten sind im Kontenplan mit einem * markiert.

Beispiele:

GESCHÄFTSVORFALL 1

Zielkauf von Reinigungsmitteln, brutto 3.689,00 €.

BUCHUNGSSATZ 1

6030 AWB	3.100,00 €			
2600 VORST	589,00 €	an	4400 VE	3.689,00 €

Der Zielkauf der Reinigungsmittel ist ein **Aufwand** (Aufnahme in die Gewinn- und Verlustrechnung). Darüber hinaus ist dieser Aufwand betrieblich, weshalb dieser als **Kosten** in die Kosten- und Leistungsrechnung eingeht.

GESCHÄFTSVORFALL 2

Eine Forderung gegenüber unserem Kunden in Höhe von 6.188,00 € brutto wird plötzlich vollständig uneinbringlich.

BUCHUNGSSATZ 2

6950 ABFO	5.200,00 €			
4800 UST	988,00 €	an	2400 FO	6.188,00 €

Die Forderungsabschreibung geht als **Aufwand** in die Gewinn- und Verlustrechnung ein, da dieser den Erfolg des Unternehmens vermindert. Da es sich hier um einen **neutralen Aufwand** handelt, geht dieser jedoch nicht in die Kosten- und Leistungsrechnung ein.

3.2.2 Erträge

Ein Ertrag ist der Wert aller erbrachten Güter und Dienstleistungen, der innerhalb eines bestimmten Zeitraumes (z. B. ein Quartal, ein Geschäftsjahr) erbracht wird und damit einen positiven Einfluss auf die Gewinn- und Verlustrechnung hat (Rechnungskreis I). Die Ertragskonten werden am Ende des Geschäftsjahres im Konto 8020 GUV den Aufwendungen gegenübergestellt, um den Erfolg zu ermitteln.

Die Kosten- und Leistungsrechnung unterscheidet:

Neutraler/betriebsfremder Ertrag
Ertrag, der nicht im direkten Zusammenhang mit dem Betriebszweck steht, periodenfremd ist oder selten vorkommt.
Beispiele:
- Betriebsfremd: 5780 DDE
- Periodenfremd: 5490 PFE
- Selten: 5495 EFO

Betrieblicher Ertrag (Leistung)
Ertrag, der im direkten Zusammenhang mit dem Betriebszweck (= Verkauf von Fertigerzeugnissen) steht.
Beispiel:
- 5000 UEFE

Tipp: Alle Leistungen sind im Kontenplan mit einem * markiert.

Beispiele:

Barverkauf von Bekleidung, netto 9.000,00 €.

GESCHÄFTSVORFALL 3

2880 KA	10.710,00 €	an	5000 UEFE	9.000,00 €
			4800 UST	1.710,00 €

BUCHUNGSSATZ 3

Das Konto 5000 UEFE ist ein Ertragskonto und geht daher als **Ertrag** in die Gewinn- und Verlustrechnung ein. Gleichzeitig handelt es sich hier um einen betrieblichen Ertrag und somit um eine **Leistung**, weshalb der Betrag auch in die Kosten- und Leistungsrechnung eingeht.

Die Dividendenerträge (50,00 €) gehen auf dem Bankkonto von InntalTex e. K. ein.

GESCHÄFTSVORFALL 4

2800 BK	an	5780 DDE	50,00 €

BUCHUNGSSATZ 4

Der Dividendenertrag geht als **Ertrag** in die Gewinn- und Verlustrechnung, jedoch nicht in die Kosten- und Leistungsrechnung ein (**neutraler Ertrag**).

3.2.3 Einnahmen und Ausgaben

Eine Veränderung des Geldvermögens bringt entweder eine Einnahme oder eine Ausgabe mit sich. Berechnet wird das Geldvermögen wie folgt (vgl. Kapitel 1):

  Bankguthaben
\+ Kassenbestand
\+ Forderungen
– Verbindlichkeiten

= Geldvermögen

Einnahme	Ausgabe
Das Geldvermögen des Unternehmens erhöht sich.	Das Geldvermögen des Unternehmens vermindert sich.

GESCHÄFTSVORFALL 5

Zielkauf von Rohstoffen, netto 1.100,00 €.

BUCHUNGSSATZ 5

6000 AWR	1.100,00 €			
2600 VORST	209,00 €	an	4400 VE	1.309,00 €

Der Zielkauf der Rohstoffe ist ein **Aufwand** (Aufnahme in die Gewinn- und Verlustrechnung). Darüber hinaus ist dieser Aufwand betrieblich, weshalb dieser als **Kosten** in die Kosten- und Leistungsrechnung eingeht. Gleichzeitig handelt es sich um eine **Ausgabe** (= Verminderung des Geldvermögens).

GESCHÄFTSVORFALL 6

Ein Kunde begleicht eine Rechnung per Barzahlung, 1.487,50 €.

BUCHUNGSSATZ 6

2880 KA	an	2400 FO	1.487,50 €

Der Rechnungsausgleich durch den Kunden per Barzahlung ist kein betrieblicher oder betriebsfremder Ertrag, sondern lediglich eine **Einnahme**. Der Vorgang betrifft daher die Kosten- und Leistungsrechnung nicht.

3.2.4 Anders- und Zusatzkosten (kalkulatorische Kosten)

Bei InntalTex e. K. gibt es Kosten (= betriebliche Aufwendungen), deren Höhe auf einem handelsrechtlich ermittelten Wert beruhen aber genau genommen nicht die Realität abbilden. Gleichzeitig gibt es nachweisliche Kosten, die in der Buchführung gar nicht auftauchen. Aus diesem Grund gibt es die **sogenannten kalkulatorischen Kosten**, die dazu dienen, diese Problematik aufzugreifen und so die Genauigkeit und damit die Aussagekraft der Kosten- und Leistungsrechnung zu erhöhen. Dabei wird zwischen zwei verschiedenen Kategorien unterschieden:

AUFGABEN

1. Anderskosten

Dabei handelt es sich um Kosten, die in der Geschäftsbuchführung (Rechnungskreis I) in anderer Höhe als in der Betriebsbuchführung (Rechnungskreis II) auftauchen. Dazu zählen z. B. die kalkulatorischen Abschreibungen und die kalkulatorischen Zinsen:

- **Kalkulatorische Abschreibung**
  In der Geschäftsbuchführung wird die Abschreibung auf Sachanlagen auf dem Konto 6520 ABSA gebucht und der Betrag der Abschreibung durch die zeitanteilige lineare Abschreibung berechnet. Dieser handelsrechtlich ermittelte Wert stimmt aber nicht mit dem tatsächlichen Wertverlust der hochwertigen Anlagegüter überein. Deshalb wird ein anderer Betrag, nämlich der Betrag der kalkulatorischen Abschreibung, für die Abschreibung in die Kosten- und Leistungsrechnung übernommen, der den tatsächlichen Wertverlust genauer abbildet.

- **Kalkulatorische Zinsen**
  Im Rechnungskreis I werden Zinsaufwendungen für das aufgenommene Fremdkapital auf dem Konto 7510 ZAW erfasst. Doch hat der Unternehmer auch Anspruch auf eine Verzinsung des von ihm eingesetzten Eigenkapitals, welches in der Geschäftsbuchführung nicht erfasst wird. In der Kosten- und Leistungsrechnung werden deshalb Zinsen für das gesamte Kapital (d. h. Fremd- und Eigenkapital) in Form von kalkulatorischen Zinsen erfasst und so ein genauerer Wert als im Rechnungskreis I ausgewiesen.

2. Zusatzkosten

Unter Zusatzkosten sind all die Kosten zu verstehen, die ausschließlich in der Betriebsbuchführung (Rechnungskreis II) und damit in der Kosten- und Leistungsrechnung erscheinen. In der Geschäftsbuchführung (Rechnungskreis I) bleiben sie unberücksichtigt. Zusatzkosten sind beispielsweise der kalkulatorische Unternehmerlohn, kalkulatorische Wagnisse und die kalkulatorische Miete:

- **Kalkulatorischer Unternehmerlohn**
  Der kalkulatorische Unternehmerlohn muss, da er zu keinem Aufwand führt, in der Betriebsbuchführung für die Arbeitsleistung des Unternehmers Max Inntaler berücksichtigt werden. Die Höhe des Unternehmerlohns richtet sich danach, was der Unternehmensleiter in einer vergleichbaren, d. h. leitenden Tätigkeit in abhängiger Beschäftigung verdienen würde.

- **Kalkulatorische Wagnisse**
  Jede unternehmerische Tätigkeit ist mit bestimmten Risiken verbunden, deren Höhe und Eintrittszeitpunkt nicht vorhersehbar sind (z. B. Brand, Diebstahl, ...). Diese Risiken werden in Form von regelmäßigen kalkulatorischen Wagnissen zusätzlich in die Betriebsbuchführung aufgenommen, um so starke Schwankungen im Betriebsergebnis (= Ergebnis der Kosten- und Leistungsrechnung) zu vermeiden. Die Höhe der kalkulatorischen Wagnisse richtet sich meist nach Erfahrungswerten bzw. nach den Durchschnittswerten der letzten Jahre.

- **Kalkulatorische Miete**
  In manchen Fällen nutzt ein Unternehmen Gebäude, die der Unternehmer unentgeltlich zur Verfügung stellt. Für die betriebswirtschaftliche Vergleichbarkeit ist es jedoch wichtig, auch in der Betriebsbuchführung Miete für solche Immobilien wie Büros, Lagerhallen etc. in Form einer kalkulatorischen Miete aufzunehmen. Die Höhe richtet sich dabei nach der ortsüblichen Miete.

Um den Überblick nicht zu verlieren, erstellt Max Inntaler eine Übersicht:

	Geschäftsbuchführung (RK I)	Betriebsbuchführung (RK II)
Anderskosten tauchen in unterschiedlicher Höhe in der Geschäfts- und Betriebsbuchführung auf.	6520 ABSA 7510 ZAW	Kalkulatorische Abschreibung Kalkulatorische Zinsen
Zusatzkosten tauchen nur in der Betriebsbuchführung auf.	–	Kalkulatorischer Unternehmerlohn Kalkulatorische Wagnisse Kalkulatorische Miete

AUFGABEN

1. Bilden Sie zu den folgenden Geschäftsvorfällen den jeweiligen Buchungssatz (ohne Beträge) und entscheiden Sie, ob Einnahmen, Ausgaben, Aufwand, Ertrag, Kosten und/oder Leistungen vorliegen.

1.1 Barzahlung: Benzin für den Firmen-Pkw.
1.2 Zielverkauf von Bekleidung.
1.3 Banklastschrift: Zinsen für einen langfristigen Kredit.
1.4 Umwandlung eines kurzfristigen Kredits in ein langfristiges Darlehen.
1.5 Bankgutschrift: Zinsen aus einer Festgeldanlage.
1.6 Lohnzahlung an Mitarbeiter, Banklastschrift, Sozialversicherung, steuerliche Abzüge.
1.7 Bankgutschrift: Dividendenerträge.
1.8 Einem säumigen Kunden werden Mahngebühren in Rechnung gestellt.
1.9 Der Mieter der Lagerhalle überweist die Miete auf das Konto.

2. Unterscheiden Sie die Arten der kalkulatorischen Kosten unter Verwendung von konkreten Beispielen.

3. Notieren Sie drei Beispiele für neutrale Erträge.

3.2.5 Abgrenzungsrechnung: Gesamtergebnis, Abgrenzungsergebnis und Betriebsergebnis

Die Verbindung zwischen der Geschäftsbuchführung (Rechnungskreis I) und Betriebsbuchführung (Rechnungskreis II) bildet die **Abgrenzungsrechnung.** Sie filtert aus den Zahlen der Gewinn- und Verlustrechnung und aus der Geschäftsbuchführung die neutralen Aufwendungen und Erträge heraus und führt die **kostenrechnerischen Korrekturen** für die Aufwendungen durch, deren Art, Höhe oder Berechnungsgrundlage für die Kosten- und Leistungsrechnung nicht verwendbar sind.

Rechnungskreis I
Geschäftsbuchführung

Fokus: Erfassung aller betrieblichen und betriebsfremden Aufwendungen

➔ **Gesamtergebnis**

Abgrenzungsrechnung

Erfassung der betriebsfremden/neutralen Aufwendungen und Erträge sowie die kostenrechnerischen Korrekturen

➔ **Abgrenzungsergebnis**

Rechnungskreis II
Betriebsbuchführung

Erfassung der betrieblichen Aufwendungen (= Kosten) und Erträge (= Leistungen)

➔ **Betriebsergebnis**

Daraus ergibt sich folgendes Rechenschema:

Gesamtergebnis =	**Abgrenzungsergebnis**	**+ Betriebsergebnis**

Zum 31.12.20.. zeigt das Konto 8020 GUV diese Einträge:

BEISPIEL

S		**8020 GUV**	H
6000 AWR	150.000,00 €	5000 UEFE	400.000,00 €
6010 AWF	60.000,00 €	5400 EMP	26.000,00 €
6140 AFR	9.700,00 €	5430 ASBE	6.000,00 €
6200 LG	68.000,00 €	5490 PFE	2.600,00 €
6400 AGASV	31.000,00 €	5495 EFO	5.000,00 €
6520 ABSA	35.000,00 €	5710 ZE	1.100,00 €
6540 ABGWG	4.000,00 €	5780 DDE	1.300,00 €
6700 AWMP	9.000,00 €		
6900 VBEI	4.000,00 €		
6950 ABFO	12.000,00 €		
6990 PFAW	14.000,00 €		
7030 KFZST	1.600,00 €		
7460 VAWP	3.000,00 €		
7510 ZAW	17.000,00 €		

Vereinfachtes GUV-Konto
Zum besseren Verständnis beschränkt sich das Konto 8020 GUV auf eine reduzierte Anzahl an Aufwendungen und Erträgen.

Max Inntaler sind die folgenden kalkulatorischen Kosten bekannt:

- Kalkulatorische Abschreibungen: 45.000,00 €
- Kalkulatorischer Unternehmerlohn: 58.000,00 €

Herr Inntaler soll nun das Gesamtergebnis (Rechnungskreis I), das Abgrenzungsergebnis (Abgrenzungsrechnung) und das Betriebsergebnis (Rechnungskreis II) ermitteln.

1. Ermittlung des Gesamtergebnisses

Zur Erinnerung
Neutrale Aufwendungen sind betriebsfremde Aufwendungen, neutrale Erträge betriebsfremde Erträge.

Das Gesamtergebnis wird im Rechnungskreis I durch Gegenüberstellung aller Aufwendungen (neutral und betrieblich) und Erträge (neutral und betrieblich) ermittelt. Dazu wird das Konto 8020 GUV abgeschlossen:

Schritt 1: Berechnung der Aufwendungen

	6000 AWR	150.000,00 €
+	6010 AWF	60.000,00 €
+	6140 AFR	9.700,00 €
+	6200 LG	68.000,00 €
+	6400 AGASV	31.000,00 €
+	6520 ABSA	35.000,00 €
+	6540 ABGWG	4.000,00 €
+	6700 AWMP	9.000,00 €
+	6900 VBEI	4.000,00 €
+	6950 ABFO	12.000,00 €
+	6990 PFAW	14.000,00 €
+	7030 KFZST	1.600,00 €
+	7460 VAWP	3.000,00 €
+	7510 ZAW	17.000,00 €
=	Aufwendungen	418.300,00 €

Schritt 2: Berechnung der Erträge

	5000 UEFE	400.000,00 €
+	5400 EMP	26.000,00 €
+	5430 ASBE	6.000,00 €
+	5490 PFE	2.600,00 €
+	5495 EFO	5.000,00 €
+	5710 ZE	1.100,00 €
+	5780 DDE	1.300,00 €
=	Erträge	442.00,00 €

Schritt 3: Berechnung des Gesamtergebnisses

	Erträge	442.000,00 €
–	Aufwendungen	418.300,00 €
=	**Gesamtergebnis (Gesamtgewinn)**	**23.700,00 €**

Schritt 4: Abschluss des Kontos 8020 GUV

S		8020 GUV	H
6000 AWR	150.000,00 €	5000 UEFE	400.000,00 €
6010 AWF	60.000,00 €	5400 EMP	26.000,00 €
6140 AFR	9.700,00 €	5430 ASBE	6.000,00 €
6200 LG	68.000,00 €	5490 PFE	2.600,00 €
6400 AGASV	31.000,00 €	5495 EFO	5.000,00 €
6520 ABSA	35.000,00 €	5710 ZE	1.100,00 €
6540 ABGWG	4.000,00 €	5780 DDE	1.300,00 €
6700 AWMP	9.000,00 €		
6900 VBEI	4.000,00 €		
6950 ABFO	12.000,00 €		
6990 PFAW	14.000,00 €		
7030 KFZST	1.600,00 €		
7460 VAWP	3.000,00 €		
7510 ZAW	17.000,00 €		
3000 EK	**23.700,00 €**		
	442.000,00 €		442.000,00 €

Abschluss des Kontos 8020 GUV zum 31.12.20..

GESCHÄFTSVORFALL

Der Buchungssatz dazu lautet:

8020 GUV	an	3000 EK	23.700,00 €

BUCHUNGSSATZ

2. Berechnung des Abgrenzungsergebnisses

Um das Abgrenzungsergebnis berechnen zu können, müssen zunächst das neutrale Ergebnis sowie die kostenrechnerische Korrektur ermittelt werden.

2.1 Berechnung des neutralen Ergebnisses

Im Konto 8020 GUV sind neutrale Erträge und neutrale Aufwendungen enthalten. Sie stehen nicht in unmittelbarem Zusammenhang mit dem Betriebszweck und werden deshalb aus den betrieblichen Erträgen und Aufwendungen ausgegliedert. Hier ist der Kontenplan ein wichtiges Hilfsmittel: Konten, die neutraler Aufwand oder neutraler Ertrag sind, sind **nicht** mit einem * versehen.

S	8020 GUV		H
6000 AWR	150.000,00 €	5000 UEFE	400.000,00 €
6010 AWF	60.000,00 €	5400 EMP	26.000,00 €
6140 AFR	9.700,00 €	5430 ASBE	6.000,00 €
6200 LG	68.000,00 €	5490 PFE	2.600,00 €
6400 AGASV	31.000,00 €	5495 EFO	5.000,00 €
6520 ABSA	35.000,00 €	5710 ZE	1.100,00 €
6540 ABGWG	4.000,00 €	5780 DDE	1.300,00 €
6700 AWMP	9.000,00 €		
6900 VBEI	4.000,00 €		
6950 ABFO	12.000,00 €		
6990 PFAW	14.000,00 €		
7030 KFZST	1.600,00 €		
7460 VAWP	3.000,00 €		
7510 ZAW	17.000,00 €		
3000 EK	23.700,00 €		
	442.000,00 €		442.000,00 €

Schritt 1: Berechnung des neutralen Ertrags

	5400 EMP	26.000,00 €
+	5490 PFE	2.600,00 €
+	5495 EFO	5.000,00 €
+	5710 ZE	1.100,00 €
+	5780 DDE	1.300,00 €
=	Neutraler Ertrag	36.000,00 €

Schritt 2: Berechnung des neutralen Aufwands

	6950 ABFO	12.000,00 €
+	6990 PFAW	14.000,00 €
+	7460 VAWP	3.000,00 €
=	Neutraler Aufwand	29.000,00 €

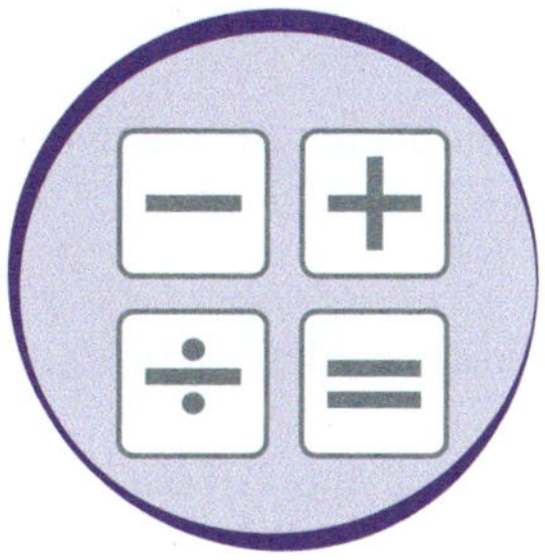

Schritt 3: Berechnung des neutralen Ergebnisses

	Neutraler Ertrag	36.000,00 €
–	Neutraler Aufwand	29.000,00 €
=	Neutrales Ergebnis (neutraler Gewinn)	+ 7.000,00 €

2.2 Berechnung der kostenrechnerischen Korrektur

Bei der Berechnung der kalkulatorischen Korrekturen müssen die kalkulatorischen Kosten beachtet werden. Max Inntaler erinnert sich:

- Kalkulatorische Abschreibungen: 45.000,00 €
- Kalkulatorischer Unternehmerlohn: 58.000,00 €

Nun kann er die kostenrechnerische Korrektur berechnen.

Schritt 1: Kalkulatorische Abschreibung

Die Abschreibung weist im Konto 6520 ABSA einen Wert von 35.000,00 € aus (siehe 8020 GUV). Eine realitätsnähere Abschreibung würde jedoch einem Wert von 45.000,00 € (= kalkulatorische Abschreibung) entsprechen. Somit stehen sich die bilanzmäßige Abschreibung (35.000,00 € lt. Rechnungskreis I) als betrieblicher Aufwand und die kalkulatorische Abschreibung (45.000,00 € lt. Rechnungskreis II) als kalkulatorische Kosten gegenüber:

Kalkulatorische Abschreibungen = Anderskosten
Die Abschreibung geht in den Rechnungskreis II (RK II) in **anderer** Höhe als in den Rechnungskreis I (RK I) ein.

Betrieblicher Aufwand (RK I)	Kalkulatorische Kosten (RK II)
35.000,00 €	45.000,00 €

Um die Differenz zwischen beiden Beträgen auszugleichen, erfolgt eine kostenrechnerische Korrektur:

Betrieblicher Aufwand	Kostenrechnerische Korrektur	Kalkulatorische Kosten
35.000,00 €	+ 10.000,00 €	45.000,00 €

Wird der betriebliche Aufwand mit der kostenrechnerischen Korrektur verrechnet, so erhält man die kalkulatorischen Kosten (35.000,00 € + 10.000,00 € = 45.000,00 €).

Kalkulatorischer Unternehmerlohn = Zusatzkosten
Der Unternehmerlohn ist im Rechnungskreis I (RK I) nicht enthalten und geht somit als **zusätzliche** Kosten in den Rechnungskreis II (RK II) ein.

Schritt 2: Kalkulatorischer Unternehmerlohn

Der kalkulatorische Unternehmerlohn ist im Rechnungskreis I nicht enthalten, sodass hier den kalkulatorischen Kosten kein betrieblicher Aufwand gegenübersteht:

Betrieblicher Aufwand (RK I)	Kalkulatorische Kosten (RK II)
0,00 €	58.000,00 €

Die kostenrechnerische Korrektur erfolgt daher in der vollen Höhe des Unternehmerlohns:

Betrieblicher Aufwand	Kostenrechnerische Korrektur	Kalkulatorische Kosten
0,00 €	+ 58.000,00 €	58.000,00 €

Schritt 3: Addition der vorgenommenen Korrekturen

	Kalkulatorische Abschreibung	+ 10.000,00 €
+	Kalkulatorischer Unternehmerlohn	+ 58.000,00 €
=	**Kostenrechnerische Korrektur (Gewinn)**	**+ 68.000,00 €**

Alternatives Rechenschema

Alternativ ließen sich Schritt 1 bis 3 zu folgender Kalkulation zusammenfassen:

–	bilanzmäßige Abschreibung (6520 ABSA)	35.000,00 €	Die bilanzmäßige Abschreibung (Konto 6520 ABSA) wird durch die kalkulatorische Abschreibung ersetzt: Der Betrag des Kontos 6520 ABSA wird subtrahiert, der Betrag der kalkulatorischen Abschreibung addiert.
+	kalkulatorische Abschreibung	45.000,00 €	
+	kalkulatorischer Unternehmerlohn	58.000,00 €	Der kalkulatorische Unternehmerlohn wird addiert. Für ihn gibt es keinen bilanzmäßigen Posten.
=	Kostenrechnerische Korrektur (Gewinn)	+ 68.000,00 €	

Vorzeichen beachten!

2.3 Berechnung des Abgrenzungsergebnisses

	Neutrales Ergebnis (neutraler Gewinn)	+ 7.000,00 €
+	Kostenrechnerische Korrektur (Gewinn)	+ 68.000,00 €
=	**Abgrenzungsergebnis (Gewinn)**	**+ 75.000,00 €**

3. Ermittlung des Betriebsergebnisses

Das Betriebsergebnis wird aus der Gegenüberstellung von Kosten und Leistungen (= betriebliche Aufwendungen und Erträge, die im Kontenplan mit einem * versehen sind) ermittelt.

S	8020 GUV		H
6000 AWR	150.000,00 €	5000 UEFE	400.000,00 €
6010 AWF	60.000,00 €	5400 EMP	26.000,00 €
6140 AFR	9.700,00 €	5430 ASBE	6.000,00 €
6200 LG	68.000,00 €	5490 PFE	2.600,00 €
6400 AGASV	31.000,00 €	5495 EFO	5.000,00 €
6520 ABSA	35.000,00 €	5710 ZE	1.100,00 €
6540 ABGWG	4.000,00 €	5780 DDE	1.300,00 €
6700 AWMP	9.000,00 €		
6900 VBEI	4.000,00 €		
6950 ABFO	12.000,00 €		
6990 PFAW	14.000,00 €		
7030 KFZST	1.600,00 €		
7460 VAWP	3.000,00 €		
7510 ZAW	17.000,00 €		
3000 EK	23.700,00 €		
	442.000,00 €		442.000,00 €

Schritt 1: Berechnung der Kosten

Da in der Kosten- und Leistungsrechnung lediglich auf die möglichst genauen Werte zurückgegriffen wird, ist in der Berechnung der Kosten anstelle der bilanzmäßigen Abschreibung (Konto 6520 ABSA) die kalkulatorische Abschreibung (45.000,00 €) zu verwenden. Auch muss zusätzlich der kalkulatorische Unternehmerlohn in Höhe von 58.000,00 € addiert werden.

6000 AWR	150.000,00 €	
+ 6010 AWF	60.000,00 €	
+ 6140 AFR	9.700,00 €	
+ 6200 LG	68.000,00 €	
+ 6400 AGASV	31.000,00 €	
+ **Kalkulatorische Abschreibung**	**45.000,00 €**	➡ Anstelle 6520 ABSA (35.000,00 €)!
+ 6540 ABGWG	4.000,00 €	
+ 6700 AWMP	9.000,00 €	
+ 6900 VBEI	4.000,00 €	
+ 7030 KFZST	1.600,00 €	
+ 7510 ZAW	17.000,00 €	
+ **Kalkulatorischer Unternehmerlohn**	**58.000,00 €**	➡ Zusätzlicher Posten!
= Kosten	457.300,00 €	

Anderskosten
... sind Kosten, die in der Betriebsbuchführung (Rechnungskreis II) in anderer Höhe erscheinen, als in der Geschäftsbuchführung (Rechnungskreis I). Beispiel: Kalkulatorische Abschreibungen

Zusatzkosten
... sind Kosten, die nur in der Betriebsbuchführung (Rechnungskreis II), nicht aber in der Geschäftsbuchführung (Rechnungskreis I) erscheinen. Beispiel: Kalkulatorischer Unternehmerlohn

Schritt 2: Berechnung der Leistungen

	5000 UEFE	400.000,00 €
+	5430 ASBE	6.000,00 €
=	Leistungen	406.000,00 €

Schritt 3: Berechnung des Betriebsergebnisses

	Leistungen	406.000,00 €
–	Kosten	457.300,00 €
=	**Betriebsergebnis (Betriebsverlust)**	**– 51.300,00 €**

3.2.6 Übersicht über Gesamtergebnis, Abgrenzungsergebnis und Betriebsergebnis

Zusammengefasst ergibt sich folgende Übersicht:

	Erträge	442.000,00 €
–	Aufwendungen	418.000,00 €
=	**Gesamtergebnis (Gesamtgewinn)**	**+ 23.700,00 €**
	Neutraler Ertrag	36.000,00 €
–	Neutraler Aufwand	29.000,00 €
=	Neutrales Ergebnis (neutraler Gewinn)	+ 7.000,00 €
	Kalkulatorische Abschreibung	10.000,00 €
+	Kalkulatorischer Unternehmerlohn	58.000,00 €
=	Kostenrechnerische Korrektur (Gewinn)	+ 68.000,00 €
	Neutrales Ergebnis (neutraler Gewinn)	7.000,00 €
+	Kostenrechnerische Korrektur (Gewinn)	68.000,00 €
=	**Abgrenzungsergebnis (Gewinn)**	**+ 75.000,00 €**
	Leistungen	406.000,00 €
–	Kosten	457.300,00 €
=	**Betriebsergebnis (Betriebsverlust)**	**– 51.300,00 €**

Hinweis
Das Betriebsergebnis kann negativ (Verlust) sein, obwohl das Gesamtergebnis positiv (Gewinn) ist. In diesem Fall sind die Leistungen (Erträge, die mit dem Betriebszweck zusammenhängen) geringer als die Kosten (Aufwand, der mit dem Betriebszweck zusammenhängt, zusätzliche kalkulatorische Kosten). Die neutralen Erträge haben das Gesamtergebnis so positiv beeinflusst, dass es positiv (Gewinn) ausgefallen ist.

Max Inntaler möchte die Berechnungen überprüfen. Dabei erinnert er sich an die folgende Darstellung (vgl. 3.2.5):

Rechnungskreis I
Geschäftsbuchführung

Fokus: Erfassung aller betrieblichen und betriebsfremden Aufwendungen

➡ **Gesamtergebnis**

Abgrenzungsrechnung

Erfassung der betriebsfremden/neutralen Aufwendungen und Erträge sowie die kostenrechnerischen Korrekturen

➡ **Abgrenzungsergebnis**

Rechnungskreis II
Betriebsbuchführung

Erfassung der betrieblichen Aufwendungen (= Kosten) und Erträge (= Leistungen)

➡ **Betriebsergebnis**

Gesamtergebnis =	**Abgrenzungsergebnis**	**+ Betriebsergebnis**

Um seine Berechnungen zu überprüfen, setzt Max Inntaler seine Ergebnisse in das Rechenschema ein und berücksichtigt dabei auch die jeweiligen Vorzeichen der Beträge:

+ 23.700,00 € =	**+ 75.000,00 €**	**+ (– 51.300,00 €)**

Die Berechnungen von Herrn Inntaler stimmen: Addiert man zum neutralen Ergebnis das Betriebsergebnis hinzu, so ergibt sich daraus das ermittelte Gesamtergebnis.

MERKE

Berechnungen innerhalb des Rechnungskreises I, II und der Abgrenzungsrechnung

Berechnung Gesamtergebnis
Gesamtergebnis = Erträge – Aufwendungen

Berechnung Abgrenzungsergebnis
Abgrenzungsergebnis = Neutrales Ergebnis + Kostenrechnerische Korrektur

Berechnung Betriebsergebnis
Betriebsergebnis = Leistungen – Kosten

Überprüfung der Ergebnisse
Gesamtergebnis = Abgrenzungsergebnis + Betriebsergebnis

Bei den Berechnungen ist die Beachtung der Vorzeichen von besonderer Wichtigkeit!

AUFGABEN

1. Erklären Sie den Sinn der Abgrenzungsrechnung.

2. Zum 31.12.20.. liegt diese GUV-Rechnung vor:

S	8020 GUV		H
6000 AWR	190.000,00 €	5000 UEFE	680.000,00 €
6010 AWF	80.000,00 €	5400 EMP	12.000,00 €
6020 AWH	45.000,00 €	5430 ASBE	4.000,00 €
6030 AWB	15.000,00 €	5490 PFE	2.300,00 €
6040 AWVM	6.000,00 €	5495 EFO	6.400,00 €
6140 AFR	5.000,00 €	5710 ZE	1.000,00 €
6160 FRI	18.000,00 €		
6200 LG	65.000,00 €		
6400 AGASV	37.000,00 €		
6520 ABSA	42.000,00 €		
6540 ABGWG	2.000,00 €		
6700 AWMP	10.000,00 €		
6730 GEB	4.000,00 €		
6750 KGV	1.000,00 €		
6760 PROV	3.000,00 €		
6770 RBK	12.000,00 €		
6800 BMK	14.000,00 €		
6820 KOM	13.000,00 €		
6850 REK	4.600,00 €		
6870 WER	21.000,00 €		
6900 VBEI	7.500,00 €		
6950 ABFO	18.000,00 €		
6990 PFAW	1.600,00 €		
7000 GWST	25.000,00 €		
7020 GRST	1.800,00 €		
7030 KFZST	2.600,00 €		
7460 VAWP	6.400,00 €		
7510 ZAW	9.000,00 €		

Kalkulatorische Kosten:	Kalkulatorische Abschreibung	50.000,00 €
	Kalkulatorischer Unternehmerlohn	49.000,00 €

2.1 Berechnen Sie das Gesamtergebnis.

2.2 Bilden Sie den Buchungssatz für den Abschluss des Kontos 8020 GUV.

2.3 Berechnen Sie das Abgrenzungsergebnis und das Betriebsergebnis

2.4 Weisen Sie rechnerisch die Richtigkeit Ihrer Ergebnisse aus 2.1 und 2.3 nach.

2.5 Unterscheiden Sie die verschiedenen Arten der kalkulatorischen Kosten und ordnen Sie dort die kalkulatorische Abschreibung und den kalkulatorischen Unternehmerlohn ein.

3. Berechnen Sie das Gesamtergebnis, das Abgrenzungsergebnis und das Betriebsergebnis auf Basis des folgenden GUV-Kontos:

S		8020 GUV	H
6000 AWR	200.000,00 €	5000 UEFE	980.000,00 €
6010 AWF	140.000,00 €	5400 EMP	30.900,00 €
6020 AWH	90.000,00 €	5430 ASBE	3.000,00 €
6030 AWB	40.000,00 €	5490 PFE	4.000,00 €
6040 AWVM	36.000,00 €	5495 EFO	8.400,00 €
6140 AFR	15.000,00 €	5710 ZE	1.100,00 €
6160 FRI	45.000,00 €	5780 DDE	1.000,00 €
6200 LG	130.000,00 €		
6400 AGASV	70.000,00 €		
6520 ABSA	65.000,00 €		
6540 ABGWG	13.000,00 €		
6700 AWMP	16.800,00 €		
6730 GEB	7.300,00 €		
6750 KGV	2.600,00 €		
6760 PROV	18.900,00 €		
6770 RBK	21.000,00 €		
6800 BMK	34.000,00 €		
6820 KOM	15.300,00 €		
6850 REK	13.600,00 €		
6870 WER	20.000,00 €		
6900 VBEI	11.000,00 €		
6950 ABFO	13.400,00 €		
6990 PFAW	10.000,00 €		
7000 GWST	32.000,00 €		
7020 GRST	2.000,00 €		
7030 KFZST	2.600,00 €		
7460 VAWP	6.000,00 €		
7510 ZAW	26.000,00 €		

Kalkulatorische Kosten:	Kalkulatorische Abschreibung	80.000,00 €
	Kalkulatorischer Unternehmerlohn	62.000,00 €

3.3 Kostenrechnung: Kostenarten-, Kostenstellen- und Kostenträgerrechnung

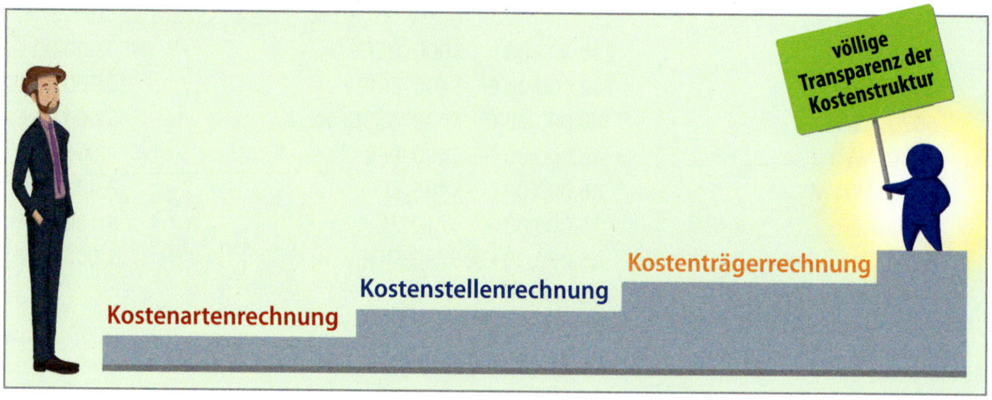

Die Kostenrechnung dient dem Unternehmer als Teil des betrieblichen Rechnungswesens zur Planung und Kontrolle der anfallenden Kosten und Leistungen. Unterteilt wird diese in drei Stufen:

- Kostenartenrechnung
- Kostenstellenrechnung
- Kostenträgerrechnung

Die Gesamtheit der einzelnen Teile gibt Max Inntaler einen möglichst transparenten Einblick in die konkrete Kostenstruktur seines Unternehmens. So hat er die Möglichkeit, kostenintensive Bereiche zu identifizieren und kostensenkende Maßnahmen gezielt einzuleiten.

3.3.1 Kostenartenrechnung: Einzelkosten, Sondereinzelkosten, Gemeinkosten

Jedes Fertigerzeugnis ist Träger bestimmter Kosten, weshalb diese in der Kosten- und Leistungsrechnung auch als **Kostenträger** bezeichnet werden. Jedem Kostenträger können bestimmte

Kostenarten direkt und indirekt zugeordnet werden. Die Kostenarten werden dabei in Einzelkosten, Sondereinzelkosten und Gemeinkosten unterschieden:

Einzelkosten

Diese Kosten fallen unmittelbar bei der Produktion eines konkreten Kostenträgers an und können diesem daher direkt zugeordnet werden.
Beispiele: *Fertigungsmaterial, Fertigungslöhne*

Sondereinzelkosten der Fertigung

Sie fallen nicht immer, sondern nur bei der Fertigung von einigen Produkten an.
Sie können daher den einzelnen Kostenträgern ebenfalls direkt zugeordnet werden.
Beispiele: *Lizenzen zur Herstellung lizenzierter Produkte (wie z. B. Fanartikel), Anfertigung von Spezialwerkzeugen, …*

Gemeinkosten

Diese Kosten fallen für alle Fertigerzeugnisse an und sind dem einzelnen Kostenträger daher nicht direkt zuordenbar. Die Zuordnung erfolgt demnach indirekt.
Beispiele: *Kosten für Gebäudereinigung, Lagerhallenmiete, Werbung und Verpackungsmaterial, Büromaterial, Materiallagerung, Strom, …*

3.3.2 Kostenstellenrechnung: Der Betriebsabrechnungsbogen

Einzel- und Sondereinzelkosten können einem Kostenträger direkt zugeordnet werden. Problematisch ist hingegen die Zuordnung der Gemeinkosten. Aus diesem Grund muss ein System entwickelt werden, welches eine buchhalterisch sinnvolle und möglichst genaue Zuordnung der Kosten ermöglicht. Diese Aufgabe übernimmt die sogenannte **Kostenstellenrechnung**. Sie geht der Frage nach, wo genau (d. h. an welcher „Stelle") die jeweiligen Gemeinkosten entstanden sind. Dabei unterscheidet die Kostenstellenrechnung vier verschiedene Stellen im Unternehmen:

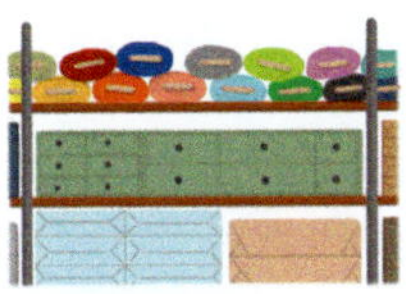			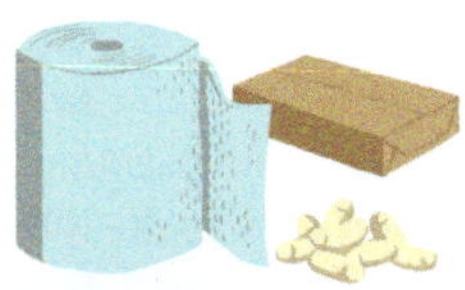
Kostenstelle I Material	**Kostenstelle II Fertigung**	**Kostenstelle III Verwaltung**	**Kostenstelle IV Vertrieb**
Die Kostenstelle Material beschäftigt sich mit den Gemeinkosten im Bereich Beschaffung, Prüfung, Lagerung und Vergabe der Werkstoffe.	Die Fertigung befasst sich mit den Gemeinkosten, die im Zusammenhang mit der Produktion der Fertigerzeugnisse entstehen.	Zur Kostenstelle Verwaltung gehört die Geschäftsleitung, das Rechnungswesen und die allgemeine Verwaltung. Sie befasst sich daher mit den Gemeinkosten, die im Bereich Verwaltung anfallen.	Der Vertrieb ist für die Lagerung, den Verkauf und den Versand der Fertigerzeugnisse zuständig. Gemeinkosten, die in diesem Bereich anfallen, werden der Kostenstelle „Vertrieb" zugeordnet.

In der Realität gibt es oft noch viele weitere Kostenstellen.

Die Kostenstellen sind deutlich voneinander abgrenzbar, damit die Kosten den einzelnen Stellen eindeutig zugeordnet und die Kosten innerhalb einer Kostenstelle problemlos abgerechnet werden können.

Funktionen der Kostenstellenrechnung

- Kontrolle der Wirtschaftlichkeit in den abgegrenzten Bereichen;
  da für jede Kostenstelle die jeweiligen Kosten gezielt ermittelt werden, wird schnell deutlich, z. B. wo Kosten gesenkt werden müssen.
- Vorbereitung für die spätere Kostenträgerrechnung (siehe Kapitel 3.3.3).

Betriebsabrechnungsbogen (BAB)

Um die Gemeinkosten auf die einzelnen Kostenstellen aufzuteilen, wird ein sogenannter **Betriebsabrechnungsbogen** erstellt. Dabei werden die angefallenen Gemeinkosten über einen **Verteilungsschlüssel** verursachungsgerecht und damit so genau wie möglich auf die einzelnen Kostenstellen aufgeteilt. Der Betriebsabrechnungsbogen ist wie folgt aufgebaut:

			Kostenstellen			
Gemeinkosten	**Summe**	**Verteilungsschlüssel**	**I Material**	**II Fertigung**	**III Verwaltung**	**IV Vertrieb**
Strom	… €	kWh	… €	… €	… €	… €
Gehälter	… €	€	… €	… €	… €	… €
Abschreibung	… €	%	… €	… €	… €	… €
Miete	… €	m^2	… €	… €	… €	… €
…	…		…	…	…	…

Zunächst werden die unterschiedlichen Gemeinkosten namentlich genannt und in der Spalte daneben die auf die Stellen zu verteilende Summe aus der Kosten- und Leistungsrechnung eingetragen. Es folgt eine Spalte mit dem jeweiligen Verteilungsschlüssel (= Art, wie die Summe auf die einzelnen Kostenstellen verteilt werden soll).

Die mithilfe des Verteilungsschlüssels ermittelten Werte werden bei der jeweiligen Kostenstelle eingetragen.

Die Verteilungsschlüssel

Die Verteilung der Gemeinkosten erfolgt nach unterschiedlichen Verteilungsschlüsseln:

Mengenschlüssel

Grundlage zur Verteilung der Gemeinkosten ist z. B. die verbrauchte Stückzahl oder die verbrauchte Menge in Kilogramm (kg) oder Litern (l).

Beispiel: *Die Stromkosten werden einer Kostenstelle nach der Anzahl der verbrauchten Kilowattstunden (kWh) verteilt.*

Wertschlüssel

Zur Verteilung der Gemeinkosten werden zwei Größen zueinander in Beziehung gesetzt.
Beispiel: *Die Abschreibung wird im Verhältnis zu dem Wert der Anlagegüter in den Kostenstellen anteilig verteilt. Entspricht der Wert der Anlagegüter in der Verwaltung z. B. nur etwa einem Achtel des Gesamtwertes aller Anlagegüter, so entfällt auch nur ein Achtel der gesamten Abschreibung auf diese Kostenstelle.*

Zeitschlüssel

Grundlage der Verteilung der Gemeinkosten sind Anzahl der (Arbeits)Stunden, die in einer Kostenstelle verbraucht wurden.
Beispiel: *Die Reparaturkosten werden nach Anzahl der aufgewendeten Stunden für die Reparaturen verteilt.*

Bevor der eigentliche Betriebsabrechnungsbogen erstellt werden kann, müssen zunächst genauere Informationen über die Gemeinkosten in den einzelnen Kostenstellen eingeholt werden. Dabei wird beispielsweise die Frage beantwortet, wie viel Prozent der Hilfsstoffe in den einzelnen Kostenstellen anfallen oder wie viele Kilowattstunden (kWh) jeweils verbraucht wurden.

Bei InntalTex e. K. liegen nun folgende Zahlen für das Erstellen des Betriebsabrechnungsbogens vor: **BEISPIEL**

			Kostenstellen			
Gemeinkosten	**Summe**	**Verteilungs-schlüssel**	**I Material**	**II Fertigung**	**III Verwaltung**	**IV Vertrieb**
Hilfsstoffe	30.000,00 €	anteilig nach verbrauchtem Material	14 %	61 %	15 %	10 %
Strom	1.320,00 €	kWh	400 kWh	2.400 kWh	900 kWh	700 kWh
Gehälter	170.000,00 €	Gehaltslisten	10.000,00 €	127.000,00 €	25.000,00 €	8.000,00 €
Sozialabgaben	35.280,00 €	Anzahl Beschäftigte	6	130	19	13
Versicherung	48.784,00 €	Direkt aus Liste	12.852,50 €	28.715,00 €	1.997,50 €	5.219,00 €
Miete	24.990,00 €	m²	500 m²	450 m²	160 m²	80 m²
Reinigungskosten	90.000,00 €	Verhältnis	3	22	5	2
Hilfslöhne	2.916,00 €	Stunden	70 Std.	240 Std.	–	14 Std.
Summe						

Mithilfe dieser Angaben werden nun die einzelnen Werte berechnet und anschließend der Betriebsabrechnungsbogen erstellt. Wie die Berechnung funktioniert, soll nun am Beispiel der Kostenstelle „Material" gezeigt werden:

a) Hilfsstoffe

$$\text{Hilfsstoffe} = \frac{30.000{,}00\,€ \cdot 14\,\%}{100\,\%} = 4.200{,}00\,€$$

b) Strom

Schritt 1:

Kilowattstunden (gesamt) = 400 kWh + 2.400 kWh + 900 kWh + 700 kWh = 4.400 kWh

Schritt 2:

$$\text{€/kWh} = \frac{\text{Summe (Strom)}}{\text{Kilowattstunden (gesamt)}} = \frac{1.320{,}00\ \text{€}}{4.400\ \text{kWh}} = 0{,}30\ \text{€/kWh}$$

Schritt 3:

Strom = €/kWh · kWh Materialkostenstelle = 0,30 € · 400 kWh = 120,00 €

c) Gehälter

Die Gehälter sind bereits entsprechend der Gehaltsliste aufgeteilt, sodass hier keine Berechnung erfolgen muss.

d) Sozialabgaben

Schritt 1:

Beschäftigte (gesamt) = 6 + 130 + 19 + 13 = 168 Beschäftigte

Schritt 2:

$$\text{€/Beschäftigte} = \frac{\text{Summe (Sozialabgaben)}}{\text{Beschäftigte (gesamt)}} = \frac{35.280{,}00\ \text{€}}{168\ \text{Beschäftigte}} = 210{,}00\ \text{€/Beschäftigte}$$

Schritt 3:

Sozialabgaben = €/Beschäftigte · Beschäftigte Materialkostenstelle = 210,00 € · 6 Beschäftigte = 1.260,000 €

e) Versicherungen

Die Kosten für die Versicherungen sind bereits entsprechend der Liste aufgeteilt, sodass hier keine Berechnung erfolgen muss.

f) Miete

Schritt 1:

m^2 (gesamt) = 500 m^2 + 450 m^2 + 160 m^2 + 80 m^2 = 1.190 m^2

Schritt 2:

$$\text{€/m}^2 = \frac{\text{Summe (Miete)}}{\text{m}^2\ \text{(gesamt)}} = \frac{24.990{,}00\ \text{€}}{1.190\ \text{m}^2} = 21{,}00\ \text{€/m}^2$$

Schritt 3:

Miete = €/m^2 · Beschäftigte Materialkostenstelle = 21,00 € · 500 m^2 = 10.500,00 €

g) Reinigungskosten

Schritt 1:

Verhältnis (gesamt) = 3 + 22 + 5 + 3 = 32

Schritt 2:

$$\text{€/Verhältnis} = \frac{\text{Summe (Reinigungskosten)}}{\text{Verhältnis (gesamt)}} = \frac{90.000{,}00\ \text{€}}{32} = 2.812{,}50\ \text{€/Verhältnis}$$

Schritt 3:

Reinigungskosten = €/Verhältnis · Verhältnis Materialkostenstelle = 2.812,50 € · 3 = 8.437,50 €

h) Hilfslöhne

Schritt 1:

Stunden (gesamt) = 70 + 240 + 14 = 324 Stunden

Schritt 2:

$$€/\text{Stunde} = \frac{\text{Summe (Hilfslöhne)}}{\text{Stunden (gesamt)}} = \frac{2.9160{,}00\ €}{324\ \text{Stunden}} = 9{,}00\ €/\text{Stunde}$$

Schritt 3:

Hilfslöhne = €/Stunde · Stunde Materialkostenstelle = 9,00 € · 70 Stunden = 630,00 €

Nach der Berechnung aller Beträge ist nun ein **vollständiger Betriebsabrechnungsbogen** entstanden:

			Kostenstellen			
Gemeinkosten	**Summe**	**Verteilungsschlüssel**	**I Material**	**II Fertigung**	**III Verwaltung**	**IV Vertrieb**
Hilfsstoffe	30.000,00 €	Anteilig nach verbrauchten Material	4.200,00 €	18.300,00 €	4.500,00 €	3.000,00 €
Strom	1.320,00 €	kWh	120,00 €	720,00 €	270,00 €	210,00 €
Gehälter	170.000,00 €	Gehaltslisten	10.000,00 €	127.000,00 €	25.000,00 €	8.000,00 €
Sozialabgaben	35.280,00 €	Anzahl Beschäftigte	1.260,00 €	27.300,00 €	3.990,00 €	2.730,00 €
Versicherung	48.784,00 €	Direkt aus Liste	12.852,50 €	28.715,00 €	1.997,50 €	5.219,00 €
Miete	24.990,00 €	m²	10.500,00 €	9.450,00 €	3.360,00 €	1.680,00 €
Reinigungskosten	90.000,00 €	Verhältnis	8.437,50 €	61.875,00 €	14.062,50 €	5.625,00 €
Hilfslöhne	2.916,00 €	Stunden	630,00 €	2.160,00 €	0,00 €	126,00 €
Summe	**403.290,00**	–	**48.000,00 €**	**275.520,00 €**	**53.180,00 €**	**26.590,00**

Nun ist die Höhe der Gemeinkosten für jede Kostenstelle klar ersichtlich:

- Materialgemeinkosten (MGK) = 48.000,00 €
- Fertigungsgemeinkosten (FKG) = 275.520,00 €
- Verwaltungsgemeinkosten (VwGK) = 53.180,00 €
- Vertriebsgemeinkosten (VtGK) = 26.590,00 €

MERKE

Betriebsabrechnungsbogen

Der Betriebsabrechnungsbogen dient der verursachungsgerechten Verteilung der **Gemeinkosten** auf einzelne **Kostenstellen.** Dabei werden die Gemeinkosten mithilfe von **Verteilungsschlüsseln** (z. B. nach Kilowattstunden, Quadratmetern, Verhältnis, …) verteilt.

AUFGABEN

1. Entscheiden Sie, ob bei folgenden Kosten Einzelkosten, Sondereinzelkosten oder Gemeinkosten vorliegen:

Versicherungskosten • Lohnkosten für die Fertigung • Gehälter für Verwaltung und Vertrieb • Prüfung auf Umweltverträglichkeit • Kosten für eine besondere Konstruktionszeichnung • Kalkulatorischer Unternehmerlohn • Patentkosten • Miete für eine Montagehalle • Kosten für Fremdbauteile • Reinigungskosten für die Fertigungshalle • Stromkosten für den Betrieb • Rohstoffe

2. Ihnen liegen folgende Angaben vor:

			Kostenstellen			
Gemeinkosten	**Summe**	**Verteilungs-schlüssel**	**I Material**	**II Fertigung**	**III Verwaltung**	**IV Vertrieb**
Reinigungsmittel	21.000,00 €	Verbrauch in Litern (l)	3.400 l	5.200 l	1.600 l	1.800 l
Werbung	15.00,00 €	Anteilig	3 %	9 %	5 %	83 %
Gehälter	48.800,00 €	Anzahl Beschäftigte	0	0	14	12
Zinsen	468.650,00 €	Anteilig am Anlagevermögen	45.500,00 €	295.750,00 €	59.150,00 €	68.250,00 €
Steuern/Abgaben	36.500,00 €	Anteilig	28 %	40 %	18 %	Rest
Fremdreparaturen	10.500,00 €	Arbeitsstunden	64 Std.	189 Std.	28 Std.	19 Std.
Sozialabgaben	30.000,00 €	Anzahl Mitarbeiter	120	300	50	30
Gebäudereinigung	1.080,00 €	m^2 der Außenfläche	36	55	23	21

2.1 Erklären Sie den Begriff „Betriebsabrechnungsbogen".
2.2 Erstellen Sie einen vollständigen Betriebsabrechnungsbogen auf Basis der Ihnen vorliegenden Angaben.
2.3 Bestimmen Sie zu jedem Beispiel die Art des verwendeten Kostenverteilungsschlüssels.

3. Erläutern Sie die Aufgaben und Teilbereiche der Kostenrechnung.

Vorsicht Fehler!

4. Entscheiden Sie, ob folgende Aussagen richtig oder falsch sind. Berichtigen Sie falsche Aussagen.

4.1 Das Fertigerzeugnis ist der Kostenträger, denn er verursacht Kosten.
4.2 Einzel- und Gemeinkosten können dem Kostenträger direkt zugeordnet werden.

5. Unterscheiden Sie die verschiedenen Kostenarten.

6. Ihnen liegen folgende Angaben vor:

			Kostenstellen			
Gemeinkosten	**Summe**	**Verteilungs-schlüssel**	**I Material**	**II Fertigung**	**III Verwaltung**	**IV Vertrieb**
Hilfsstoffe	?	Aufzeichnungen der Materialentnahme	1.767,00 € (= 19 %)	72 %	5 %	Rest
Kalk. Unternehmerlohn	4.620,00 €	Verhältnis 2 : 3 : 8 : 9	2	3	8	9
Steuern	5.700,00 €	Steuerbescheid	1.200,00 €	2.400,00 €	?	1.300,00 €
Telefon/Internet	5.800,00 €	Nutzung %	28 %	30 %	?	34 %
Miete	5.772,00 €	Fläche m^2 (gesamt 370 m^2)	90 m^2	60 m^2	?	140 m^2
Zinsen	4.900,00 €	Anteilig zum investierten Kapital	?	60 %	5 %	12 %

6.1 Erklären Sie den Unterschied zwischen Einzelkosten und Gemeinkosten.

6.2 Erstellen Sie den Betriebsabrechnungsbogen auf Basis der Ihnen vorliegenden Angaben.

6.3 Erstellen Sie auf Basis Ihres Betriebsabrechnungsbogens aus 6.2 mithilfe eines Tablets/PCs ein Diagramm, das die Verteilung der Gemeinkosten auf die einzelnen Kostenstellen visualisiert.

6.4 Vergleichen Sie Ihr Ergebnis aus 6.3 mit dem einer Lernpartnerin bzw. eines -partners und beurteilen Sie beide Diagramme kritisch. Begründen Sie anschließend, welches der Diagramme den Betriebsabrechnungsbogen schlüssiger visualisiert.

3.3.3 Kostenträgerrechnung

Hinweis
Zur Vereinfachung nehmen wir an, dass InntalTex e. K. lediglich ein Fertigerzeugnis (Herrenhemden) und damit nur einen Kostenträger produziert.

Die Kostenträgerrechnung beantwortet die Frage, wofür (d. h. für welchen Kostenträger) welche Kosten in welcher Höhe angefallen sind. Dazu werden die Informationen aus der Kostenarten- und der Kostenstellenrechnung zusammengeführt und den konkreten Kostenträgern gezielt zugeordnet.

Kostenträger können sein:

- Das einzelne Produkt (z. B. das Hemd), eine Produktart (z. B. Bekleidung) oder eine Produktgruppe (z. B. Herrenkleidung)
- Ein Kundenauftrag (z. B. Auftrag über 100 Hemden), ein Kunde (z. B. Kunde Hr. Blum) oder eine Kundengruppe (z. B. Bekleidungsgeschäft)
- Das Absatzgebiet (z. B. Regierungsbezirk Oberbayern, Bayern, Deutschland, Österreich)
- Vertriebswege (z. B. Fachgeschäft oder Kaufhaus)

Aufgaben der Kostenträgerrechnung:

- Bereitstellen von Informationen zur Preisgestaltung
- Bereitstellen von Informationen zur Gestaltung des Produktprogramms
- Bereitstellen von Informationen zur Ermittlung des Unternehmenserfolgs

Arten der Kostenträgerrechnung:
Die Kostenträgerrechnung kann auf zwei unterschiedliche Arten erfolgen:

Kostenträgerrechnung

Kostenträgerzeitrechnung	Kostenträgerstückrechnung
Wofür sind innerhalb eines bestimmten **Zeitraums** Kosten entstanden? Bei dieser Rechnung werden die **Gesamtkosten** für einen Kostenträger in Form von „Selbstkosten des Umsatzes“ während einer konkreten Abrechnungsperiode (z. B. ein Geschäftsjahr) ermittelt.	**Wie hoch** sind die Kosten **pro Kostenträger?** Bei dieser Art der Kostenträgerrechnung werden die **Stückkosten** je Kostenträger ermittelt und anschließend die Kalkulation um die Verkaufskalkulation erweitert. So kann der Listenverkaufspreis berechnet werden.

a) Kostenträgerzeitrechnung

Bei InntalTex e. K. wird eine Kollektion Herrenhemden produziert. Herrn Inntaler liegen dazu folgende Zahlen vor:

Einzelkosten

Fertigungsmaterial	160.000,00 €
Fertigungslöhne	168.000,00 €
Sondereinzelkosten der Fertigung	15.230,00 €
Sondereinzelkosten des Vertriebs	0,00 €

Gemeinkosten (lt. Betriebsabrechnungsbogen)

Materialgemeinkosten	48.000,00 €
Fertigungsgemeinkosten	275.520,00 €
Verwaltungsgemeinkosten	53.180,00 €
Vertriebsgemeinkosten	26.590,00 €

Sondereinzelkosten
Sondereinzelkosten (z. B. für Fertigung und Vertrieb) fallen nicht immer an.

Schritt 1: Berechnung der Materialkosten (MK)

Max Inntaler rechnet zunächst alle im Bereich des Materials anfallenden Kosten zusammen:

Fertigungsmaterial (FM)	160.000,00 €	100 %
+ Materialgemeinkosten (MGK)	48.000,00 €	30 %
= Materialkosten (MK)	**208.000,00 €**	130 %

Für ein vollständiges Rechenschema berechnet Herr Inntaler auch noch den sogenannten „Materialgemeinkostenzuschlagssatz". Dieser gibt die prozentualen Materialgemeinkosten an. Der Grundwert ist dabei das Fertigungsmaterial:

Materialgemeinkostenzuschlagssatz (MGK-Zuschlagssatz)

$$= \frac{\text{Materialgemeinkosten (MGK) in €} \cdot 100\,\%}{\text{Fertigungsmaterial (FM) in €}} = \frac{48.000{,}00\,€ \cdot 100\,\%}{160.000{,}00\,€} = 30\,\%$$

Hinweis:
Die Sondereinzelkosten der Fertigung sind ein gegebener Wert und werden nicht ausgehend von den Fertigungslöhnen berechnet. Deswegen haben Sondereinzelkosten der Fertigung keinen prozentualen Wert.

Schritt 2: Berechnung der Fertigungskosten (FK)

Es folgt die Berechnung aller im Bereich der Fertigung anfallenden Kosten:

Fertigungslöhne (FL)	168.000,00 €	100 %
+ Fertigungsgemeinkosten (FGK)	275.520,00 €	164 %
+ Sondereinzelkosten der Fertigung (SEKF)	15.230,00 €	–
= Fertigungskosten (FK)	**458.750,00 €**	

Auch hier berechnet Herr Inntaler noch den Gemeinkostenzuschlagssatz, der hier den Namen „Fertigungsgemeinkostenzuschlagssatz" trägt. Wichtig dabei ist, dass die **Sondereinzelkosten der Fertigung bei der Berechnung des Zuschlagssatzes nicht berücksichtigt** werden. Lediglich die Fertigungslöhne werden als Grundwert herangezogen:

Fertigungsgemeinkostenzuschlagssatz (FGK-Zuschlagssatz)

$$= \frac{\text{Fertigungsgemeinkosten (FGK) in €} \cdot 100\,\%}{\text{Fertigungslöhne (FL) in €}} = \frac{275.520{,}00\,€ \cdot 100\,\%}{168.000{,}00\,€} = 164\,\%$$

Schritt 3: Berechnung der Herstellkosten der Erzeugung (HKdE)

Max Inntaler bildet eine Zwischensumme aus den bisher berechneten Ergebnissen und erhält so die sogenannten „Herstellkosten der Erzeugung" (HKdE).

Materialkosten (MK)	208.000,00 €
+ Fertigungskosten (FK)	458.750,00 €
= Herstellkosten der Erzeugung (HKdE)	**666.750,00 €**

MERKE

Herstellkosten der Erzeugung (HKdE)
Bei den Herstellkosten der Erzeugung handelt es sich um die Kosten, die bei der Fertigung (= Erzeugung) der in dieser Abrechnungsperiode **fertiggestellten Kostenträger** anfallen. Sie setzen sich aus den Materialkosten (MK) und den Fertigungskosten (FK) zusammen.

Materialgemeinkosten- und Fertigungsgemeinkostenzuschlagssatz

$$\textbf{MGK-Zuschlagssatz} = \frac{\text{Materialgemeinkosten (MGK) in €} \cdot 100\,\%}{\text{Fertigungsmaterial (FM) in €}}$$

$$\textbf{FGK-Zuschlagssatz} = \frac{\text{Fertigungsgemeinkosten (FGK) in €} \cdot 100\,\%}{\text{Fertigungslöhne (FL) in €}}$$

Fallen Sondereinzelkosten der Fertigung an, dürfen diese bei der Berechnung nicht berücksichtigt werden.

Die Einzelkalkulationen von Schritt 1 bis 3 werden üblicherweise zu einer Kalkulation zusammengefasst:

Fertigungsmaterial (FM)	160.000,00 €		100 %	
+ Materialgemeinkosten (MGK)	48.000,00 €		30 %	
= Materialkosten (MK)		208.000,00 €	130 %	
Fertigungslöhne (FL)	168.000,00 €			100 %
+ Fertigungsgemeinkosten (FGK)	275.520,00 €			164 %
+ Sondereinzelkosten der Fertigung (SEKF)	15.230,00 €			
= Fertigungskosten (FK)		458.750,00 €		
= Herstellkosten der Erzeugung (HKdE)		**666.750,00 €**		

Schritt 4: Berechnung der Bestandsveränderungen

Fertige Erzeugnisse (FE)

… sind bereits fertiggestellte Produkte, die bei der Ermittlung der Bestandsveränderungen (= Inventur) vollständig fertig erstellt sind.

Unfertige Erzeugnisse (UFE)

… sind Produkte, die zum Zeitpunkt der Inventur noch nicht fertig sind.

Da sowohl in die fertigen, aber auch in die unfertigen Erzeugnisse (= Kostenträger) bereits Kosten für deren Erzeugung geflossen sind, müssen daher auch die Bestandsveränderungen in der Kostenträgerzeitrechnung berücksichtigt werden. Dabei gilt:

- Anfangsbestand (AB) < Schlussbestand (SB) = Bestandserhöhung
- Anfangsbestand (AB) > Schlussbestand (SB) = Bestandsminderung

Auf Basis der Informationen von Frau Schwarz können die Bestandsveränderungen der fertigen und unfertigen Erzeugnisse berechnet werden:

- Unfertige Erzeugnisse (UFE):
  AB < SB ➡ Bestandserhöhung in Höhe von 25.000,00 € (105.000,00 € – 80.000,00 €)
- Fertige Erzeugnisse (FE):
  AB > SB ➡ Bestandsminderung in Höhe von 23.000,00 € (61.000,00 € – 38.000,00 €)

- **Bestandserhöhungen** werden in der Kalkulation **subtrahiert**, da die zusätzlichen Produkte nicht verkauft, aber produziert und anschließend eingelagert wurden. Da in die Herstellkosten des Umsatzes lediglich die Kosten der Kostenträger eingehen, die tatsächlich verkauft wurden, müssen eingelagerte und somit nicht verkaufte Kostenträger subtrahiert werden.
- **Bestandsminderungen** werden in der Kalkulation **addiert**, da die Produkte dem Lager entnommen und verkauft wurden. Ihre Kosten gingen in der Vorperiode in die Herstellkosten der Erzeugung und gehen nun durch den tatsächlichen Verkauf in dieser Abrechnungsperiode in die Herstellkosten des Umsatzes ein.

Max Inntaler ergänzt seine Kalkulation und erhält so die **Herstellkosten des Umsatzes:**

Fertigungsmaterial (FM)	160.000,00 €		100 %	
+ Materialgemeinkosten (MGK)	48.000,00 €		30 %	
= Materialkosten (MK)		208.000,00 €	130 %	
Fertigungslöhne (FL)	168.000,00 €			100 %
+ Fertigungsgemeinkosten (FGK)	275.520,00 €			164 %
+ Sondereinzelkosten der Fertigung (SEKF)	15.230,00 €			
= Fertigungskosten (FK)		458.750,00 €		
= Herstellkosten der Erzeugung (HKdE)		666.750,00 €		
– Bestandserhöhung (UFE)		**25.000,00 €**		
+ Bestandsminderung (FE)		**23.000,00 €**		
= **Herstellkosten des Umsatzes (HKdU)**		**664.750,00 €**		

MERKE

Herstellkosten des Umsatzes (HKdU)

Bei den Herstellkosten des Umsatzes handelt es sich um die Kosten für die Herstellung der **tatsächlich verkauften** und somit Umsatz generierenden Kostenträger in einem Abrechnungszeitraum.

Bestandsminderungen und Bestandserhöhungen in der Kalkulation

Bestandserhöhungen werden in der Kalkulation **subtrahiert**.
Bestandsminderungen werden in der Kalkulation **addiert**.

Vertriebsgemeinkosten
Dies sind z. B. das Gehalt von Amin Demir, der bei Inntal-Tex e. K. für den Verkauf der Bekleidung zuständig ist.

Verwaltungsgemeinkosten
Dies sind z. B. die Gehälter, die die Mitarbeiter der Personalabteilung erhalten.

Schritt 5: Berechnung der Selbstkosten des Umsatzes

Max Inntaler erinnert sich: Neben den Gemein- und Einzelkosten für Material und Fertigung sind auch noch Kosten für Verwaltung und Vertrieb angefallen:

Verwaltungsgemeinkosten	53.180,00 €
Vertriebsgemeinkosten	26.590,00 €
Sondereinzelkosten des Vertriebs	0,00 €

Deshalb muss die Kalkulation auch noch um diese Kosten ergänzt werden, um schließlich den Wert für die **Selbstkosten des Umsatzes (SKdU)** zu erhalten:

Fertigungsmaterial (FM)	160.000,00 €		100 %	
+ Materialgemeinkosten (MGK)	48.000,00 €		30 %	
= Materialkosten (MK)		208.000,00 €	130 %	
Fertigungslöhne (FL)	168.000,00 €			100 %
+ Fertigungsgemeinkosten (FGK)	275.520,00 €			164 %
+ Sondereinzelkosten der Fertigung (SEKF)	15.230,00 €			
= Fertigungskosten (FK)		458.750,00 €		
= Herstellkosten der Erzeugung (HKdE)		666.750,00 €		
– Bestandserhöhung (UFE)		25.000,00 €		
+ Bestandsminderung (FE)		23.000,00 €		
= Herstellkosten des Umsatzes (HKdU)		664.750,00 €	100 %	
+ Verwaltungsgemeinkosten (VwGK)		53.180,00 €	8 %	
+ Vertriebsgemeinkosten (VtGK)		26.590,00 €	4 %	
+ Sondereinzelkosten des Vertriebs (SEKVt)		0,00 €		
= **Selbstkosten des Umsatzes (SKdU)**		**744.520,00 €**	112 %	

Wie bei den Materialgemeinkosten (MGK) und den Fertigungsgemeinkosten (FGK) werden auch hier die Gemeinkostenzuschlagssätze von Verwaltung und Vertrieb berechnet. Für beide Zuschlagssätze sind jeweils die Herstellkosten des Umsatzes (HKdU) der Grundwert. Daraus ergeben sich die folgenden Berechnungen:

$$\textbf{Verwaltungsgemeinkostenzuschlagssatz (VwGK-Zuschlagssatz)} = \frac{\text{Verwaltungsgemeinkosten (VwGK) in €} \cdot 100\,\%}{\text{Herstellkosten des Umsatzes (HKdU) in €}}$$

$$\textbf{Vertriebsgemeinkostenzuschlagssatz (VtGK-Zuschlagssatz)} = \frac{\text{Vertriebsgemeinkosten (VtGK) in €} \cdot 100\,\%}{\text{Herstellkosten des Umsatzes (HKdU) in €}}$$

Max Inntaler berechnet daher die beiden Gemeinkostenzuschläge wie folgt:

$$\text{VwGK-Zuschlagssatz} = \frac{53.180{,}00\,€ \cdot 100\,\%}{664.750{,}00\,€} = 8\,\% \quad \text{VtGK-Zuschlagssatz} = \frac{26.590{,}00\,€ \cdot 100\,\%}{664.750{,}00\,€} = 4\,\%$$

MERKE

Selbstkosten des Umsatzes

Die Selbstkosten des Umsatzes entsprechen den Kosten, die während einer Abrechnungsperiode für die tatsächlich verkauften Kostenträger entstanden sind.

Verwaltungsgemein- und Vertriebsgemeinkostenzuschlagssatz

$$\textbf{VwGK-Zuschlagssatz} = \frac{\text{Verwaltungsgemeinkosten (VwGK) in €} \cdot 100\,\%}{\text{Herstellkosten des Umsatzes (HKdU) in €}}$$

$$\textbf{VtGK-Zuschlagssatz} = \frac{\text{Vertriebsgemeinkosten (VtGK) in €} \cdot 100\,\%}{\text{Herstellkosten des Umsatzes (HKdU) in €}}$$

AUFGABEN

1. Geben Sie an, ob es sich bei den folgenden Sätzen um eine wahre oder eine falsche Aussage handelt. Verbessern Sie Falschaussagen. Achtung: Eine ausschließliche Verneinung der Aussage gilt nicht als Verbesserung.

Vorsicht Fehler!

1.1 Die Abkürzung MGK steht für Materialgemeinkosten.
1.2 Bei der Berechnung der Fertigungsgemeinkosten bildet die Summe aus Fertigungslöhne und Sondereinzelkosten der Fertigung den Grundwert.
1.3 Bei jeder Fertigung fallen Sondereinzelkosten der Fertigung an.
1.4 Werden Materialkosten und Fertigungskosten addiert, erhält man die Herstellkosten des Umsatzes.
1.5 Fertigungslöhne sind Einzelkosten.
1.6 Der Grundwert für die Berechnung der Materialgemeinkosten sind die Fertigungslöhne.

2. Ihnen liegen die folgenden Zahlen vor. Berechnen Sie die jeweils fehlenden Werte.

2.1

	Material	Fertigung
Einzelkosten	240.000,00 €	438.000,00 €
Gemeinkosten	30.000,00 €	551.880,00 €
Zuschlagssätze	?	?

Herstellkosten der Erzeugung: ?

2.2

	Material	Fertigung
Einzelkosten	120.000,00 €	?
Gemeinkosten	?	270.000,00 €
Zuschlagssätze	?	135 %

Herstellkosten der Erzeugung: 611.000,00 €
Lizenzgebühren: 3.000,00 €

2.3

	Material	Fertigung
Einzelkosten	?	22.500,00 €
Sondereinzelkosten	–	?
Gemeinkosten	?	?
Zuschlagssätze	5 %	118 %

Materialkosten: 23.625,00 €
Herstellkosten der Erzeugung: 74.175,00 €

3. Für die Produktion eines Fertigerzeugnisses betragen die Selbstkosten 2.063.230,40 €. Folgende Beträge wurden dem Betriebsabrechnungsbogen entnommen.

	Material	Fertigung	Verwaltung	Vertrieb
Einzelkosten	?	?	–	–
Sondereinzelkosten	–	20.000,00 €	–	–
Gemeinkosten	?	526.600,00 €	?	?
Zuschlagssätze	25 %	128 %	26 %	28 %

Es liegen keine Bestandsveränderungen vor.

3.1 Erläutern Sie den Unterschied zwischen Einzel- und Gemeinkosten an selbstgewählten Beispielen.

3.2 Erklären Sie den Begriff „Sondereinzelkosten der Fertigung" und geben Sie zwei Beispiele an.

3.3 Grenzen Sie die Begriffe „Herstellkosten der Erzeugung" und „Herstellkosten des Umsatzes" voneinander ab.

3.4 Ermitteln Sie die Höhe des Fertigungsmaterials.

4. Zur Kalkulation der Trekkingräder liegen bei RTM Bikes GmbH folgende Zahlen vor:

	Material	Fertigung	Verwaltung	Vertrieb
Einzelkosten	55.000,00 €	62.000,00 €	–	–
Sondereinzelkosten	–	8.000,00 €	–	–
Gemeinkosten	?	?	?	35.478,40 €
Zuschlagssätze	28 %	142 %	14 %	?

	Bestand zum 01.01.	Bestand zum 31.12.	Bestands-veränderung
Unfertige Erzeugnisse	18.300,00 €	51.800,00 €	?
Fertigerzeugnisse	62.000,00 €	?	Minderung 26.800,00 €

4.1 Nennen Sie die beiden Arten der Bestandsveränderungen und geben Sie an, mit welchem Vorzeichen diese Arten jeweils in der Kalkulation eingebunden sind.

4.2 Erläutern Sie den Zusammenhang zwischen Bestandsveränderungsart und dem zugehörigen Vorzeichen.

4.3 Berechnen Sie die Selbstkosten des Umsatzes für die Trekkingräder.

4.4 Erläutern Sie den Begriff „Selbstkosten des Umsatzes".

4.5 Ermitteln Sie den Bestand zum 31.12. bei den Fertigerzeugnissen.

b) Kostenträgerstückrechnung

Um einen korrekten Listenverkaufspreis berechnen zu können, ist es wichtig, die genauen Kosten für das produzierte Fertigerzeugnis zu kennen. Dazu werden, ähnlich wie bei der Kostenträgerzeitrechnung, die zugrundeliegenden Einzel- und Gemeinkosten eines Hemdes, also eines Kostenträgers, berechnet und addiert.

Für die Produktion eines Hemdes liegen Herrn Inntaler die folgenden Einzelkosten vor:

Fertigungsmaterial	11,00 €
Fertigungslöhne	12,50 €
Sondereinzelkosten der Fertigung	2,20 €

Zuschlagskalkulation
Da die Gemeinkostenzuschlagssätze übernommen werden, spricht man bei der Kostenträgerstückrechnung dieser Art auch von einer Zuschlagskalkulation.

Für die Gemeinkosten können nun nicht die Werte aus dem Betriebsabrechnungsbogen verwendet werden, da sich diese auf die gesamte Produktion beziehen. Jedoch bleiben die **Gemeinkostenzuschlagssätze** identisch, sodass diese für die Berechnung genutzt werden können:

Gemeinkostenzuschlagssätze

Materialgemeinkosten	30 %
Fertigungsgemeinkosten	164 %
Verwaltungsgemeinkosten	8 %
Vertriebsgemeinkosten	4 %

Um den Listenverkaufspreis berechnen zu können, müssen noch die Höhe des Gewinns, des Rabattes und des Skontos bestimmt werden. Dazu stellt Herr Inntaler folgende Überlegungen an:

Gewinn	25 %
Kundenrabatt	12,5 %
Kundenskonto	1 %

Die Kostenträgerstückrechnung ist die Grundlage für die Ermittlung des Listenverkaufspreises für einen Kostenträger, also ein Hemd. Um diesen Zweck zu erfüllen, wird die Kalkulation der Kostenträgerrechnung um eine Angebotskalkulation, die die Größen Gewinn, Skonto und Rabatt miteinbezieht, erweitert. Zudem werden Bestandsveränderungen aus der Kalkulation entfernt, da diese bei der Ermittlung der Kosten eines einzelnen Kostenträgers nicht relevant sind:

Fertigungsmaterial (FM)	11,00 €		100 %	
+ Materialgemeinkosten (MGK)	3,30 €		30 %	
= Materialkosten (MK)		14,30 €	130 %	
Fertigungslöhne (FL)	12,50 €			100 %
+ Fertigungsgemeinkosten (FGK)	20,50 €			164 %
+ Sondereinzelkosten der Fertigung (SEKF)	2,20 €			
= Fertigungskosten (FK)		35,20 €		
= Herstellkosten (HK)		49,50 €	100 %	
+ Verwaltungsgemeinkosten (VwGK)		3,96 €	8 %	
+ Vertriebsgemeinkosten (VtGK)		1,98 €	4 %	
= Selbstkostenpreis (SKP)		55,44 €	112 %	100 %
+ Gewinn (G)		13,86 €		25 %
= Barverkaufspreis (BVP)		69,30 €	99 %	125 %
+ Kundenskonto (KS)		0,70 €	1 %	
= Zielverkaufspreis (ZVP)		70,00 €	100 %	87,5 %
+ Kundenrabatt (KR)		10,00 €		12,5 %
= **Listenverkaufspreis (LVP)**		80,00 €		100 %

Max Inntaler kann so auf einen Blick erkennen, dass bei einem Listenverkaufspreis von 80,00 € nicht nur seine Kosten gedeckt sind, sondern er sogar noch einen Gewinn in Höhe von 25 % realisieren kann. Gleichzeitig ist es ihm möglich, seinen Kunden einen Rabatt (12,5 %) und einen Skonto (1 %) zu gewähren.

Auf Basis dieser Kalkulation kann Herr Inntaler nun ganz flexibel für verschiedenste Bestellmengen den korrekten Listenverkaufspreis berechnen.

MERKE

Kostenträgerstückrechnung vs. Kostenträgerzeitrechnung

Bei der **Kostenträgerstückrechnung** werden die **Stückkosten** eines einzelnen Kostenträgers und anschließend der Listenverkaufspreis mithilfe der sich unmittelbar anschließenden Verkaufskalkulation berechnet. Die Bestandsveränderungen bleiben unberücksichtigt.

Bei der **Kostenträgerzeitrechnung** werden die **Gesamtkosten** für einen Kostenträger in einer konkreten **Abrechnungsperiode** (z. B. ein Geschäftsjahr) ermittelt. Dabei werden auch die Bestandsveränderungen in der Kalkulation erfasst und schließlich die Selbstkosten des Umsatzes berechnet.

GESCHÄFTSVORFALL 1

Zielverkauf von 140 Hemden.

Nebenrechnung:

Netto (gesamt) = 70,00 € · 140 Stück = 9.800,00 €

Zur Erinnerung: Der in der Kalkulation berechnete Rabatt wird vom Listenverkaufspreis als Sofortrabatt unmittelbar abgezogen, sodass für die Berechnung des gesamten Nettopreises der Zielverkaufspreis aus der Kalkulation verwendet und mit der Anzahl der gekauften Hemden multipliziert wird.

BUCHUNGSSATZ 1

2400 FO	11.662,00 €	an	5000 UEFE	9.800,00 €
			4800 UST	1.862,00 €

GESCHÄFTSVORFALL 2

Der Kunde begleicht die Rechnung innerhalb der Skontofrist per Banklastschrift.

	Betrag	Prozent
Rechnungsbetrag	11.662,00 €	100 %
– Bruttoskonto	116,62 €	1 %
= Überweisungsbetrag	11.545,38 €	99 %

$\widehat{=}$ 119 % → Nettoskonto: 100 % $\widehat{=}$ 98,00 €

$\widehat{=}$ 119 % → Steuerkorr.: 19 % $\widehat{=}$ 18,62 €

BUCHUNGSSATZ 2

2800 BK	11.545,38 €			
5001 EBFE	98,00 €			
4800 UST	18,62 €	an	2400 FO	11.662,00 €

Der Wert des Überweisungsbetrags entspricht dem Barverkaufspreis.

Rechnerischer Nachweis:

Barverkaufspreis (lt. Kalkulation) × Stückzahl = Barverkaufspreis (netto, gesamt)
69,30 € × 140 Stück = 9.702,00 € (netto, gesamt)

Barverkaufspreis (netto, gesamt) $\widehat{=}$ 100 % — 9.702,00 € $\widehat{=}$ 100 %
Barverkaufspreis (brutto, gesamt) $\widehat{=}$ 119 % — x $\widehat{=}$ 119 %

$$\text{Barverkaufspreis (brutto, gesamt)} = \frac{9.702{,}00\,€ \cdot 119\,\%}{100\,\%} = 11.545{,}38\,€$$

AUFGABEN

1. Erklären Sie den Unterschied zwischen der Kostenträgerstückrechnung und der Kostenträgerzeitrechnung.

2. In der folgenden Kalkulationsgrundstruktur (ohne €-Angaben) haben sich insgesamt fünf Fehler versteckt. Benennen und korrigieren Sie die Fehler.

Fertigungsmaterial (FM)	100 %	
+ Materialgemeinkosten (MGK)	120 %	
= Materialkosten (MK)	220	
Fertigungslöhne (FL)		100 %
+ Fertigungsgemeinkosten (FGK)		142 %
– Sondereinzelkosten der Fertigung (SEKF)		
= Fertigungskosten (FK)		242 %
= Herstellkosten des Umsatzes (HKU)	100 %	
+ Verwaltungsgemeinkosten (VwGK)	8,5 %	
+ Vertriebsgemeinkosten (VtGK)	3,5 %	
= Selbstkostenpreis (SKP)	112 %	100 %
+ Gewinn (G)		12,5 %
= Barverkaufspreis (BVP)	100 %	112,5 %
+ Kundenrabatt (KR)	5 %	
= Zielverkaufspreis (ZVP)	105 %	97 %
+ Kundenskonto (KS)		3 %
= Listenverkaufspreis (LVP)		100 %

Vorsicht Fehler!

3. Für die neue Kollektion von Herren-Chinohosen kalkuliert Maria Schwarz für eine Hose mit diesen Angaben:

	Material	Fertigung	Verwaltung	Vertrieb
Einzelkosten	8,00 €	25,00 €	–	–
Sondereinzelkosten	–	6,00 €	–	–
Gemeinkostenzuschlagssätze	25 %	140 %	16 %	6,5 %

Es wird mit einem Gewinnaufschlag von 30 % gerechnet. Den Kunden werden 6,50 € Rabatt und 2 % Skonto bei Zahlung innerhalb von 10 Tagen gewährt.

3.1 Berechnen Sie den Listenverkaufspreis für eine Chinohose.
3.2 Berechnen Sie den Rabatt in Prozent. Bestimmen Sie die möglichen Arten von Rabatt, die gewährt werden können.
3.3 Bilden Sie den Buchungssatz für den Zielverkauf von 150 Chinohosen.
3.4 Bilden Sie den Buchungssatz, wenn der Kunde die Rechnung innerhalb der Skontofrist begleicht.

AUFGABEN

4. Der Listenverkaufspreis für ein Sweatshirt aus der Luxuskollektion beträgt 138,00 €. Zudem sind folgende Informationen bekannt:

	Material	Fertigung	Verwaltung	Vertrieb
Zuschlagssätze	40 %	114 %	6 %	5 %
Sondereinzelkosten	–	2,50 €	–	–

Die Fertigungskosten betragen 54,50 €.
Den Kunden sollen 7,5 % Rabatt und kein Skonto gewährt werden. Der Gewinn wird mit 15 % kalkuliert.

4.1 Berechnen Sie die Selbstkosten sowie die Kosten für das Fertigungsmaterial und die der Fertigungslöhne.

4.2 Bilden Sie den Buchungssatz für den Zielverkauf von 50 Sweatshirts.

5. Bei der Herstellung von Damenblusen wird für eine Bluse mit folgenden Zahlen kalkuliert:

Listenverkaufspreis		70,40 €
Kosten für Stoff		18,00 €
Sondereinzelkosten		3,20 €
Fertigungslöhne		11,20 €
Zuschlagssätze:	Fertigung Vertrieb Material Verwaltung	105 % 8 % 13 % 6 %

Den Kunden werden 12,5 % Rabatt und 2,5 % Skonto gewährt.

5.1 Berechnen Sie mithilfe eines Tabellenkalkulationsprogramms den Gewinn in Euro und Prozent.

5.2 Erläutern Sie, weshalb in der Kalkulation keine Bestandsveränderungen berücksichtigt werden.

5.3 Nennen Sie zwei Beispiele für Sondereinzelkosten der Fertigung.

5.4 Bilden Sie den Buchungssatz für den Zielverkauf von 30 Blusen.

5.5 Bilden Sie den Buchungssatz für den Rechnungsausgleich durch Banküberweisung vom Kunden innerhalb der Skontofrist.

ZUSAMMENFASSUNG

Betriebliches Rechnungswesen

Kap. 3.1

Das betriebliche Rechnungswesen besteht aus dem externen Rechnungswesen (Geschäftsbuchführung) und dem internen Rechnungswesen (Betriebsbuchführung).

Rechnungskreis I, Abgrenzungsrechnung und Rechnungskreis II

Kap. 3.2

Es werden zwei Rechnungskreise unterschieden:

Rechnungskreis I ist die **Geschäftsbuchführung**, sie ermittelt das Gesamtergebnis durch das Gegenüberstellen aller Aufwendungen und Erträge. Da hier neutrale (= betriebsfremde) Aufwendungen und Erträge enthalten sind, müssen diese in der **Abgrenzungsrechnung** herausgefiltert werden. Auch die kalkulatorischen Kosten (z. B. kalkulatorische Abschreibung und kalkulatorischer Unternehmerlohn) werden hier erfasst. Das Ergebnis ist das Abgrenzungsergebnis.

Rechnungskreis II ist die **Betriebsbuchführung**. Sie ermittelt durch Gegenüberstellen von Kosten (= betriebliche Aufwendungen) und Leistungen (= betriebliche Erträge) das Betriebsergebnis.

Kalkulatorische Kosten

Kap. 3.2.4

Kalkulatorische Kosten werden in **Anderskosten** (z. B. kalkulatorische Abschreibung) und **Zusatzkosten** (z. B. kalkulatorischer Unternehmerlohn) unterschieden. Anderskosten haben in Geschäfts- und Betriebsbuchführung unterschiedliche Beträge. Zusatzkosten werden nur in der Betriebsbuchführung und nicht in der Geschäftsbuchführung berücksichtigt.

Gesamt-, Abrechnungs- und Betriebsergebnis

Kap. 3.2.5

	Erträge	
–	Aufwendungen	
	Gesamtergebnis (Gesamtgewinn/-verlust)	**(+) / (–) €**
	Neutrales Ergebnis (neutraler Gewinn/Verlust)	(+) / (–) €
+	Kostenrechnerische Korrekturen (Gewinn/Verlust)	(+) / (–) €
	Abgrenzungsergebnis (Gewinn/Verlust)	**(+) / (–) €**
	Leistungen	
–	Kosten	
	Betriebsergebnis (Betriebsgewinn/-verlust)	**(+) / (–) €**
	Betriebsergebnis	(+) / (–) €
+	Abgrenzungsergebnis	(+) / (–) €
	Gesamtergebnis	**(+) / (–) €**

ZUSAMMENFASSUNG

Kap. 3.3 ➔

Kostenrechnung in der Kosten- und Leistungsrechnung

- **Kostenartenrechnung** ➔ Welche Kosten sind angefallen?
- **Kostenstellenrechnung** ➔ Wo sind die Kosten angefallen?
- **Kostenträgerrechnung**
  - **Kostenträgerzeitrechnung** ➔ Wie hoch sind die Kosten innerhalb eines bestimmten Zeitraums?
  - **Kostenträgerstückrechnung** ➔ Wie hoch sind die Kosten pro Kostenträger?

Kap. 3.3.1 ➔

Kostenartenrechnung

In der Kostenartenrechnung wird zwischen den folgenden Kostenarten unterschieden:

- **Einzelkosten** ➔ Sie können einem Kostenträger zweifelsfrei zugeordnet werden.
- **Sondereinzelkosten der Fertigung** ➔ **(Spezialform der Einzelkosten)** Diese Kosten fallen nicht immer an, können einem einzelnen Kostenträger ebenfalls zweifelsfrei zugeordnet werden.
- **Gemeinkosten** ➔ Sie fallen bei der grundsätzlichen Produktion an und können daher einem Kostenträger nicht zweifelsfrei zugeordnet werden.

Kap. 3.3.2 ➔

Kostenstellenrechnung: Der Betriebsabrechnungsbogen

Der **Betriebsabrechnungsbogen** verteilt die Gemeinkosten über Kostenverteilungsschlüssel verursachungsgemäß auf die Kostenstellen. Die Verteilungsschlüssel können Mengenschlüssel, Wertschlüssel oder Zeitschlüssel sein. Die hier errechneten Werte gehen in die Kostenträgerzeitrechnung ein.

Beispiel für Betriebsabrechnungsbogen:

			Kostenstellen			
Gemeinkosten	Summe	Verteilungsschlüssel	I Material	II Fertigung	III Verwaltung	IV Vertrieb
Strom	… €	kWh	… €	… €	… €	… €
Gehälter	… €	€	… €	… €	… €	… €
Abschreibung	… €	%	… €	… €	… €	… €
Miete	… €	m^2	… €	… €	… €	… €
…	…		…	…	…	…

Kostenträgerzeitrechnung

Kap. 3.3.3

			€	€	%	%
	Fertigungsmaterial	FM	...		100	
+	Materialgemeinkosten	MGK	...		a	
=	Materialkosten	MK		...	100 + a	
	Fertigungslöhne	FL	...			100
+	Fertigungsgemeinkosten	FGK	...			b
(+)	(Sondereinzelkosten der Fertigung)	(SEKF)	(...)			
=	Fertigungskosten	FK		...		100 + b
=	Herstellkosten der Erzeugung	HKdE		...		
–	Bestandserhöhungen (UFE/FE)			...		
+	Bestandsminderungen (UFE/FE)			...		
=	Herstellkosten des Umsatzes	HKdU		...	100	
+	Verwaltungsgemeinkosten	VwGK		...	c	
+	Vertriebsgemeinkosten	VtGK		...	d	
(+)	(Sondereinzelkosten des Vertriebs)	(SEKVt)		(...)		
=	Selbstkosten des Umsatzes	SKdU		...	100 + c + d	

Auf Basis der Informationen aus der Kostenträgerzeitrechnung können die einzelnen Gemeinkostenzuschlagssätze ermittelt werden.

Kostenträgerstückrechnung

Kap. 3.3.3

			€	€	%	%
	Fertigungsmaterial	FM	...		100	
+	Materialgemeinkosten	MGK	...		a	
=	Materialkosten	MK		...	100 + a	
	Fertigungslöhne	FL	...		100	
+	Fertigungsgemeinkosten	FGK	...		b	
(+)	(Sondereinzelkosten der Fertigung)	(SEKF)	(...)			
=	Fertigungskosten	FK		...	100 + b	
=	Herstellkosten	HK		...	100	
+	Verwaltungsgemeinkosten	VwGK		...	c	
+	Vertriebsgemeinkosten	VtGK		...	d	
=	Selbstkosten	SKP		...	100 + c + d	100
+	Gewinn	G		...		e
=	Barverkaufspreis	BVP		...	100 – f	100 + e
+	Kundenskonto	KS		...	f	
=	Zielverkaufspreis	ZVP		...	100	100 – g
+	Kundenrabatt	KR		...		g
=	Listenverkaufspreis	LVP		...		100

KOMPETENZCHECK

Sie sind Mitarbeiter:in bei dem mittelständischen Unternehmen „Chili-King". Das Unternehmen fertigt Chilisauce. Folgende Werkstoffe werden verwendet:

Rohstoff: Chili
Hilfsstoffe: natürliche Zutaten: Knoblauch • Zwiebeln • Tomaten aus eigenem Anbau
Fremdbauteile: Essig • Muskatnuss • Limettensaft
Betriebsstoffe: Wasser • Strom • Reinigungsmittel

Bearbeiten Sie die folgenden Aufgaben unter Berücksichtigung der folgenden Hinweise:

- Alle notwendigen Lösungsschritte sind anzugeben.
- Die Umsatzsteuer beträgt 19 % statt 7 %. Chilisauce ist kein Grundnahrungsmittel.
- Achten Sie auf eine saubere äußere Form.
- Ergebnisse sind auf 2 Dezimalstellen zu runden.
- kalkulatorischer Unternehmerlohn: 55.000,00 €; kalkulatorische Abschreibung: 13.000,00 €

1. Folgende Daten liegen vor:

S	8020 GUV		H
6000 AWR	90.000,00 €	5000 UEFE	236.000,00 €
6010 AWF	26.000,00 €	5400 EMP	1.720,00 €
6020 AWH	12.000,00 €	5430 ASBE	350,00 €
6030 AWB	10.000,00 €	5490 PFE	130,00 €
6040 AWVM	2.000,00 €	5495 EFO	520,00 €
6140 AFR	1.600,00 €	5710 ZE	120,00 €
6160 FRI	1.600,00 €		
6200 LG	36.000,00 €		
6400 AGASV	9.800,00 €		
6520 ABSA	9.000,00 €		
6540 ABGWG	2.100,00 €		
6700 AWMP	3.000,00 €		
6730 GEB	2.600,00 €		
6750 KGV	1.200,00 €		
6760 PROV	2.300,00 €		
6770 RBK	1.600,00 €		
6800 BMK	200,00 €		
6820 KOM	900,00 €		
6850 REK	1.400,00 €		
6870 WER	600,00 €		
6900 VBEI	700,00 €		
6950 ABFO	340,00 €		
6990 PFAW	850,00 €		
7000 GWST	1.750,00 €		
7020 GRST	260,00 €		
7030 KFZST	560,00 €		
7460 VAWP	190,00 €		
7510 ZAW	240,00 €		

1.1 Ermitteln Sie das Gesamtergebnis, das Abgrenzungsergebnis sowie das Betriebsergebnis.

1.2 Weisen Sie rechnerisch die Korrektheit Ihrer Ergebnisse aus 1.1 nach.

1.3 Bilden Sie den Buchungssatz für den Abschluss des Kontos 8020 GUV.

1.4 Entscheiden Sie, ob folgende Aussagen richtig oder falsch sind. Stellen Sie falsche Aussagen richtig.

1.4.1 Das Betriebsergebnis wird im Rechnungskreis I durch das Gegenüberstellen von Aufwand und Ertrag ermittelt.

1.4.2 Die Beschaffung von Werkstoffen und die Abschreibungen von Forderungen sind ein betrieblicher Ertrag, denn beides steht in direktem Zusammenhang mit dem Betriebszweck.

1.4.3 Bargeld und Bankguthaben sind liquide Mittel.

1.4.4 Jede Leistung ist auch ein Ertrag.

1.4.5 Ausgaben vermindern das Geldvermögen.

1.4.6 Kalkulatorische Kosten beeinflussen nur das Gesamtergebnis.

Vorsicht Fehler!

2. Bearbeiten Sie die folgenden Aufgaben.

2.1 Unterscheiden Sie zwischen Zusatz- und Anderskosten. Geben Sie dazu jeweils passende Beispiele an.

2.2 Erläutern Sie den Unterschied zwischen Gesamtergebnis und Betriebsergebnis.

2.3 Beschreiben Sie die Aufgaben der Kostenarten-, Kostenstellen- und Kostenträgerrechnung.

2.4 Nennen Sie ein Beispiel für Sondereinzelkosten der Fertigung.

2.5 Unterscheiden Sie zwischen unfertigen Erzeugnissen und fertigen Erzeugnissen und erklären Sie deren Bedeutung in der Kostenträgerzeitrechnung.

2.6 Sie möchten die Kosten für einen Kostenträger ermitteln. Nennen Sie den Fachbegriff für die in diesem Fall passende Rechnung und begründen Sie Ihre Entscheidung.

3. Für die neue Sauce „Drachendip" wird mit folgenden Zahlen kalkuliert:

Fertigungsmaterial		2,00 €
Fertigungslöhne		2,50 €
Zuschlagssätze	Fertigung	70 %
	Material	10 %
	Vertrieb	12 %
	Verwaltung	7,5 %
Sondereinzelkosten des Vertriebs		0,30 €
Kundenrabatt		13 %
Kundenskonto		0,5 %

3.1 Berechnen Sie den Gewinn in Euro und Prozent.

3.2 Unterscheiden Sie zwischen Einzel- und Gemeinkosten. Markieren Sie in Ihrer Kalkulation aus 3.1 die Einzelkosten in Grün und Gemeinkosten in Blau.

3.3 Bilden Sie die Buchungssätze:

3.3.1 Zielverkauf von 70 Flaschen.

3.3.2 Rechnungsausgleich per Banküberweisung durch den Kunden innerhalb der Skontofrist.

Was wissen und was können Sie schon?

Bilden Sie Gruppen von maximal fünf Schülerinnen und Schüler. Grenzen Sie anschließend gemeinsam die im Zweigwerk von InntalTex e. K. anfallenden Kosten voneinander ab.

4

Teilkostenrechnung

Um Verkaufspreise am Markt durchzusetzen, muss ein Unternehmen stets die Preise der Konkurrenz, die Nachfrage der Kunden, die Kundenforderungen und eigene Kosten im Blick behalten. Die mit der Zuschlagskalkulation ermittelten Verkaufspreise lassen sich deshalb oftmals nicht durchsetzen und erfordern eine andere Denkweise. In Zeiten von beispielsweise wirtschaftlichen Krisen, die einen Absatzrückgang mit sich bringen, ist es nicht Ziel einen möglichst hohen Gewinn zu erzielen, sondern vielmehr das Betriebsergebnis durch Kostenminimierung zu verbessern. Die Deckungsbeitragsrechnung berücksichtigt solche Absatzschwankungen und ermöglicht es, kurzfristige als auch langfristige Preisuntergrenzen zu ermitteln. Interessant dabei ist es auch, welche Menge mindestens produziert und abgesetzt werden muss, um alle Kosten abzudecken. Auch stellt sich zur Kostenminimierung stets die Frage, ob es sinnvoll ist, Teile der Produktion an fremde Firmen auszulagern. Schließlich muss bei der Auftragsannahme auch die Kapazität berücksichtigt werden. Ziel ist es, diese optimal auszulasten. So kann es beispielsweise auch wirtschaftlich lohnend sein, einen Auftrag anzunehmen, der unter dem üblichen Verkaufspreis liegt.

In diesem Kapitel …

… erläutern Sie unter bestimmten Marktsituationen die Probleme der Vollkostenrechnung bei der Verkaufspreisermittlung mittels der Zuschlagskalkulation.
… unterscheiden Sie zwischen fixen und variablen Kosten und erklären deren Kostenverläufe in Abhängigkeit vom Beschäftigungsgrad.
… treffen Sie marktorientierte Entscheidungen mit Hilfe der Deckungsbeitragsrechnung.
… ermitteln Sie rechnerisch und grafisch die Gewinnschwellenmenge, die notwendig ist, um keinen Verlust zu erwirtschaften.
… bestimmen Sie die langfristigen und kurzfristigen Preisuntergrenzen.
… überprüfen Sie rechnerisch, ob es sich unter Berücksichtigung der Kapazität lohnt, Zusatzaufträge fernab des üblichen Verkaufspreises anzunehmen.
… wägen Sie Vor- und Nachteile bei Eigenfertigung oder Fremdbezug ab.
… leiten Sie konkrete verkaufsfördernde Maßnahmen des Marketing-Mix zur Absatzsteigerung ab.

LERNGERÜST

Vergleich zwischen Vollkostenrechnung und Teilkostenrechnung

Vollkostenrechnung	Teilkostenrechnung
Alle Kosten werden dem Kostenträger zugeordnet.	Nur ein Teil der Kosten wird dem Kostenträger zugeordnet.
Ermittlung der Verkaufspreise mittels der Zuschlagskalkulation	Ermittlung der Verkaufspreise mittels der Deckungsbeitragsrechnung
Aufteilung in Einzelkosten und Gemeinkosten	Aufteilung in variable und fixe Kosten
Die Vollkostenrechnung geht davon aus, dass Verkaufspreise vom Kunden uneingeschränkt akzeptiert werden. Sie ist somit für marktorientierte Entscheidungen nicht geeignet.	Die Teilkostenrechnung geht davon aus, dass der Markt die Preise bestimmt und kann besser auf Absatzschwankungen reagieren.

Unterscheidung fixe, variable und Gesamtkosten

variable Kosten	Kosten, die abhängig von der hergestellten Menge anfallen (z. B. Fertigungsmaterial, Fertigungslöhne, Sondereinzelkosten)
+ fixe Kosten bzw. Fixkosten	Kosten, die unabhängig von der hergestellten Menge anfallen (z. B. Miete, Abschreibungen, Versicherungsbeiträge, Gehälter von Mitarbeitern, Steuern etc.)
= Selbstkosten	Gesamtkosten

Auftragsannahme mithilfe der Deckungsbeitragsrechnung im Einproduktunternehmen

Nettoverkaufspreis je Stück (nvp)
– variable Kosten je Stück (k_v)

= Deckungsbeitrag je Stück (db)
× produzierte Menge
= Deckungsbeitrag gesamt (DB)
– fixe Kosten gesamt (K_f)

= Betriebsergebnis (BE) (Gewinn/Verlust)

Der **Deckungsbeitrag** zeigt, welchen Betrag ein Produkt zur Deckung der fixen Kosten beiträgt.

Abkürzungen: Bedeutung von Groß- und Kleinschreibung

Wird eine Abkürzung in **Großbuchstaben** geschrieben, so sind die jeweiligen **Gesamtkosten** gemeint. Wird hingegen eine **Kleinschreibung** verwendet, so steht dies für die **Stückkosten**. Beispiele:

K_v = variable Kosten (gesamt)
K_f = fixe Kosten/Fixkosten (gesamt)

k_v = variable Kosten (je Stück)
k_f = fixe Kosten/Fixkosten (je Stück)

DB = Deckungsbeitrag (gesamt)
BE = Betriebsergebnis (gesamt)

db = Deckungsbeitrag (je Stück)
be = Betriebsergebnis (je Stück)

Die Gewinnschwelle (Break-even-Point)

Die **Gewinnschwelle** gibt die Stückzahl an, bei der der Deckungsbeitrag je Stück gerade ausreicht, um die fixen Kosten (gesamt) zu decken.

$$\textbf{Gewinnschwelle in Stück} = \frac{\text{Fixkosten gesamt } (K_f)}{\text{Deckungsbeitrag je Stück (db)}}$$

Die Deckungsbeitragsrechnung im Zweiproduktunternehmen

Schema zur Berechnung des Betriebsergebnisses bei Fertigung zweier Produkte:

	Produkt I	Produkt II	gesamt
Nettoverkaufspreis je Stück (nvp)	203,50 €	129,50 €	
– variable Kosten je Stück (k_v)	104,00 €	64,00 €	
= **Deckungsbeitrag je Stück (db)**	99,50 €	65,50 €	
× Menge	250 Stück	1.100 Stück	
Deckungsbeitrag gesamt (DB)	24.875,00 €	→ 72.050,00 €	→ 96.925,00 €
– fixe Kosten gesamt (K_f)			30.327,20 €
= **Betriebsergebnis (BE)** (Gewinn)			**66.597,80 €**

Annahme von Zusatzaufträgen bei freier Kapazität

Eine Annahme von Zusatzaufträgen setzt voraus, dass freie Kapazitäten vorhanden sind, die laufende Produktion die Fixkosten deckt und der Nettoverkaufspreis größer ist als die variablen Kosten.

	Laufende Produktion		Zusatzauftrag	
	Zelt	Stuhl	Stuhl	gesamt
nvp*	203,50 €	129,50 €	79,00 €	
– **k_v**	104,00 €	64,00 €	64,00 €	
= **db**	99,50 €	65,50 €	15,00 €	
× Menge	250 Stück	1.100 Stück	150 Stück	
DB	24.875,00 €	→ 72.050,00 €	→ 2.250,00 €	→ 99.175,00 €
– **K_f**				30.387,20 €
= **BE (Gewinn)**				**68.787,80 €**

LERNGERÜST

Kurzfristige und langfristige Preisuntergrenze

Bei der langfristigen Preisuntergrenze wird das **Betriebsergebnis gleich Null** gesetzt.

Bei der kurzfristigen Preisuntergrenze wird der **Deckungsbeitrag je Stück gleich Null** gesetzt.

Langfristig

	nvp	**356,72 €**
−	k_v	104,00 €
=	**db**	252,72 €
×	Menge	120 Stück
	DB	30.327,20 €
−	K_f	30.327,20 €
=	**BE**	0,00 €

Kurzfristig

	nvp	**104,00 €**
−	k_v	104,00 €
=	**db**	0,00 €

Make or Buy

Kosten
Eigenfertigung
Variable Kosten je Stück (k_v) × Stückzahl + Fixkosten
vs.
Fremdbezug
Gesamtkosten je Stück (k) × Stückzahl

→ **Make-or-Buy-Analyse** ←

- Liquidität
- Ressourcen
- Image
- Qualität
- Lieferbereitschaft

Verkaufsförderung

Bei kurzfristigen, zeitlich begrenzten Maßnahmen, die den Absatz unmittelbar erhöhen, spricht man von Verkaufsförderungsmaßnahmen. Ihnen kommt ergänzend zu den Instrumenten des Marketing-Mixes eine große Bedeutung zu.

Verkaufsförderungsmaßnahmen

- personenbezogen
- sachbezogen

weitere Promotions-Maßnahmen

außendienstorientiert	händlerorientiert	konsumentenorientiert
Eigene Mitarbeiter werden geschult und motiviert.	Erreicht die Groß- und Einzelhändler	Zielt auf die Endverbraucher ab

4.1 Vergleich zwischen Vollkostenrechnung und Teilkostenrechnung

Max Inntaler hat vor einigen Jahren die guten Umsatzzahlen genutzt und ein Zweigewerk im oberbayerischen Eching errichtet. Es hat sich auf die Fertigung des 5-Personen-Zeltes „Sioux" spezialisiert.

Ab dem dritten Quartal möchte InntalTex e. K. in diesem Zweigwerk die Produktion auf Designer-Campingstühle ausweiten. Das Zweigwerk ist mit insgesamt 14 Beschäftigten in allen Bereichen selbstständig organisiert und verfügt damit über eine eigenständige Kostenrechnung.
Hauptabnehmer der Produkte sind verschiedene Camping-, Sport- und Möbelfachgeschäfte.

In den vergangenen Jahren stellte die Campingbranche Rekordzahlen auf. Das erklärt auch die große Nachfrage nach Zelten bei InntalTex e. K. Max Inntaler befürchtet, nicht nur wegen der anstehenden Wintersaison, dass der Markt weitgehend gesättigt ist. Für den Monat November liegen noch keine Aufträge vor, bis sich eine Discounterkette telefonisch meldet:

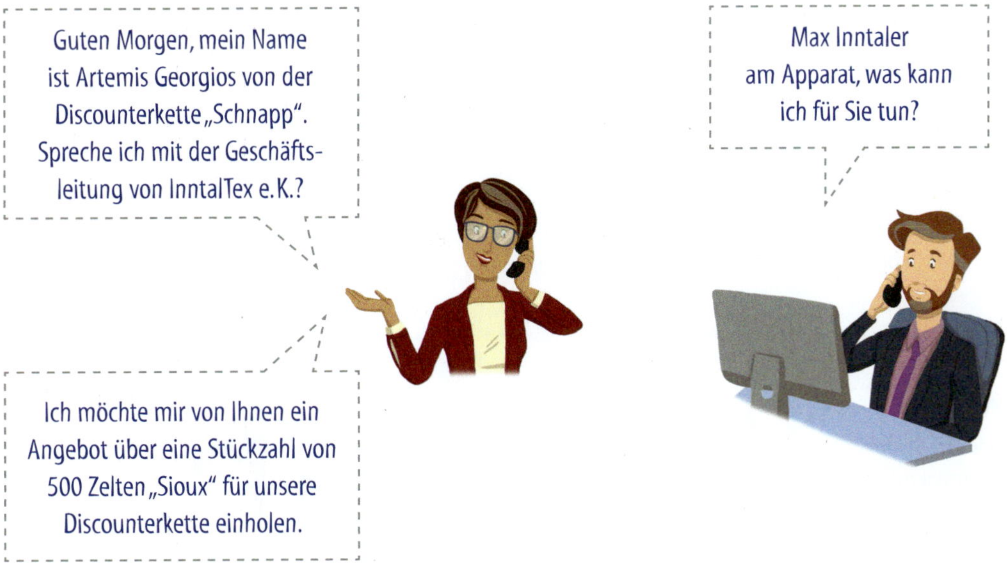

Max Inntaler ist auf solche Gespräche gut vorbereitet. Aus der Vollkostenrechnung weiß er, wie sich der Listenverkaufspreis für 500 Zelte berechnen lässt. Er hat in einem Tabellenkalkulationsprogramm bereits die Erfahrungswerte (Prozentangaben) eingegeben.

	A	B	C	D	E	F	G
1	Angebot 5-Personen-Zelt „Sioux“						
2							
3	Stückzahl	500					
4							
5	**Einzelkosten pro Zelt**		**Gemeinkostenzuschlagssätze**		**Weitere Zuschläge**		
6	**Fertigungsmaterial**	72,00 €	**MGK**	11 %	**Gewinn**	15 %	
7	**Fertigungslöhne**	32,00 €	**FGK**	110 %	**Rabatt**	5 %	
8			**VwGK, VtGK (jeweils)**	6 %	**Skonto**	2 %	
9							
10	**Fertigungsmaterial (FM)**	36.000,00 €		100 %			
11	**+ Materialgemeinkosten (MGK)**	3.960,00 €		11 %			
12	**= Materialkosten (MK)**		39.960,00 €	111 %			
13	**Fertigungslöhne (FL)**	16.000,00 €		100 %			
14	**+ Fertigungsgemeinkosten (FGK)**	17.600,00 €		110 %			
15	**= Fertigungskosten (FK)**		33.600,00 €	210 %			
16	**= Herstellkosten (HK)**		73.560,00 €		100 %		
17	**+ Verwaltungsgemeinkosten (VwGK)**		4.413,60 €		6 %		
18	**+ Vertriebsgemeinkosten (VtGK)**		4.413,60 €		6 %		
19	**= Selbstkosten**		82.387,20 €	100 %			
20	**+ Gewinn**		12.358,08 €	15 %			
21	**= Barverkaufspreis**		94.745,28 €	115 %	98 %		
22	**+ Kundenskonto**		1.933,58 €		2 %		
23	**= Zielverkaufspreis**		96.678,86 €	95 %	100 %		
24	**+ Kundenrabatt**		5.088,36 €	5 %			
25	**= Listenverkaufspreis**		101.767,22 €	100 %			

Max Inntaler schwirrt im Hinterkopf, dass zumindest die Selbstkosten gedeckt sein sollten.

	Nettoverkaufspreis	**70.000,00 €**
–	**Selbstkosten**	**82.387,20 €**
=	**Betriebsergebnis (Verlust)**	**– 12.387,20 €**

Bei einer Annahme des Auftrages würde er aufgrund des niedrigen Verkaufspreises einen Verlust erwirtschaften. Es liegt also nahe, den Auftrag abzulehnen, dass würde gleichzeitig aber auch bedeuten, dass …

- … im Monat November gar keine Verkaufserlöse erzielt werden, da keine Aufträge vorliegen.
- … die Arbeiter am Fertigungsband für den Zeitraum nicht beschäftigt werden könnten.
- … die Gemeinkosten wie Miete, Abschreibungen, Gehälter der Angestellten, etc. trotzdem anfallen.

Wie kommen wir kurzfristig gesehen besser weg? Annahme oder Ablehnung?

Nach der **Vollkostenrechnung** ist der Auftrag abzulehnen. Das Problem bei der Vollkostenrechnung ist, dass sie für kurzfristige Entscheidungen nicht geeignet ist, da sie alle Kosten dem Kostenträger (= hergestelltes Produkt) zuordnet. Das würde voraussetzen, dass die Verkaufspreise unabhängig von der Markt- und Konkurrenzsituation akzeptiert werden.

In Zeiten von schlechter Auftragslage ist es allerdings nicht das Ziel, alle Kosten zu decken, sondern lediglich zu minimieren. Hier kommt die **Teilkostenrechnung** ins Spiel. Man spricht von Teilkostenrechnung, da dem Kostenträger nicht alle Kosten, sondern nur ein Teil der Kosten zugeordnet werden und somit besser auf den Beschäftigungsgrad sowie Konkurrenzsituationen reagiert werden kann. Sie überprüft, ob die Annahme eines Auftrages das Betriebsergebnis verbessert, wenn die Gemeinkosten nicht beachtet werden, und dient damit als Instrument für kurzfristige Entscheidungen. Verkaufspreise werden vorübergehend neu ermittelt, nicht zuletzt, um Arbeitsplätze auch bei schlechter Auftragslage zu erhalten.

Beschäftigungsgrad
Unter Beschäftigungsgrad versteht man das Verhältnis von der tatsächlich hergestellten Menge zur Kapazität in Prozent.

MERKE

Vollkostenrechnung und Teilkostenrechnung im Vergleich
Die **Vollkostenrechnung** rechnet mittels der Zuschlagskalkulation dem Kostenträger alle Kosten zu. Die **Teilkostenrechnung** rechnet dem Kostenträger nur einen Teil der Kosten zu und kann damit kurzfristig gesehen besser auf verschiedene Marktsituationen, wie etwa einem Absatzrückgang, reagieren.

AUFGABEN

1. **Der Standort des Zweigwerks InntalTex e. K. ist Eching.**
   1.1 Erklären Sie den Begriff Standortfaktor.
   1.2 Recherchieren Sie im Internet den Ort Eching und begründen Sie, warum Max Inntaler diese Stadt gewählt haben könnte.

2. **Erklären Sie das Problem der Vollkostenrechnung bei der Preisermittlung im Vergleich zur Teilkostenrechnung.**

3. **Erläutern Sie, warum die Preisermittlung über die Zuschlagskalkulation der Vollkostenrechnung zwar wichtig, aber am Markt nicht immer durchsetzbar ist.**

4. **Die Teilkostenrechnung berücksichtigt den Beschäftigungsgrad. Erklären Sie, was darunter zu verstehen ist.**

4.2 Unterscheidung variable, fixe Kosten und Gesamtkosten

Während die Vollkostenrechnung eine Aufteilung der Einzel- und Gemeinkosten vornimmt und diese vollständig dem Kostenträger zuordnet, unterscheidet die Teilkostenrechnung in variable und fixe Kosten. Sie rechnet dabei nur die variablen Kosten und damit nur einen Teil dem jeweiligen Kostenträger zu.

Die **variablen Kosten** fallen nur dann an, wenn tatsächlich produziert wird (in der Vollkostenrechnung entspricht das den Einzelkosten). Sie sind direkt abhängig vom Beschäftigungsgrad (= hergestellte Menge). In anderen Worten: Je mehr man produziert, umso größer sind die gesamten variablen Kosten. Produziert man hingegen nichts, fallen auch keine variablen Kosten an.

Die **fixen Kosten** bzw. **Fixkosten** entstehen hingegen auch dann, wenn nicht produziert wird (in der Vollkostenrechnung entspricht das den Gemeinkosten). Sie sind unabhängig vom Beschäftigungsgrad. In anderen Worten: Unabhängig davon, wie viel produziert wird, fallen stets Fixkosten in gleichbleibender Höhe an.

Max Inntaler betrachtet unter diesem Aspekt die Kosten nochmals genauer:

Variable Kosten = Kosten, die **abhängig** von der hergestellten Menge anfallen		**Fixe Kosten** = Kosten, die **unabhängig** von der hergestellten Menge anfallen	
Fertigungsmaterial	36.000,00 €	Materialgemeinkosten (z. B. Kosten für Materiallagerung)	3.960,00 €
Fertigungslöhne	16.000,00 €	Fertigungsgemeinkosten (z. B. Produktionshallenmiete)	17.600,00 €
		Verwaltungsgemeinkosten (z. B. Kosten für Büromaterial)	4.413,60 €
		Vertriebsgemeinkosten (z. B. Kosten für Werbung)	4.413,60 €
Summe variable Kosten	**52.000,00 €**	**Summe fixe Kosten**	**30.387,20 €**

Variable und fixe Kosten addiert ergeben schließlich die Gesamtkosten (= Selbstkosten) des Unternehmens.

Max Inntaler stellt sich nun die Frage, welche Auswirkungen dies wohl auf den Auftrag der Discounterkette „Schnapp" hat. Soll er den Auftrag annehmen oder doch besser ablehnen? Um darauf eine betriebswirtschaftlich sinnvolle Antwort geben zu können, stellt er daher zunächst die Kosten einer Ablehnung denen einer Annahme des Auftrags gegenüber:

Bei Ablehnung des Auftrages der Discounterkette „Schnapp“: Produktionsmenge ≙ 0 Stück		Bei Annahme des Auftrages der Discounterkette „Schnapp“: Produktionsmenge ≙ 500 Stück	
variable Kosten	0,00 €	variable Kosten	52.000,00 €
+ fixe Kosten	30.387,20 €	+ fixe Kosten	30.387,20 €
= **Selbstkosten (Gesamtkosten)**	**30.387,20 €**	= **Selbstkosten (Gesamtkosten)**	**82.387,20 €**

Auch wenn kein Zelt produziert wird, fallen Kosten in Höhe von 30.327,20 € an. Werden die 500 Zelte produziert, kommen Kosten in Höhe von 52.000,00 € hinzu. Allerdings ist bei Annahme des Auftrags mit einem Verkaufserlös in Höhe von 70.000,00 € zu rechnen. Das ergibt im Vergleich folgende Rechnung:

Nettoverkaufspreis	0,00 €	Nettoverkaufspreis	70.000,00 €
– Selbstkosten	30.387,20 €	– Selbstkosten	82.387,20 €
= **Betriebsergebnis (Verlust)**	**– 30.387,20 €**	= **Betriebsergebnis (Verlust)**	**– 12.387,20 €**

Bei einer vorrübergehend schlechten Auftragslage gilt es die Kosten zumindest teilweise zu decken bzw. zu minimieren. Max Inntaler entscheidet sich deshalb dazu den Auftrag anzunehmen. Zwar erwirtschaftet er dabei einen Verlust, jedoch ist dieser deutlich geringer, als wenn er den Auftrag ablehnen würde. Deshalb ruft Max Inntaler bei der Diskounterkette „Schnapp“ an:

Wir nehmen den Auftrag von 500 Zelten zu einem Verkaufspreis von 70.000,00 € an. Ich werde Ihnen das Angebot umgehend per E-Mail zukommen lassen.

MERKE

Variable Kosten, fixe Kosten und Selbstkosten (= Gesamtkosten)

Variable Kosten sind Kosten, die **abhängig** von der hergestellten Menge anfallen (Fertigungsmaterial, Fertigungslöhne etc.).

Fixe Kosten sind Kosten, die **unabhängig** von der Produktion anfallen (Miete, Abschreibungen etc.).

Die **Selbstkosten (= Gesamtkosten)** setzen sich zusammen aus den variablen und fixen Kosten.

Bei schlechter Auftragslage ist es Ziel, die Kosten zu minimieren. Produktionsstillstand bedeutet einen Verlust in der Höhe der ohnehin anfallenden Fixkosten, sodass eine Annahme von Aufträgen bei Verkaufspreisen auch unter den Selbstkosten sinnvoller als Produktionsstillstand sein kann.

4.2.1 Variable Kosten

Variable Kosten je Stück (k_v)

Für 500 produzierte Zelte fallen insgesamt variable Kosten (K_v) in Höhe von 52.000,00 € an. Das entspricht variablen Kosten je Stück (k_v) von 104,00 € (52.000,00 € : 500 Stück). Egal, wie viele Stück produziert werden, bleiben die variablen Kosten je Stück (k_v) stets gleich hoch:

	A	B	C	D	E	F	G	H	I	J	K	L
1	Stückzahl (x)	0	50	100	150	200	250	300	350	400	450	500
2	k_v je Stück	0, 00 €	104,00 €	104,00 €	104,00 €	104,00 €	104,00 €	104,00 €	104,00 €	104,00 €	104,00 €	104,00 €

Dieser Kostenverlauf lässt sich in einer Grafik anschaulich darstellen:

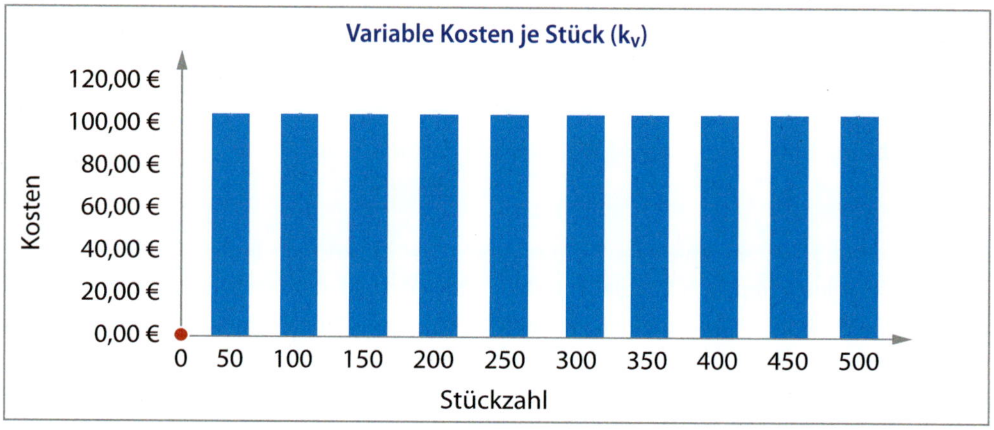

Variable Kosten gesamt (K_v)

Die gesamten variablen Kosten (K_v) steigen hingegen proportional (d. h. im gleichen Verhältnis) zur Produktionsmenge:

	A	B	C	D	E	F	G	H	I	J	K	L
1	Stückzahl (x)	0	50	100	150	200	250	300	350	400	450	500
2	K_v gesamt	0, 00 €	5.200,00 €	10.400,00 €	15.600,00 €	20.800,00 €	26.000,00 €	31.200,00 €	36.400,00 €	41.600,00 €	46.800,00 €	52.000,00 €

Der Kostenverlauf lässt sich grafisch wie folgt abbilden:

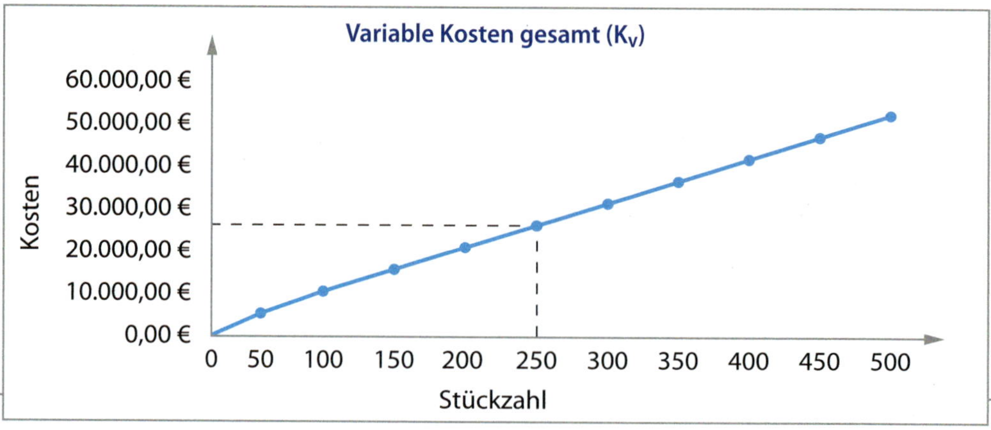

4.2.2 Fixe Kosten

Fixe Kosten je Stück (k_f)

Laut Kalkulation fallen insgesamt fixe Kosten (K_f) in Höhe von 30.387,20 € an. Je größer die produzierte Stückzahl, umso mehr verteilen sich diese Kosten auf ein einzelnes produziertes Stück. Aus dieser Kostenstruktur resultiert ein degressiver (d. h. stufenweise abnehmender) Kostenverlauf der fixen Kosten je Stück:

	A	B	C	D	E	F	G	H	I	J	K	L
1	Stückzahl (x)	0	50	100	150	200	250	300	350	400	450	500
2	k_f je Stück	30.387,20 €	607,74 €	303,87 €	202,58 €	151,94 €	121,55 €	101,29 €	86,82 €	75,97 €	67,53 €	60,77 €

Der degressive Kostenverlauf lässt sich in einer Grafik anschaulich darstellen:

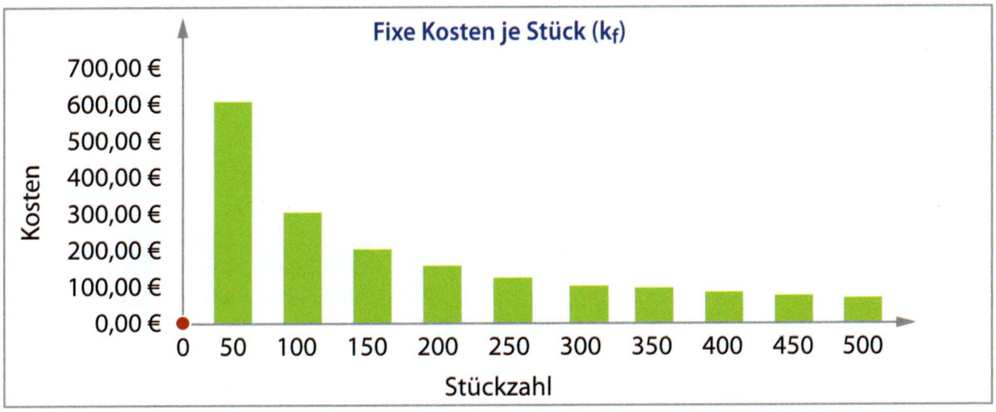

Fixe Kosten gesamt (K_f)

Die fixen Kosten gesamt (K_f) sind unabhängig von der Produktionsmenge und fallen stets in gleicher Höhe an. Dies gilt auch bei Produktionsstillstand.

	A	B	C	D	E	F	G	H	I	J	K	L
1	Stückzahl (x)	0	50	100	150	200	250	300	350	400	450	500
2	K_f gesamt	30.387,20 €	30.387,20 €	30.387,20 €	30.387,20 €	30.387,20 €	30.387,20 €	30.387,20 €	30.387,20 €	30.387,20 €	30.387,20 €	30.387,20 €

Der grafische Kostenverlauf zeigt dies nochmals deutlich:

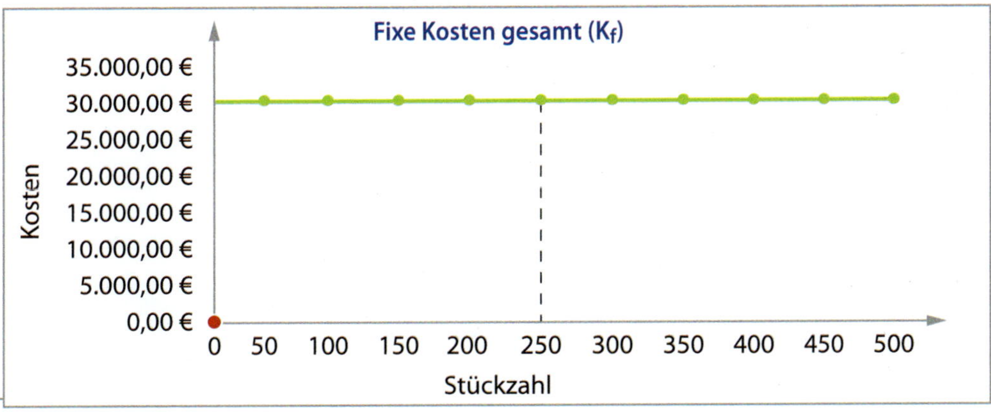

4.2.3 Gesamtkosten/Selbstkosten

Gesamtkosten/Selbstkosten je Stück (k)

Um die Gesamtkosten/Selbstkosten je Stück (k) zu ermitteln, werden die variablen Stückkosten (k_v) und die fixen Stückkosten (k_f) addiert. Daraus ergeben sich die folgenden Werte:

	A	B	C	D	E	F	G	H	I	J	K	L
1	Stückzahl (x)	0	50	100	150	200	250	300	350	400	450	500
2	k_v je Stück	0, 00 €	104,00 €	104,00 €	104,00 €	104,00 €	104,00 €	104,00 €	104,00 €	104,00 €	104,00 €	104,00 €
3	k_f je Stück	30.387,20 €	607,74 €	303,87 €	202,58 €	151,94 €	121,55 €	101,29 €	86,82 €	75,97 €	67,53 €	60,77 €
4	k je Stück	30.387,20 €	711,74 €	407,87 €	306,58 €	255,94 €	225,55 €	205,29 €	190,82 €	179,97 €	171,53 €	164,77 €

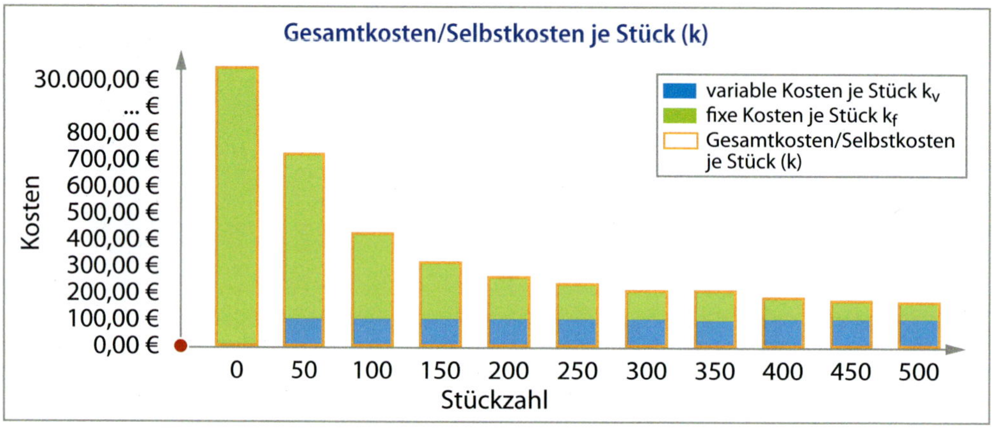

Gesamtkosten/Selbstkosten gesamt (K/SK)

Um die Gesamtkosten/Selbstkosten gesamt (K/SK) zu ermitteln, werden die variablen Kosten gesamt (K_v) und die fixen Kosten gesamt (K_f) addiert. Daraus ergeben sich die folgenden Werte:

	A	B	C	D	E	F	G	H	I	J	K	L
1	Stückzahl (x)	0	50	100	150	200	250	300	350	400	450	500
2	K_v gesamt	0, 00 €	5.200,00 €	10.400,00 €	15.600,00 €	20.800,00 €	26.000,00 €	31.200,00 €	36.400,00 €	41.600,00 €	46.800,00 €	52.000,00 €
3	K_f gesamt	30.387,20 €	30.387,20 €	30.387,20 €	30.387,20 €	30.387,20 €	30.387,20 €	30.387,20 €	30.387,20 €	30.387,20 €	30.387,20 €	30.387,20 €
4	K gesamt	30.387,20 €	35.587,20 €	40.787,20 €	45.987,20 €	51.187,20 €	56.387,20 €	61.587,20 €	66.787,20 €	71.987,20 €	77.187,20 €	82.387,20 €

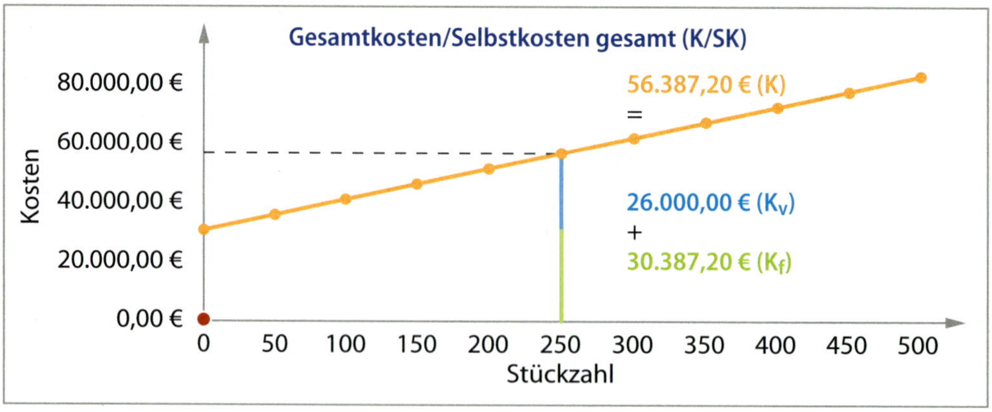

AUFGABEN

1. Erklären Sie den Unterschied zwischen variablen und fixen Kosten.

2. Übertragen Sie die Tabelle in Ihre Unterlagen.

	K_v	K_f
6000 AWR		
6700 AWMP		
6520 ABSA		
6200 LG		
7030 KFZST		

Ins Heft!

2.1 Ordnen Sie die Kosten den variablen und/oder fixen Kosten zu.

2.2 Nennen Sie jeweils ein konkretes Beispiel für variable und fixe Kosten aus Ihrem Alltag.

3. Skizzieren Sie …

3.1 … den Kostenverlauf der variablen Kosten je Stück (k_v) bei steigender Produktionsmenge.

3.2 … den Kostenverlauf der fixen Kosten gesamt (K_f) bei steigender Produktionsmenge. Halten Sie dazu alle Kostenverläufe skizzenhaft in einem einzigen Koordinatensystem ohne Skalierung fest.

4. Beurteilen Sie, ob die folgenden Aussagen richtig oder falsch sind. Berichtigen Sie falsche Aussagen.

Vorsicht Fehler!

4.1 Je mehr produziert wird, desto größer ist der Anteil der fixen Kosten am Stückpreis.

4.2 Die gesamten Selbstkosten steigen proportional zur Produktionsmenge.

4.3 Die gesamten Fixkosten sind konstant, d. h. sie sind unabhängig von der Produktionsmenge.

4.4 Die Gesamtkosten je Stück fallen mit zunehmender Produktionsmenge. Der Kostenverlauf ist somit proportional fallend.

5. In untenstehender Grafik sind die Kostenverläufe (K) für die Produktion einer Tischtennisplatte bei steigender Produktionsmenge dargestellt. Geben Sie die Fachbegriffe zu den Kostenverläufen [A] bis [C] an.

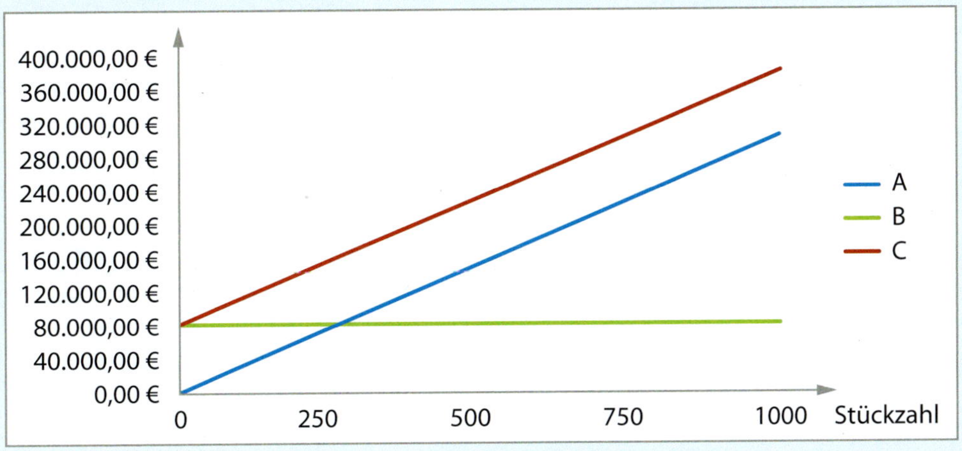

4.3 Auftragsannahme mithilfe der Deckungsbeitragsrechnung im Einproduktunternehmen

Max Inntaler hat sich dazu entschieden, den Auftrag anzunehmen, da die fixen Kosten auch ohne Produktion anfallen. Durch die Annahme des Auftrags von 500 Zelten können die Kosten zumindest teilweise gedeckt bzw. reduziert werden.

Mit Hilfe der Deckungsbeitragsrechnung rechnet Max Inntaler aus, in welcher Höhe jedes Zelt zur Deckung der Fixkosten beiträgt. Um dies in Erfahrung bringen zu können, muss Herr Inntaler vom erzielten Nettoverkaufspreis je Stück die variablen Kosten je Stück abziehen. Dem Kostenträger werden somit nicht die gesamten Kosten/Selbstkosten, sondern lediglich die variablen Kosten zugerechnet:

Nettoverkaufspreis je Stück (nvp)	140,00 €	(70.000,00 € : 500 Stück)
– variable Kosten je Stück (k_v)	104,00 €	(52.000,00 € : 500 Stück)
= **Deckungsbeitrag je Stück (db)**	36,00 €	

Daraus geht hervor, dass durch Annahme des Auftrags jedes Zelt in Höhe von 36,00 € dazu beiträgt, die fixen Kosten zu decken. Dieser Betrag wird daher auch **Deckungsbeitrag** genannt.

Vergleicht man das Betriebsergebnis bei Produktionsstillstand mit dem bei einer Produktions- und Verkaufszahl von 500 Zelten, ergibt sich folgende Rechnung – auch bekannt als **„Deckungsbeitragsrechnung"**:

	Bei Ablehnung des Auftrages	Bei Annahme des Auftrages
Nettoverkaufspreis je Stück (nvp)	0,00 €	140,00 €
– variable Kosten je Stück (k_v)	0,00 €	104,00 €
= **Deckungsbeitrag je Stück (db)**	**0,00 €**	**36,00 €**
× Menge	0 Stück	500 Stück
Deckungsbeitrag gesamt (DB)	0,00 €	18.000,00 €
– fixe Kosten gesamt (K_f)	30.387,20 €	30.387,20 €
= **Betriebsergebnis (BE) (Verlust)**	**– 30.387,20 €**	**– 12.387,20 €**

Kapazität
Unter Kapazität versteht man das maximale Produktionsvermögen eines Betriebs innerhalb eines bestimmten Zeitraums.

Bei Annahme des Auftrags fällt der Betriebsverlust wesentlich geringer aus, als wenn Max Inntaler den Auftrag nicht annehmen würde. Die fixen Kosten können so zumindest teilweise gedeckt werden.

Hat ein Unternehmen somit noch Kapazitäten frei, so ist die Auftragsannahme immer dann sinnig, wenn der Nettoverkaufspreis über den variablen Kosten liegt und somit zumindest ein Teil der fixen Kosten gedeckt wird. Rechnerisch wird dies durch die Deckungsbeitragsrechnung belegt, die somit dem Unternehmer als Grundlage für kurzfristige, marktorientierte Entscheidungen dient.

Um jedoch das wirtschaftliche Fortbestehen des Unternehmens zu sichern, ist es wichtig, dass die Verkaufspreise langfristig auch die fixen Kosten vollständig decken.

Deckungsbeitragsrechnung

MERKE

Der **Deckungsbeitrag** zeigt, welchen Betrag ein Produkt zur Deckung der fixen Kosten leistet. Die **Deckungsbeitragsrechnung** ist vor allem ein Instrument für **kurzfristige** Entscheidungen, um besser auf verschiedene Marktsituationen reagieren zu können. **Langfristig** gesehen müssen jedoch alle Kosten vollständig gedeckt sein.

AUFGABEN

1. Erklären Sie, was man unter dem Deckungsbeitrag versteht.

2. Beurteilen Sie, ob die folgenden Aussagen richtig oder falsch sind. Berichtigen Sie falsche Aussagen.

2.1 Der Deckungsbeitrag je Stück ist die Differenz zwischen dem Nettoverkaufspreis je Stück und den variablen Kosten je Stück.

2.2 Der Deckungsbeitrag je Stück wird kleiner, wenn bei gleichbleibenden variablen Kosten je Stück die Nettoverkaufspreise je Stück steigen.

2.3 Der Deckungsbeitrag je Stück steigt, wenn bei unveränderten Nettoverkaufspreisen je Stück die variablen Kosten steigen.

2.4 Wenn die variablen Kosten je Stück sinken und die Nettoverkaufspreise je Stück stabil bleiben, so steigt der Deckungsbeitrag je Stück.

2.5 Der Deckungsbeitrag gesamt muss größer sein als die fixen Kosten, um ein positives Betriebsergebnis zu erhalten.

Vorsicht Fehler!

3. Berechnen Sie aus den vorliegenden Daten jeweils das Betriebsergebnis.

	nvp	k_v	K_f	Produktion ≙ Absatz
3.1	139,90 €	122,50 €	30.000,00 €	2.400
3.2	25,99 €	19,55 €	25.900,00 €	1.900
3.3	1.490,00 €	1.323,65 €	100.650,00 €	650

Hinweis zur Bearbeitung der Aufgaben 3–6
Wenden Sie das Schema auf S. 184 an.

4. Berechnen Sie die fehlenden Größen.

	nvp	k_v	K_f	Produktion ≙ Absatz	Betriebsergebnis
4.1	?	42,78 €	25.500,00 €	750	+ 9.760,00 €
4.2	349,00 €	?	85.000,00 €	3.000	+ 10.450,00 €
4.3	75,80 €	65,15 €	?	500	– 6.550,00 €
4.4	246,45 €	214,25 €	16.980,00 €	?	– 7.320,00 €

AUFGABEN

Hinweis
In der Deckungsbeitragsrechnung werden die Stückzahlen immer auf ganze Stück aufgerundet und nie abgerundet.

5. Das Unternehmen JumpHannes e. K. stellt ausschließlich einen bestimmten Typ eines Riesentrampolins her. Für den Monat Mai liegen Ihnen folgende Daten vor:

Nettoverkaufspreis je Stück	499,00 €
variable Kosten je Stück	323,76 €
fixe Kosten	88.400,00 €
Kapazität	1.250 Stück
Produktion ≙ Absatz	500 Stück

5.1 Berechnen Sie die Kapazitätsauslastung in Prozent.

5.2 Ermitteln Sie das Betriebsergebnis für den Monat Mai.

5.3 Dauerhaft schlechtes Wetter führte zu einem starken Absatzrückgang des Riesentrampolins. JumpHannes e. K. möchte dem entgegenwirken und eine Sonderaktion für alle Kunden, einschließlich Baumarktketten, starten. Er rechnet dabei fest mit einer 100 %-igen Kapazitätsauslastung.
Weisen Sie rechnerisch nach, wie weit JumpHannes mit dem Preis nach unten gehen kann, wenn er ein Betriebsergebnis von 5.000,00 € erwirtschaften möchte und variable sowie fixe Kosten unverändert bleiben.

6. Das Unternehmen SurfWAVE GmbH stellt ausschließlich ein Surfbrett der Länge 5,11" her. Für das dritte Quartal liegen Ihnen folgende Daten vor:

Nettoverkaufspreis je Stück	339,00 €
variable Kosten je Stück	258,75 €
fixe Kosten	56.000,00 €
Kapazität	950 Stück

6.1 Ermitteln Sie die Stückzahl, die SurfWAVE GmbH produzieren und verkaufen müsste, wenn das Unternehmen einen Gewinn von 9.940,00 € erzielen möchte.

6.2 Die Fixkosten sollen zukünftig gesenkt werden.

6.2.1 Berechnen Sie, um wie viele Euro die Fixkosten gesenkt werden müssten, um den angestrebten Gewinn von 9.940,00 € bei voller Kapazitätsauslastung und sonst gleichen Kosten bzw. Erlösen zu erzielen.

6.2.2 Um die Kosten im Materialbereich zu senken, verzichtet das Unternehmen SurfWAVE GmbH weitgehend auf Lagerhaltung und lässt Werkstoffe zeitnah zur Produktion anliefern. Nennen Sie den Fachbergriff für die Bezeichnung dieses Produktionsverfahren.

6.3 Stellen Sie mithilfe eines Tabellenkalkulationsprogramms und obiger Zahlen folgende Kostenverläufe für 950 Stück (Intervall: 50 Stück) grafisch dar.

6.3.1 Kostenverläufe je Stück jeweils als Säulendiagramm:
a) variable Kosten je Stück b) fixe Kosten je Stück c) Selbstkosten je Stück

6.3.2 die Kostenverläufe gesamt jeweils als Liniendiagramm:
a) variable Kosten gesamt b) fixe Kosten gesamt c) Selbstkosten gesamt

4.4 Gewinnschwelle (Break-even-Point)

Max Inntaler hat den Auftrag der Discounterkette angenommen, da der Deckungsbeitrag positiv ist und damit die ohnehin anfallenden Fixkosten zumindest teilweise gedeckt werden. Aufgrund der schlechten Absatzzahlen zieht InntalTex e. K. in Erwägung, in Zukunft die Zelte grundsätzlich vermehrt Discounterketten anzubieten. Daraus würde sich für den Absatz zwar eine Chance ergeben, die Verkaufspreise würden aber deutlich unter der eigentlichen Wunschvorstellung liegen.

Nun überlegt Max Inntaler, welche Stückzahl er bei dem niedrigen Verkaufspreis von 140,00 € pro Stück produzieren und absetzen müsste, um zumindest einen Gewinn zu erwirtschaften. Dazu erstellt er ein Rechenblatt mit folgenden Überlegungen:

Wie viele Zelte müssen hergestellt und abgesetzt werden, damit die Fixkosten gedeckt sind und die Gewinnschwelle erreicht wird?

	A	B	C	D
1	Nettoverkaufspreis je Stück (nvp)			140,00 €
2	– variable Kosten je Stück (k_v)			104,00 €
3	= Deckungsbeitrag je Stück (db)			36,00 €
4	× Menge			?
5	Deckungsbeitrag gesamt (DB)			30.387,20 €
6	– fixe Kosten gesamt (K_f)			30.387,20 €
7	= Betriebsergebnis (BE) (Gewinn)			0,00 €

1 Der Gewinn fängt ab 0,00 € an. Bei 0,00 € „Gewinn“ deckt der Deckungsbeitrag genau die ohnehin anfallenden Fixkosten.

➲ Es wird 0,00 € gesetzt.

2 Der gesamte Deckungsbeitrag soll die Fixkosten in Höhe von 30.387,20 € decken.

➲ Der Deckungsbeitrag gesamt entspricht deshalb den Fixkosten.

3 Die variablen Kosten je Stück werden vom Nettoverkaufspreis je Stück subtrahiert, um so den Deckungsbeitrag pro Stück zu berechnen.

➲ Jedes verkaufte Zelt erbringt einen Deckungsbeitrag von 36,00 € je Stück.

Die **Gewinnschwelle (Break-even-Point)** „to break even“ (= die Kosten decken) + „point“ (= Punkt) gibt die Stückzahl und damit den Punkt an, bei der der gesamte Deckungsbeitrag gerade ausreicht, um die fixen Kosten zu decken. Das Betriebsergebnis beträgt bei dieser Absatzmenge 0,00 €.

Um herauszufinden, wie viele Zelte für die vollständige Deckung der Fixkosten (K_f) produziert werden müssen (= **Gewinnschwelle**), müssen diese durch den Deckungsbeitrag je Stück (db) geteilt werden. Dabei ist wichtig, dass die Gewinnschwellenmenge **immer auf ganze Stück aufgerundet** und nie abgerundet wird.

MERKE

Berechnung der Gewinnschwelle/Break-even-Point (BEP)

$$\text{Gewinnschwelle in Stück (Break-even-Point; kurz: BEP)} = \frac{\text{fixe Kosten } (K_f)}{\text{Deckungsbeitrag je Stück (db)}}$$

Da nur ganze Fertigerzeugnisse produziert werden und die Gewinnschwelle die Stückzahl angibt, an dem ein Gewinn erzielt wird, muss das Ergebnis immer aufgerundet werden.

Max Inntaler nutzt diese Formel, um nun auch für seine Situation die Gewinnschwelle zu berechnen und so die Frage zu beantworten, ab welcher produzierten und verkauften Stückzahl er einen Gewinn (= Betriebsgewinn) erzielt:

$$\text{Gewinnschwelle (BEP)} = \frac{30.387{,}20\ €}{36{,}00\ €} = 844{,}09\ \text{Stück}$$

Bei einem Verkaufspreis von 140,00 € müssten somit mindestens **845 Zelte** hergestellt und abgesetzt werden, um alle Kosten (K_v und K_f) zu decken und somit keinen Verlust zu erwirtschaften. Ab dieser Absatzmenge wird mit jedem weiteren hergestellten und abgesetzten Zelt ein Gewinn erwirtschaftet. Dies gelingt allerdings nur unter der Voraussetzung, dass dem Unternehmen noch ausreichend Kapazität (= maximale Herstellungsmenge) für die Produktion der erforderlichen Stückzahl zur Verfügung steht.

Für die grafische Darstellung liegen folgende Werte vor:

	A	B	C	D	E	F	G	H
1	Stückzahl (x)	0	250	500	750	1.000	1.250	1.500
2	Nettoverkaufserlös gesamt (NVE)	0, 00 €	35.000,00 €	70.000,00 €	105.000,00 €	140.000,00 €	175.000,00 €	210.000,00 €
3	variable Kosten gesamt (K_v)	0, 00 €	26.000,00 €	52.000,00 €	78.000,00 €	104.000,00 €	130.000,00 €	156.000,00 €
4	fixe Kosten gesamt (K_f)	30.387,20 €	30.387,20 €	30.387,20 €	30.387,20 €	30.387,20 €	30.387,20 €	30.387,20 €
5	Gesamtkosten/Selbstkosten gesamt (K/SK)	30.387,20 €	56.387,20 €	82.387,20 €	108.387,20 €	134.387,20 €	160.387,00 €	186.387,20 €

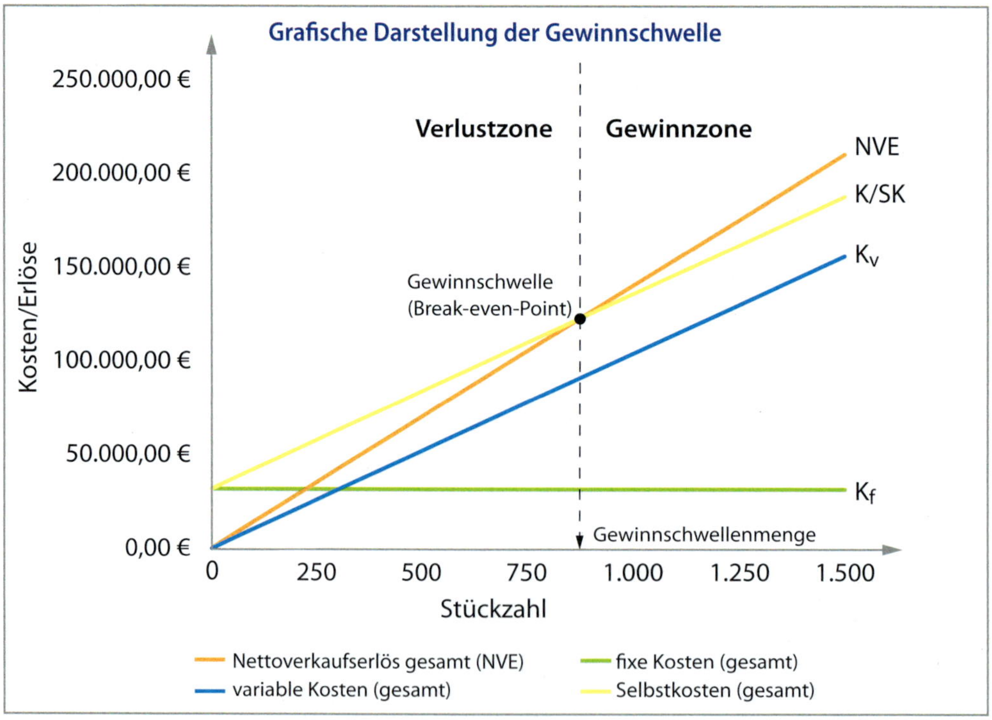

Gewinnschwelle (Break-even-Point)

MERKE

Die **Gewinnschwelle** gibt die Stückzahl an, bei der der gesamte Deckungsbeitrag gerade ausreicht, um die fixen Kosten zu decken. Das Betriebsergebnis beträgt bei dieser Absatzmenge 0,00 €.

$DB = K_f$ => Betriebsergebnis = 0,00 €
$DB > K_f$ => Gewinn
$DB < K_f$ => Verlust

AUFGABEN

1. Das Unternehmen CityRoll e. K. stellte 840 E-Scooter her. Im letzten Monat entstanden Gesamtkosten in Höhe von 307.360,00 €, darunter insgesamt 37.720,00 € fixe Kosten. Die Produktion brachte dem Unternehmen ein Betriebsgewinn in Höhe von 11.000,00 € ein.

1.1 Berechnen Sie die gesamten variablen Kosten und die variablen Kosten je Stück.
1.2 Ermitteln Sie den Nettoverkaufspreis je Stück, zu dem die E-Scooter verkauft wurden.
1.3 Erläutern Sie, was man unter dem Break-even-Point versteht.
1.4 Berechnen Sie die Gewinnschwelle (Break-even-Point).
1.5 CityRoll e. K. möchte die Verkaufspreise, unter sonst gleichen Kosten, langfristig um 12,50 € senken.
1.5.1 Ermitteln und beurteilen Sie das zu erwartende Betriebsergebnis.
1.5.2 Begründen Sie rechnerisch, wie sich eine Preissenkung auf die Gewinnschwelle auswirkt.

2. Das Unternehmen Gartenlaube GmbH hat sich auf die Herstellung von Gartentischen spezialisiert. Es weist folgende Produktionsdaten auf:

Nettoverkaufspreis je Stück	130,00 €
variable Kosten je Stück	70,00 €
fixe Kosten gesamt	62.500,00 €
Kapazität	1.500 Stück
Produktion ≙ Absatz	1.350 Stück

2.1 Berechnen Sie Kapazitätsauslastung in Prozent.
2.2 Berechnen Sie das Betriebsergebnis.
2.3 Fertigen Sie anhand obiger Werte eine Grafik an [Intervall x-Achse (15 cm): 100 Stück; Intervall y-Achse (20 cm): 1000,00 €], in der folgende Verläufe dargestellt werden:
- fixe Kosten (gesamt)
- Nettoverkaufserlös (gesamt)
- variable Kosten (gesamt)
- Selbstkosten (gesamt)

2.4 Ermitteln Sie grafisch und rechnerisch die Gewinnschwellenmenge (BEP).

2.5 Aufgrund des 10-jährigen Firmenjubiläums möchte das Unternehmen Gartenlaube GmbH im Monat Juni die Verkaufspreise um 20 % senken, aber trotzdem keinen Verlust erzielen.

2.5.1 Berechnen Sie die Höhe der Stückzahl, die produziert und abgesetzt werden muss, um in die Gewinnzone zu gelangen.

2.5.2 Beurteilen Sie die in 2.5.1. ermittelte Absatzmenge.

2.5.3 Bestimmen Sie den Nettoverkaufspreis, den Gartenlaube GmbH bei voller Kapazitätsauslastung und neutralem Betriebsergebnis erzielt.

3. Aus dem Monat Mai liegen Ihnen für die Herstellung des Bademantels „Unisex" der Firma Max InntalTex e. K. folgende Werte vor:

	A	B	C	D	E	F	G	H
1	Stückzahl (x)	**0**	**250**	**500**	**750**	**1.000**	**1.250**	**1.500**
2	Nettoverkaufserlös gesamt (NVE)	0,00 €	11.475,00 €	22.950,00 €	34.425,00 €	45.900,00 €	57.375,00 €	68.850,00 €
3	variable Kosten gesamt (K_v)	0,00 €	5.875,00 €	11.750,00 €	17.625,00 €	23.500,00 €	29.375,00 €	35.250,00 €
4	fixe Kosten gesamt (K_f)	20.000,00 €	20.000,00 €	20.000,00 €	20.000,00 €	20.000,00 €	20.000,00 €	20.000,00 €
5	Gesamtkosten/Selbstkosten gesamt (K/SK)	20.000,00 €	25.875,00 €	31.750,00 €	37.625,00 €	43.500,00 €	49.375,00 €	55.250,00 €

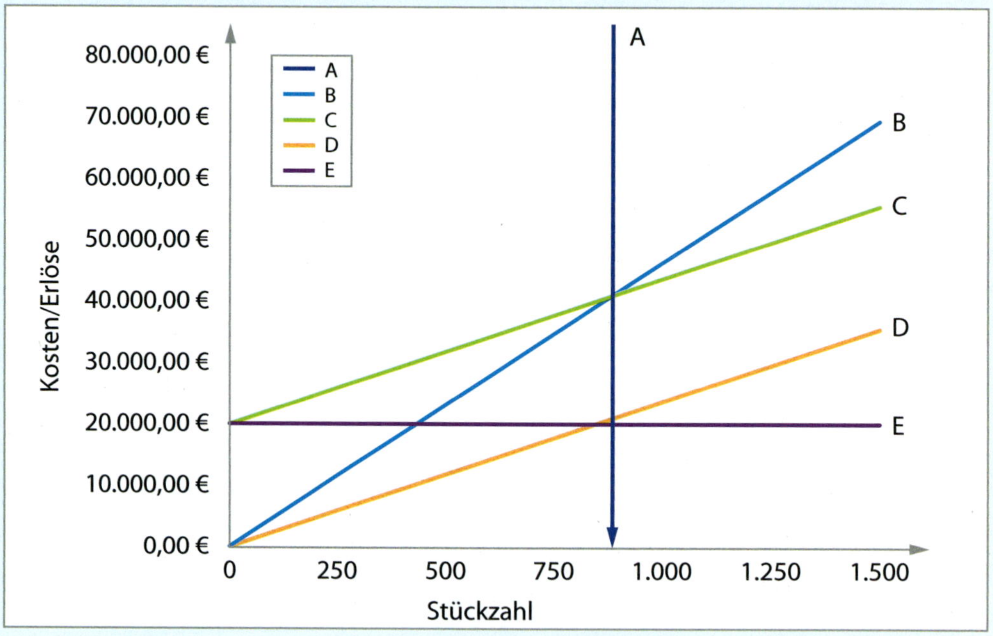

3.1 Geben Sie die Fachbegriffe der Deckungsbeitragsrechnung zu den Kennbuchstaben **A** bis **E** an.

3.2 Berechnen Sie aus den angegebenen Werten die Gewinnschwellenmenge.

3.3 Das Unternehmen InntalTex e. K. konnte im Monat Mai nur 500 Stück absetzen. Ermitteln Sie das Betriebsergebnis.

4.5 Deckungsbeitragsrechnung im Zweiproduktunternehmen

Bereits bei der Gründung des Zweigwerks hat InntalTex e. K. die Produktionsstraßen so angelegt, dass auch die Produktion von Designer-Camping-Stühlen möglich ist. Insgesamt können daher pro Monat 1.500 Zelte oder Stühle gefertigt werden. Die fixen Kosten bleiben gleich, da es keine Rolle spielt, welches der beiden Produkte produziert wird.
Im Monat Dezember soll aufgrund vorliegender Produktionsdaten und Absatzzahlen die Produktion beginnen:

	Zelt	Stuhl
Produktion (≙ Absatz)	250 Stück	1.100 Stück
Nettoverkaufspreis je Stück	203,50 €	129,50 €
variable Kosten je Stück	104,00 €	64,00 €
fixe Kosten gesamt	30.387,20 €	

Max Inntaler überlegt,
- … wie hoch bei geplanter Produktion der Deckungsbeitrag des Zeltes bzw. des Stuhles ist.
- … wie hoch das Betriebsergebnis bei der Fertigung beider Produkte ist.

Max Inntaler stellt deshalb folgendes Schema auf:

	Zelt	Stuhl	gesamt
Nettoverkaufspreis je Stück (nvp)	203,50 €	129,50 €	
– variable Kosten je Stück (k_v)	104,00 €	64,00 €	
= **Deckungsbeitrag je Stück (db)**	99,50 €	65,50 €	
× Menge	250 Stück	1.100 Stück	
Deckungsbeitrag gesamt (DB)	24.875,00 €	72.050,00 €	96.925,00 €
– **fixe Kosten gesamt (K_f)**			**30.387,20 €**
= **Betriebsergebnis (BE) (Gewinn)**			**66.537,80 €**

Das Schema zeigt:

- Die fixen Kosten gesamt (K_f), werden vom gesamten Deckungsbeitrag beider Produkte abgezogen.
- Das Zelt erbringt zwar einen wesentlich höheren Deckungsbeitrag je Stück, liegt aber aufgrund der geringen Stückzahl insgesamt nur bei einem gesamten Deckungsbeitrag von 24.875,00 €. Ohne Produktion des Stuhls, würde InntalTex e. K. einen Verlust verzeichnen, da die Fixkosten nicht gedeckt wären. Der Stuhl „trägt" in diesem Fall das Zelt mit, sodass ein Betriebsgewinn von 66.537,80 € im Monat Dezember erzielt werden kann.

MERKE

Deckungsbeitragsrechnung im Zweiproduktunternehmen
Die Deckungsbeitragsrechnung wird bei der Produktion von zwei Produkten um eine Produktspalte erweitert und die fixen Kosten gesamt (K_f) vom Deckungsbeitrag gesamt (DB) beider Produkte abgezogen.

AUFGABEN

1. Das Unternehmen Schuhwerk GmbH stellt zweierlei Radschuhe her. Die Daten aus dem letzten Monat liegen vor:

	„Rennrad-Schuhe“	„MTB-Schuhe“
Nettoverkaufspreis je Stück	157,90 €	89,99 €
variable Kosten je Stück	135,30 €	78,74 €
Produktion ≙ Absatz	200 Stück	600 Stück
fixe Kosten gesamt	15.500,00 €	

1.1 Ermitteln Sie das Betriebsergebnis.

1.2 Die „Rennrad-Schuhe“ konnten von Beginn an nicht gut verkauft werden. Es ist aber damit zu rechnen, dass die Absatzmenge konstant bleibt. Bestimmen Sie die Produktions- und Absatzmenge, die die Schuhwerk GmbH mit dem MTB-Schuhen erreichen müsste, um ein neutrales Betriebsergebnis (= Gewinn) zu erwirtschaften.

2. Die Firma Kuschelfloor OHG stellt Teppiche für den Indoor- und Outdoor-Bereich her. Es wurden aus der letzten Abrechnungsperiode folgende Daten ermittelt.

	„Indoor“	„Outdoor“
Nettoverkaufspreis je Stück	359,00 €	124,00 €
variable Kosten je Stück	295,70 €	106,91 €
Produktion ≙ Absatz	500 Stück	550 Stück
Betriebsergebnis	+ 17.797,00 €	

2.1 Ermitteln Sie die Höhe der fixen Kosten gesamt (K_f).

2.2 Die Gartensaison neigt sich dem Ende zu, die Produktion des Produkts „Outdoor“ wird eingestellt. Erläutern Sie, wie sich dies auf das Betriebsergebnis auswirkt.

3. Das Unternehmen PowerFit AG stellt zwei Sorten von Energy-Drinks her. Ihnen liegen die folgenden Daten des letzten Monats vor:

	„Limo-Fit“	„H_2O-Fit“
Nettoverkaufspreis je Stück	1,30 €	1,10 €
variable Kosten je Stück	0,75 €	0,60 €
Produktion ≙ Absatz	200.000 Stück	300.000 Stück
fixe Kosten gesamt	180.000,00 €	

3.1 Berechnen Sie das Betriebsergebnis.

3.2 Das Streben nach gesunder Ernährung in der Bevölkerung macht sich auch bei der Absatzmenge des Drinks „Limo-Fit“ bemerkbar. Die Absatzzahlen sinken auf 145.000 Stück. Ermitteln Sie den Verkaufspreis für „Limo-Fit“, der am Markt durchgesetzt werden müsste, sodass PowerFit AG noch ein Betriebsergebnis von 40.000,00 € erzielt.

4.6 Fertigungsprogrammplanung

Bei der Fertigungsprogrammplanung geht es in Verbindung mit anderen Elementen des Marketing-Mixes explizit um alle Entscheidungen, welche die optimale Ausnutzung der Fertigungslinien, die Kalkulation der langfristigen sowie kurzfristigen Preisuntergrenze und der Verkaufsförderung betreffen.

4.6.1 Annahme von Zusatzaufträgen bei freier Kapazität

Momentan ist InntalTex e. K. mit der Produktion von insgesamt 1.350 Zelten und Stühlen nicht vollständig ausgelastet:

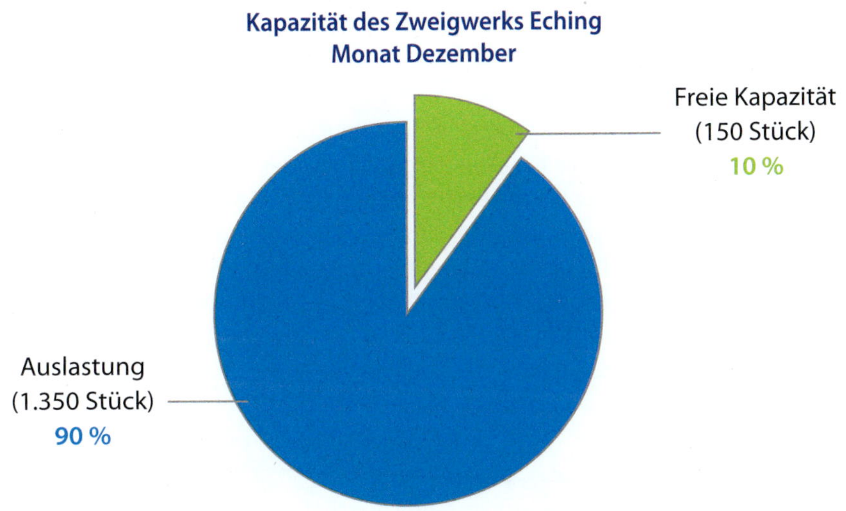

Um ein noch besseres Betriebsergebnis zu erzielen, möchte InntalTex e. K. die Kapazität optimal ausnutzen. Bislang wollte Max Inntaler die hochwertigen Zelte und Designer-Camping-Stühle weder in Discountern noch in Baumärkten anbieten. Für den kurzfristigen Auftrag der Discounterkette hatte er sich bereits entschieden, sodass er inzwischen auch offen für den generellen Verkauf an eine Baumarktkette ist. Die Baumarktkette würde 150 Camping-Stühle zu einem Preis von 79,00 € abnehmen.

Die Produktionsdaten aus der laufenden Produktion für den Monat Dezember liegen vor:

	Zelt	Stuhl
Produktion (≙ Absatz)	250 Stück	1.100 Stück
Nettoverkaufspreis je Stück	203,50 €	129,50 €
variable Kosten je Stück	104,00 €	64,00 €
fixe Kosten	30.387,20 €	

Die Kapazität würde es ermöglichen, zusätzlich die von der Baumarktkette nachgefragten 150 Stühle herzustellen. Max Inntaler zieht auch hier die Deckungsbeitragsrechnung heran, um zu entscheiden, ob der Auftrag lohnend ist:

	Laufende Produktion Zelt	Stuhl	Zusatzauftrag Stuhl	gesamt
nvp*	203,50 €	129,50 €	79,00 €	
– k_v	104,00 €	64,00 €	64,00 €	
= db	99,50 €	65,50 €	15,00 €	
× Menge	250 Stück	1.100 Stück	150 Stück	
DB	24.875,00 €	72.050,00 €	2.250,00 €	99.175,00 €
– K_f				30.387,20 €
= BE (Gewinn)				**68.787,80 €**

nvp = Nettoverkaufspreis je Stück

Max Inntaler weiß aufgrund seiner vorherigen Berechnungen bereits, dass durch die laufende Produktion der Zelte und Stühle die fixen Kosten gesamt (K_f) des Unternehmens bereits vollständig gedeckt sind. Nur so konnte er bislang ein Betriebsergebnis (Gewinn) in Höhe von 66.537,80 € erzielen. Da der Nettoverkaufspreis (nvp) des Zusatzauftrags die damit verbundenen variablen Kosten pro Stück (k_v) übersteigt, kann dessen Deckungsbeitrag gesamt (DB) vollständig in das Betriebsergebnis fließen. Das Betriebsergebnis des Zweigwerks von InntalTex e. K. erhöht sich durch den Zusatzauftrag somit um 2.250,00 € auf 68.787,80 €. Deshalb entscheidet sich Max Inntaler dafür, den Zusatzauftrag anzunehmen.

MERKE

Annahme von Zusatzaufträgen

Die Annahme von Zusatzaufträgen ist kostentechnisch dann lohnend, wenn folgende Voraussetzungen erfüllt werden:

- Die laufende Produktion trägt alle Kosten.
- Es sind freie Kapazitäten vorhanden.
- Nettoverkaufspreis > variable Kosten ➔ Deckungsbeitrag Zusatzauftrag > 0,00 €

AUFGABEN

1. Die Firma Bettenweich OHG stellt hochwertige Hüllen für Daunendecken, sogenannte Bettinletts, her. Das Unternehmen befindet sich mit der laufenden Produktion in der Gewinnzone und hat noch Kapazitäten frei. Ein Online-Versandhaus würde ihnen einen Auftrag über 120 Bettinletts erteilen, wenn eine Garnitur statt den üblichen 34,90 € nur 28,90 € kostet. Die variablen Kosten belaufen sich auf 18,40 € je Stück. Berechnen Sie die Veränderung des Betriebsergebnisses bei Annahme des Auftrags.

AUFGABEN

2. Das Unternehmen KlimaTECH stellt Klimaanlagen in zwei verschiedenen Modellen her. Für den Monat April weist es folgende Daten auf:

	Modell „Festeinbau"	Modell „Mobil"
Nettoverkaufspreis je Stück	899,00 €	259,00 €
variable Kosten je Stück	784,00 €	125,00 €
Produktion ≙ Absatz	350 Stück	450 Stück
Kapazität	900 Stück	
fixe Kosten	75.000,00 €	

2.1 Berechnen Sie das Betriebsergebnis.

2.2 Eine große Montagefirma möchte zu seinem Firmenjubiläum 20 Stück des Modells „Festeinbau" abnehmen, wenn ein Rabatt in Höhe von 15 % auf den Verkaufspreis gewährt würde. Begründen Sie rechnerisch, ob es sich für KlimaTECH lohnt, den Auftrag anzunehmen.

2.3 Das Unternehmen möchte seine Kapazität zu 100 % auslasten und schreibt deshalb gezielt Baumarktketten an, die 100 Stück des Modells „Mobil" kostengünstig erwerben könnten. Der Zusatzauftrag soll das Betriebsergebnis um 7.800,00 € verbessern. Ermitteln Sie den Nettoverkaufspreis, der dazu im Angebotsschreiben an die Baumarktketten stehen muss.

3. InntalTex e. K. stellt im Monat Mai ausschließlich Bademoden her. Aus der laufenden Produktion liegen Ihnen die folgenden Werte vor:

	„Badeshorts"	„Bikini"
Nettoverkaufspreis je Stück	28,95 €	48,90 €
variable Kosten je Stück	12,25 €	25,70 €
Produktion ≙ Absatz	480 Stück	520 Stück
Kapazität	1.050 Stück	
fixe Kosten	9.500,00 €	

3.1 Berechnen Sie die Höhe des Betriebsergebnisses aus der laufenden Produktion.

3.2 Ein Großhändler wäre bereit, vom Erzeugnis „Badeshorts" zudem 50 Stück zu einem Preis von 23,00 € abzunehmen. Eine Kaufhauskette würde zusätzlich 40 Stück vom Erzeugnis „Bikini" zu einem Preis 35,90 € bestellen. Aufgrund der beschränkten Kapazität muss sich Max Inntaler für einen Zusatzauftrag entscheiden.

3.2.1 Nennen Sie die grundsätzlichen Voraussetzungen, die bei der Annahme eines Zusatzauftrages gegeben sein müssen.

3.2.2 Begründen Sie rechnerisch, für welchen Zusatzauftrag sich Herr Inntaler entscheiden sollte.

3.3 Ermitteln Sie die Höhe des gesamten Betriebsergebnisses für den Monat Mai. Berücksichtigen Sie dabei den in 3.2.2 ausgewählten Zusatzauftrag.

4.6.2 Langfristige und kurzfristige Preisuntergrenze

In Zeiten großer Konkurrenz oder einer wirtschaftlichen Krise können Absatzrückgänge die Existenz des Unternehmens gefährden. Die Unternehmensführung ist daher möglicherweise gezwungen, die Verkaufspreise zu senken und sich so dem Markt anzupassen. Doch zu welchem Preis kann das Unternehmen die Fertigerzeugnisse anbieten, ohne sich einer zu großen Insolvenzgefahr auszusetzen?

Auch hier ist die Deckungsbeitragsrechnung ein nützliches Instrument. Mit ihr ist es dem Unternehmen möglich, auszurechnen, auf welchen Preis kurzfristig aber auch langfristig die Fertigerzeugnisse gesenkt werden können, ohne dabei das Unternehmen in zu große wirtschaftliche Gefahr zu bringen.

Langfristige Preisuntergrenze
Langfristig gesehen ist es für ein Unternehmen wichtig, dass zumindest alle Kosten (fixe und variable Kosten) gedeckt sind. Das Betriebsergebnis entspricht dabei 0,00 €. Zwar ist für jedes Unternehmen auch ein Gewinn erstrebenswert, auf diesen kann aber, um die Produktion in wirtschaftlich schlechten Zeiten möglichst lange aufrechtzuerhalten, für einen längeren Zeitraum verzichtet werden.

Die Produktionsdaten aus der laufenden Produktion für den nächsten Monat liegen vor. Es ist zu erwarten, dass sich der Verkaufspreis von 203,50 € je Zelt in den Wintermonaten nicht am Markt durchsetzen lässt. Der Designer-Stuhl wird bei entsprechendem Stoff auch in den Wintermonaten gekauft. Allerdings sinken auch hier die Absatzzahlen auf 400 Stück. Der Verkaufspreis je Stuhl bleibt konstant.

Max Inntaler möchte wissen, auf wieviel Euro der Verkaufspreis für das Zelt „Sioux" langfristig maximal gesenkt werden kann. Es liegen folgenden Daten vor:

	Zelt	Stuhl
Produktion (≙ Absatz)	120 Stück	400 Stück
Nettoverkaufspreis je Stück	?	129,50 €
variable Kosten je Stück	104,00 €	64,00 €
fixe Kosten	30.387,20 €	

	Zelt	Stuhl	gesamt
Nettoverkaufspreis je Stück (nvp)	**138,89 €** ↑	129,50 €	
– variable Kosten je Stück (k_v)	104,00 €	64,00 €	
= Deckungsbeitrag je Stück (db)	34,89 €	65,50 €	
× Menge	120 Stück	400 Stück ↓	
Deckungsbeitrag gesamt (DB)	4.187,20 €	← 26.200,00 €	← 30.387,20 € ↑
– fixe Kosten gesamt (K_f)			30.387,20 €
= Betriebsergebnis (BE) (Gewinn)			**0,00 €**

Bei einem Verkaufspreis von 138,89 € (= **langfristige Preisuntergrenze**) sind alle Kosten gedeckt, sodass für InntalTex e. K. zumindest kein Verlust entsteht.

Kurzfristige Preisuntergrenze

Um schnell auf (große) Marktveränderungen reagieren zu können, sind Unternehmen dazu bereit, ihre Fertigerzeugnisse kurzfristig zu einem sehr geringen Preis am Markt anzubieten. Dieser Preis namens „kurzfristige Preisuntergrenze" dient ausschließlich der Deckung der variablen Stückkosten, sodass der Deckungsbeitrag pro Zelt und infolgedessen auch der Deckungsbeitrag der Zelte 0,00 € entsprechen. Die Zelte tragen somit nicht zur Deckung der Fixkosten bei. Ein Verlust wird in Kauf genommen, da durch die Realisierung der kurzfristigen Preisuntergrenze zumindest keine Arbeiter entlassen und gutes Stammpersonal vorerst gehalten werden kann.

Die Anpassung des Verkaufspreises der Zelte auf 138,89 € hat leider nicht den gewünschten Effekt erzielt. Max Inntaler möchte daher die Zelte zum Preis der kurzfristigen Preisuntergrenze anbieten. Um diese sowie das daraus resultierende Betriebsergebnis zu ermitteln, stellt er die folgende Rechnung an:

	Zelt	Stuhl	gesamt
Nettoverkaufspreis je Stück (nvp)	**104,00 €**	129,50 €	
– variable Kosten je Stück (k_v)	104,00 €	64,00 €	
= **Deckungsbeitrag je Stück (db)**	0,00 €	65,50 €	
× Menge	120 Stück	400 Stück	
Deckungsbeitrag gesamt (DB)	0,00 €	26.200,00 €	26.200,00 €
– fixe Kosten gesamt (K_f)			30.387,20 €
= **Betriebsergebnis (BE) (Verlust)**			**– 4.187,20 €**

Herr Inntaler wird die Zelte somit kurzfristig zu einem Preis von 104,00 € (= **kurzfristige Preisuntergrenze**) am Markt anbieten, sodass während dieser Zeit zumindest die variablen Stückkosten der Zelte gedeckt sind.

MERKE

Langfristige Preisuntergrenze

Die variablen Kosten je Stück (k_v) **und** fixen Kosten gesamt (K_f) müssen gedeckt sein.

➔ BE = 0,00 €

Das Betriebsergebnis ist neutral.

Kurzfristige Preisuntergrenze

Die variablen Kosten je Stück (k_v) müssen gedeckt sein.

➔ db = 0,00 €

Das Betriebsergebnis sinkt.

AUFGABEN

1. Erklären Sie die Zusammensetzung der langfristigen Preisuntergrenze sowie der kurzfristigen Preisuntergrenze. Gehen Sie dabei auch auf die Bedeutung der jeweiligen Preisuntergrenze für das Unternehmen ein.

2. Das Unternehmen StuntKIDS e. K. produziert ausschließlich hochwertige Stunt-Roller. Dauerhaft schlechtes Wetter führte zu starken Absatzrückgängen. Durch die Senkung des Preises verspricht sich StundKIDS e. K. für kommenden Monat eine Absatzmenge von 635 Stück.

variable Kosten je Stück	73,99 €
fixe Kosten gesamt	13.850,00 €

2.1 Berechnen Sie die kurzfristige Preisuntergrenze.
2.2 Berechnen Sie die langfristige Preisuntergrenze.
2.3 Ermitteln Sie den Nettoverkaufspreis je Stück, wenn ein Gewinn von 4.400,00 € erzielt werden soll.

3. Das Unternehmen Berger OHG hat sich auf die Herstellung von Kletterseilen und Klettergurten spezialisiert. Die Kostenrechnung hat für den letzten Monat folgende Daten ergeben:

	„Gurt"	„Seil"
Nettoverkaufspreis je Stück	69,80 €	81,90 €
variable Kosten je Stück	42,97 €	50,06 €
Produktion ≙ Absatz	375 Stück	625 Stück
Kapazität	1.300 Stück	
fixe Kosten gesamt	18.400,00 €	

3.1 Benennen Sie, wofür die Abkürzung „OHG" im Firmennamen steht.
3.2 Berechnen Sie das Betriebsergebnis.
3.3 Aufgrund eines Produktionsfehlers musste eine Rückholaktion aller im Mai hergestellten Klettergurte erfolgen. Bis die Sicherheitsmängel behoben sind, stellt Berger OHG die Produktion der Gurte ein. Um den Imageschaden so gering wie möglich zu halten, sollen die Seile nun zur langfristigen Preisuntergrenze angeboten werden. Ermitteln Sie die langfristige Preisuntergrenze der Seile bei gleichbleibenden Absatzzahlen.

4. Füllen Sie die Lücken mit den jeweiligen Fachbegriffen.

In wirtschaftlichen (A) sehen sich Unternehmen manchmal dazu gezwungen, ihre Verkaufspreise dem (B) anzupassen. Bei der Berechnung der kurzfristigen oder langfristigen Preisuntergrenze ist die (C) das geeignete Kalkulationsinstrument. Die Zahlen für die Kalkulation stammen dabei aus der (D).

4.6.3 Verkaufsförderung

Bei vielen Marketing-Mix-Instrumenten, wie z. B. Werbung, wird die Wirkung erst mittel- oder langfristig erzielt. Die Verkaufsförderung dagegen ist auf den „schnellen Umsatz" ausgerichtet, die Aktionen sind daher stets von kurzer Dauer. Die Verkaufsförderung kann als Instrument in allen Bereichen des Marketing-Mixes als unterstützendes Werkzeug der Vermarktung angesehen werden.

Marketing
Unter Marketing versteht man die konsequente Ausrichtung an den Erfordernissen des Marktes.

Das ist bereits aus der 8. Jahrgangsstufe bekannt:

Marketing-Mix-Instrumente

Produktpolitik
Wie sollen die Produkte gestaltet und definiert werden?
- Produktinnovation
- Produktvariation
- Produktelimination

Preispolitik
Zu welchem Preis kann ich die Produkte verkaufen?
- Preisdifferenzierung
- Preisstrategien

Verkaufs-förderung
als kurzfristiges unterstützendes Instrument

Vertriebspolitik
Auf welchem Weg sollen die Produkte verkauft werden?
- Direkter Vertrieb
- Indirekter Vertrieb

Kommunikationspolitik
Wie lenke ich die Aufmerksamkeit der Kunden auf meine Produkte?
(z. B. Werbung, Public Relation, Sponsoring, Produktplatzierung)

Verkaufsfördernde Maßnahmen und Instrumente haben in den letzten Jahren an Bedeutung gewonnen. Das ist dem Wandel des Marktes geschuldet. Das Verhalten der Konsumenten, veränderte Medien, neue potenzielle Märkte und kürzere Produktlebenszyklen beeinflussen die Auswirkungen der Verkaufsförderung. Ein großer Teil der Kundschaft entscheidet sich spontan zum Kauf. Der Schwerpunkt der Verkaufsförderung liegt also darin, den Kunden direkt am Point of Sale (PoS), z. B. im Fach- oder Onlinehandel, durch eine besondere Präsentation der Ware oder zusätzliche Anreize zum sofortigen Kauf zu bringen.

Point of Sale
= dort, wo gekauft wird

Die Maßnahmen zur Verkaufsförderung lassen sich in verschiedene Bereiche zusammenfassen:

Maßnahmen zur Verkaufsförderung

allgemeine Unterscheidung

personenbezogen
Absatzsteigerung z. B. durch Außendienstmitarbeiter

sachbezogen
Absatzsteigerung z. B. durch Verkaufsstände mit Kostproben, Bildschirmpräsentationen etc.

konkrete Maßnahmen

Außendienstorientierte Promotion
Eigene Vertriebsmitarbeiter werden geschult und motiviert, um den Service zu optimieren und dadurch den Absatz zu steigern, z. B. durch Verkaufstrainings, Außendiensttage oder Prämien.

Händlerorientierte Promotion
Der Handel gewinnt an Macht und übernimmt eine tragende Rolle für die Verkaufsförderung. Durch entsprechende Maßnahmen, die den Groß- und Einzelhandel erreichen sollen, werden besondere Anreize geschaffen, sodass es für den Händler attraktiver wird, die Produkte in seinen Regalen zu platzieren bzw. mehr davon zu kaufen, z. B. Werbegeschenke, Rabattsysteme, Schaufensterdekoration.

Konsumentenorientierte Promotion
Betreffen Maßnahmen, die den Endkunden auf das Produkt aufmerksam machen und zum unmittelbaren Kauf bewegen sollen, z. B. Gewinnspiele, direkte Preisreduzierung (Sonderrabatte, Mengenrabatte) oder indirekte Preisreduzierung (Coupons, Bonusaktionen, 3 für 2).

Wirkung

Push-Effekt
Strategie, durch die das Produkt überhaupt in den Regalen des Händlers platziert wird. So wird der Händler durch besondere Anreize dazu bewegt, die Produkte anzubieten und zu verkaufen.

Pull-Effekt
Strategie, die direkt beim Endkunden ansetzt, um die Nachfrage der Produkte zu steigern und somit den Händler indirekt dazu zu zwingen, mehr davon in seinen Regalen anzubieten.

Promotion
Promotion bezeichnet alle Aktivitäten, die dazu führen, dass ein Produkt oder eine Produktserie stärker und positiver im Bewusstsein der Kunden verankert wird.

Dieser Art von Marketing stehen neben den Vorteilen auch Nachteile gegenüber:

Vorteile	Nachteile
• kurzfristige Möglichkeit zur Absatzsteigerung bei unerwarteten Absatzschwankungen • kostengünstig, da zeitlich begrenzt • dynamische, flexible und moderne Unternehmenspräsentation	• keine langfristige Wirkung am Markt • geringe Reichweite bei der Zielgruppe • schwache Wiederverkaufsabsicht

MERKE

Verkaufsförderung
Verkaufsförderungsmaßnahmen sind zeitlich begrenzte Maßnahmen mit Aktionscharakter (z. B. Gewinnspiele, Werbegeschenke, Sonderrabatte, Verkaufsständen etc.). Sie dienen als unterstützende Instrumente des Marketing-Mixes und sollen den Absatz unmittelbar steigern.

AUFGABEN

1. Ergänzen Sie die Lücken.

Die Maßnahmen zur Verkaufsförderung lassen sich in verschiedene Bereiche zusammenfassen. Ganz allgemein unterscheidet man zwischen der (A) Absatzsteigerung, z. B. durch Außendienstmitarbeiter und (B) Absatzsteigerung, z. B. durch Verkaufsstände mit Kostproben.
Werden besondere Anreize geschaffen, sodass die Nachfrage in den Verkaufsläden steigt, spricht man von der (C) Promotion. Werden dagegen die Kunden direkt im Verkaufsladen auf das Produkt aufmerksam gemacht und zum unmittelbaren Kauf animiert, spricht man von (D) Promotion, z. B. (E). Durch Verkaufstrainings werden der Service und Absatz optimiert. Man spricht hier von der (F) Promotion.

2. InntalTex e. K. sucht geeignete Verkaufsförderungsmaßnahmen für die Hipster-Jeans, die seit ca. einem Jahr auf dem Markt ist.

2.1 Erklären Sie den Unterschied zu den Instrumenten der Verkaufsförderung und dem Marketing-Mix.

2.2 Beschreiben Sie die drei Maßnahmen der Verkaufsförderung und nennen Sie jeweils zwei Bespiele für die konkrete Umsetzung bei der Hipster-Jeans.

3. Je nachdem, welche Promotion-Maßnahme gewählt wird, erreicht man einen entsprechenden Effekt. Begründen Sie, welche Promotion-Maßnahme Max Inntaler für die Hipster-Jeans Ihrer Meinung nach wählen sollte und erläutern Sie, welchen Effekt er damit erreicht.

4.6.4 Eigenfertigung oder Fremdbezug (Make or Buy)

Der Verkauf der Zelte gestaltet sich weiter schleppend, jedoch steht im Zweigwerk der Firma Inntal-Tex e.K. eine Neuinvestition an: Die Maschine, die die Zeltstangen herstellt, ist vollständig abgeschrieben. Sie müsste deshalb nun durch eine neue ersetzt werden. Max Inntaler überlegt, ob es sich überhaupt lohnt, die Eisenstangen selbst herzustellen (make), oder ob es möglicherweise sogar wirtschaftlicher ist, diese stattdessen von der chinesischen Firma Wujin zu beziehen (buy).

Make **(= Eigenfertigung)** Das Unternehmen stellt das Produkt auf den eigenen Fertigungsmaschinen her.	**or**	Buy **(= Fremdbezug)** Ein anderes Unternehmen stellt das Produkt oder Teile des Produkts her. Das Produkt wird anschließend von dort bezogen.

Bei der Make-or-Buy-Entscheidung spielen mehrere Faktoren/Einflussgrößen eine Rolle. Diese können entweder **messbar** sein oder zu den nicht messbaren, und damit zu den sogenannten **weichen** Faktoren, zählen.

MAKE OR BUY ANALYSE

Kosten: Die Kosten des Fremdbezugs (Bezugspreis, Transportkosten, Beschaffungskosten etc.) müssen denen der Eigenfertigung (variable und fixe Kosten) gegenübergestellt und somit preislich verglichen werden. Ebenso sind der jährlich geschätzte Absatz und der Break-even-Point zu berücksichtigen.

Liquidität: Eine Eigenproduktion benötigt vorab einige Investitionen, wie z.B. Maschinen, Mitarbeiter-Schulungen etc. Dafür müssen ausreichend liquide Mittel zur Verfügung stehen.

Ressourcen: Es ist zu prüfen, ob Raum, Produktionsanlagen und Arbeitskräfte vorhanden sind. Ggf. müssen diese nachgerüstet werden.

Image: Die Entscheidung für/gegen einen Fremdbezug könnte mit einem Imageverlust (Kunden fürchten mindere Qualität) oder einem Imagegewinn (Kooperation mit namenhaften, ausländischen Lieferanten) einhergehen. Die Wahrscheinlichkeit beider Möglichkeiten ist vorab einzuschätzen und abzuwägen.

Qualität: Bei der Eigenfertigung können die Produktionsprozesse jederzeit geprüft werden. Stehen dafür allerdings nicht genug qualifizierte Mitarbeiter mit entsprechendem Know-how zur Verfügung, kann hingegen eine Produktionsauslagerung zu einer Qualitätssteigerung führen.

Lieferbereitschaft: Bei der Eigenfertigung hängt das Unternehmen von der Lieferbereitschaft der Rohstofflieferanten, beim Fremdbezug von der der Fremdbauteillieferanten ab. Eine Bewertung der Liefererzuverlässigkeit ist somit erforderlich und das Ergebnis bei der Entscheidung zu berücksichtigen.

Nach: www.bwl-lexikon.de, (Abruf am 03.02.2021)

Für viele Unternehmen sind die Kosten einer der größten Einflussfaktoren. So auch für Max Inntaler. Er listet die Kosten, die bei Eigenfertigung im Vergleich zu einem Fremdbezug anfallen, auf:

Make (Eigenfertigung)	
variable Kosten je Stück	55,00 €
jährliche Fixkosten	25.000,00 €

Produziert Max Inntaler weiterhin am Standort Eching, würden für die Zeltstangenherstellung insgesamt jährlich Fixkosten in Höhe von 25.000,00 € anfallen. Hinzu kommen die variablen Stückkosten in Höhe von 55,00 €.

Buy (Fremdbezug)	
Stückpreis	63,00 €
jährliche Fixkosten	---

Werden die Zeltgestänge von der chinesischen Firma Wujin bezogen, sind die Arbeitskräfte billiger, dafür schlägt aber die Firma Wujin ihren Gewinnanteil auf und Transportkosten müssen addiert werden. Daraus ergibt sich ein Listeneinkaufspreis von 57,27 € pro Stück zuzüglich 10 % Gemeinkosten für die Beschaffung, sodass der Stückpreis 63,00 € beträgt. Dafür fallen die Fixkosten, wie Maschinen, Abschreibungen etc. weg.

Max Inntaler schätzt den Absatz der Zelte auf jährlich 8.000 Stück. Auf Basis dieser Annahme berechnet er die Kosten beider Möglichkeiten:

Make (Eigenfertigung)	
variable Kosten gesamt	440.000,00 €
jährliche Fixkosten	25.000,00 €
= Gesamtkosten	465.000,00 €

Make!

Buy (Fremdbezug)	
Bezugspreis gesamt	504.000,00 €
jährliche Fixkosten	---
= Gesamtkosten	504.000,00 €

Bei einer geschätzten Absatzmenge von 8.000 Stück ist es für die Firma InntalTex e. K. lukrativer die Zeltstangen selbst herzustellen.

Lässt sich die Absatzmenge jedoch am Markt nicht durchsetzen, muss sich Herr Inntaler die Frage „Make or Buy?" erneut stellen. Um künftig weitere Berechnungen zu vermeiden, entscheidet sich Max Inntaler für eine grafische Darstellung der Gesamtkosten ($K_v + K_f$) von Eigenfertigung und Fremdbezug:

	A	B	C	D	E	F	G	H	I	J
1	Stückzahl (x)	0	1.000	2.000	3.000	4.000	5.000	6.000	7.000	8.000
2	Kosten Eigenfertigung	25.000, 00 €	80.000,00 €	135.000,00 €	190.000,00 €	245.000,00 €	300.000,00 €	355.000,00 €	410.000,00 €	465.000,00 €
3	Kosten Fremdbezug	0, 00 €	63.000,00 €	126.000,00 €	189.000,00 €	252.000,00 €	315.000,00 €	378.000,00 €	441.000,00 €	504.000,00 €

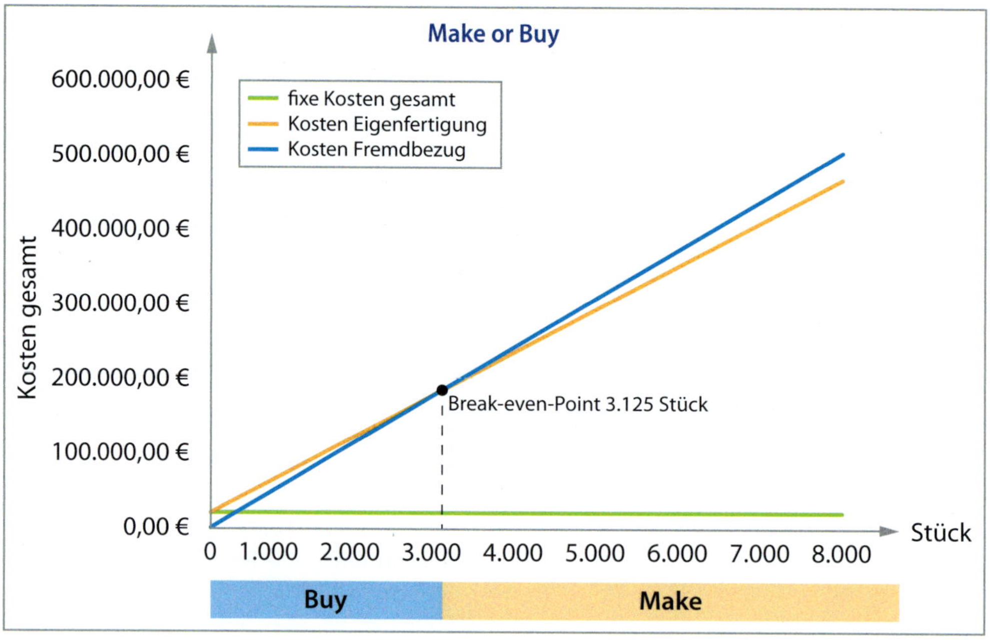

Der Break-even-Point lässt sich, indem man die Kosten der Eigenfertigung und die des Fremdbezugs gleichsetzt, wie folgt mathematisch berechnen:

$$\begin{aligned} \text{Kosten Eigenfertigung} &= \text{Kosten Fremdbezug} \\ k_v \cdot x + K_f &= k \cdot x \\ 55{,}00\,€ \cdot x + 25.000{,}00\,€ &= 63{,}00\,€ \cdot x && \mid [-55{,}00\,€ \cdot x] \\ 25.000{,}00\,€ &= 8{,}00\,€ \cdot x && \mid :8{,}00\,€ \\ 3.125 &= x \end{aligned}$$

Bei einer Menge von **3.125 Stück** sind beide Verfahren kostengleich (= **Break-even-Point**).

Das bedeutet, dass ab einer Produktions- und Absatzmenge von 3.125 Stück mit jedem weiteren Stück der Bezug der Firma Wujin höhere Kosten verursacht, als es die Eigenproduktion würde. Produziert und verkauft InntalTex e. K. folglich mehr als 3.125 Stück, so sollte eine Eigenproduktion bevorzugt werden. Sind es hingegen weniger, ist der Fremdbezug wirtschaftlich sinnvoller.

MERKE

Make-or-Buy-Analyse

Die Make-or-Buy-Analyse hilft Unternehmen anhand verschiedener Faktoren, abzuwägen, ob es gewinnbringender ist, ihre Produkte in Eigenproduktion herzustellen (make) oder diese von externen Lieferanten zuzukaufen (buy).

Ab dem **Break-even-Point** (= Punkt, an dem Eigenfertigung und Fremdbezug kostengleich sind), ist die Eigenfertigung dem Fremdbezug aus Kostensicht vorzuziehen.

AUFGABEN

1. **Grenzen Sie die Begriffe „Make" und „Buy" im betriebswirtschaftlichen Sinn voneinander ab.**

2. **Nennen Sie jeweils zwei messbare Einflussgrößen und erläutern Sie, inwiefern sie bei der Make-or-Buy-Entscheidung eine Rolle spielen.**

3. **Neben den messbaren Einflussgrößen gibt es auch sogenannte weiche Faktoren. Stellen Sie je zwei Faktoren dar, die die Make-or-Buy-Entscheidung sowohl positiv als auch negativ beeinflussen können.**

4. **InntalTex e. K. steht vor der Entscheidung die Herstellung der Sporttrikots nach Bangladesch zu verlegen. Max Inntaler hat bereits folgende Kostenauflistung zusammengestellt:**

variable Stückkosten bei Eigenfertigung	13,60 €
fixe Kosten gesamt bei Eigenfertigung	12.000,00 €
Stückkosten bei Fremdbezug	18,40 €

4.1 Prüfen Sie rechnerisch, ab welcher Menge eine Eigenproduktion im Vergleich zum Fremdbezug aus Bangladesch kostentechnisch lohnend ist.

4.2 Stellen Sie die Kosten von Eigenproduktion und Fremdbezug in einer anschaulichen Grafik visuell dar. Achten Sie dabei auf eine vollständige Beschriftung.

4.3 Beschreiben Sie, wie sich die ermittelte Bezugsmenge aus 4.1. verändern würde, wenn Max Inntaler es schafft, seine Kosten zu senken.

4.4 Entscheiden Sie sich für zwei konkrete Maßnahmen zur Kosteneinsparung im Unternehmen InntalTex e. K.

4.5 Partnerarbeit: Überzeugen Sie Max Inntaler von Ihrer Analyse.

Partner A: Eigenfertigung	**Partner B: Fremdbezug aus Bangladesch**
• Führen Sie kostenunabhängige Argumente auf, die gegen einen Fremdbezug aus Bangladesch sprechen. • Nennen Sie messbare Einflussgrößen und beziehen Sie dabei auch die Höhe der Stückzahl mit ein.	• Führen Sie kostenunabhängige Argumente auf, die für einen Fremdbezug aus Bangladesch sprechen. • Nennen Sie messbare Einflussgrößen und beziehen Sie dabei auch die Höhe der Stückzahl mit ein.

ZUSAMMENFASSUNG

Kap. 4.1 ➔

Vergleich zwischen Vollkostenrechnung und Teilkostenrechnung

Die Vollkostenrechnung rechnet dem Kostenträger alle Kosten zu, die Teilkostenrechnung hingegen nur einen Teil der Kosten, nämlich die variablen. So kann sich die Unternehmensleitung besser auf Marktsituationen einstellen und schnelle Entscheidungen treffen, sollte der Verkaufspreis am Markt nicht realisiert werden können.

Kap. 4.2 ➔

Unterscheidung variable, fixe und Gesamtkosten

Die Teilkostenrechnung unterscheidet zwischen variablen und fixen Kosten. Die variablen Kosten sind abhängig von der hergestellten Menge (z. B. Fertigungsmaterial, Fertigungslöhne, Sondereinzelkosten). Sie entsprechen in der Vollkostenrechnung den Einzelkosten. Die fixen Kosten dagegen sind unabhängig von der hergestellten Menge (z. B. Miete, Abschreibungen, Versicherungsbeiträge, Gehälter von Mitarbeitern, Steuern etc.). In der Vollkostenrechnung werden diese Kosten als Gemeinkosten bezeichnet. Die variablen Kosten und fixen Kosten ergeben addiert die Selbstkosten (Gesamtkosten).

Kap. 4.3 ➔

Auftragsannahme mithilfe der Deckungsbeitragsrechnung im Einproduktunternehmen

Der **Deckungsbeitrag** zeigt, welcher Betrag zur Deckung der fixen Kosten beiträgt. Multipliziert man diesen Betrag mit der erwarteten Stückzahl, erhält man den gesamten Deckungsbeitrag. Zieht man davon die anfallenden Fixkosten ab, erhält man das Betriebsergebnis.

$DB > K_f$ ➔ BE: Gewinn
$DB < K_f$ ➔ BE: Verlust
$DB = K_f$ ➔ BE: 0,00 €

Kap. 4.4 ➔

Gewinnschwelle (Break-even-Point)

Die **Gewinnschwelle** gibt die Stückzahl an, bei der der gesamte Deckungsbeitrag gerade ausreicht, um die fixen Kosten zu decken. Das Betriebsergebnis bei dieser Absatzmenge beträgt 0,00 €. Sobald diese kritische Menge erreicht ist, verzeichnet das Unternehmen mit jedem weiteren hergestellten Produkt einen Gewinn in Höhe des Deckungsbeitrags je Stück. Dabei ist zu jederzeit die Kapazität im Auge zu behalten. Jede Produktionsstraße ist auf eine bestimmte Menge beschränkt.

Kap. 4.5 ➔

Deckungsbeitragsrechnung im Zweiproduktunternehmen

Zur Berechnung des Betriebsergebnisses im Zweiproduktunternehmen wird ebenfalls die Deckungsbeitragsrechnung durchgeführt. Die Fixkosten werden hier als Fixkostenblock betrachtet, da es keine Rolle spielt, welches Produkt produziert wird und somit zur Deckung der Fixkosten beiträgt. Der Vorteil an zwei Produkten ist, dass bei Absatzrückgang des einen Produkts das andere die schlechten Zahlen ohne größere Einbußen mittragen kann.

Annahme von Zusatzaufträgen bei freier Kapazität

Kap. 4.6.1

Eine Annahme von Zusatzaufträgen setzt voraus, dass freie Kapazitäten vorhanden sind, die laufende Produktion die Fixkosten deckt und der Nettoverkaufspreis je Stück größer als die variablen Kosten je Stück sind. Ist das der Fall, lohnt es sich Zusatzaufträge auch bei unüblichen Verkaufspreisen anzunehmen, beispielsweise um neue Kunden zu gewinnen oder die Kapazität optimal auszulasten. Jedes hergestellte Produkt erhöht das Betriebsergebnis in voller Höhe des Deckungsbeitrages.

Kurzfristige und langfristige Preisuntergrenze

Kap. 4.6.2

langfristig	kurzfristig
Der Nettoverkaufspreis muss die Gesamtkosten, also die variablen und fixen Kosten, decken.	Der Nettoverkaufspreis muss nur die variablen Kosten decken.

Verkaufsförderung

Kap. 4.6.3

Die Verkaufsförderungsmaßnahmen sind zeitlich begrenzte Aktionen, mittels derer der Verkauf unmittelbar erhöht werden soll. Sie dienen neben dem Marketing-Mix dazu, zusätzliche Anreize zur Erhöhung des Absatzes zu schaffen und können von Unternehmen in vielen verschiedenen Formen eingesetzt werden.

Make or Buy

Kap. 4.6.4

Innerhalb der Fertigungsprogrammplanung stellt sich für Unternehmer die Frage, ob sie ihre Produkte oder Teile davon selbst herstellen oder stattdessen von externen Firmen beziehen. Bei dieser Entscheidung gilt es verschiedene Einflussgrößen abzuwägen und auf die individuellen Bedürfnisse des Unternehmens auszurichten. Eine wichtige messbare Einflussgröße stellen die Kosten dar. Die Kosten können aber, je nach Zielsetzung des Unternehmens, neben den sogenannten weichen Faktoren durchaus zweitrangig sein.

Das Unternehmen Eigner GmbH hat sich in seinem Zweigwerk in Holzkirchen auf die Herstellung des Touren-Rucksacks „Dolomiti 45 Liter" spezialisiert.

1. **Im Rahmen der Deckungsbeitragsrechnung wurde für das erste Quartal folgende Grafik erstellt:**

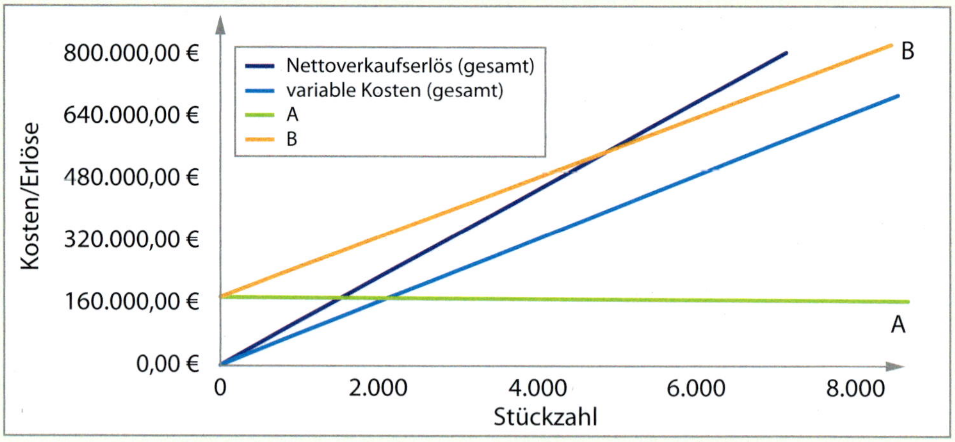

1.1 Nennen Sie zu den Kennbuchstaben A und B jeweils den entsprechenden Fachbegriff aus der Deckungsbeitragsrechnung.

1.2 Entnehmen Sie der Grafik die Gewinnschwellenmenge (ca.) des Tourenrucksacks „Dolomiti 45 Liter".

1.3 Das Unternehmen Eigner GmbH konnte im ersten Quartal 3.000 Stück vom Modell „Dolomiti 45 Liter" produzieren und absetzen. Ermitteln Sie mithilfe der Grafik Art und ungefähre Höhe des Betriebsergebnisses.

2. **Der Deckungsbeitrag des Tourenrucksacks „Dolomiti 45 Liter" liegt im zweiten Quartal nur noch bei insgesamt 89.900,00 €. Durch die zusätzliche Produktion des Backpacker-Rucksacks „Kairo 80 Liter" konnte ein Gewinn in Höhe von 90.100,00 € erzielt werden. Zu diesem Modell liegen Ihnen folgende Zahlen vor:**

Modell „Kairo 80 Liter"

Nettoverkaufspreis je Stück	162,00 €
variable Kosten je Stück	92,00 €
Produktion (≙ Absatz)	2.800 Stück

2.1 Berechnen Sie die Höhe der Fixkosten im dritten Quartal unter der Berücksichtigung, dass nun zwei Produkte hergestellt werden.

2.2 Um das Betriebsergebnis zu verbessern, möchte Eigner GmbH die Fixkosten senken. Nennen Sie hierfür eine Möglichkeit.

2.3 Eigner GmbH konnte aufgrund entsprechender Maßnahmen die Fixkosten auf 186.500,00 € senken. Ermitteln Sie die langfristige und kurzfristige Preisuntergrenze des Modells „Kairo 80 Liter", bei gleichbleibender Absatzmenge des Modells „Kairo 80 Liter" und gleichbleibenden Deckungsbeitrag des Tourenrucksacks „Dolomiti 45 Liter".

3. Bei dem Tourenrucksack „Dolomiti 45 Liter" kommt es zu vielen Reklamationen. Die Träger sind schlecht verarbeitet und lösen sich mit zunehmendem Gewicht.

3.1 Aufgrund des Materialfehlers bei dem Tourenrucksack „Dolomiti 45 Liter" sendet das Bergsportfachgeschäft „Berghaus 2000" 25 dieser Rucksäcke im Gesamtwert von 3.570,00 € brutto zurück. Bilden Sie den Buchungssatz für die Gutschrift.

3.2 Der Materialfehler führte zu einem starken Imageverlust. Eigner GmbH zieht es deshalb in Erwägung, die Rucksäcke aus Vietnam zu beziehen. Vietnam steht bei der Produktion von Rucksäcken für eine herausragende Qualität. Eigner GmbH rechnet jährlich mit folgenden Zahlen:

Modell „Dolomiti 45 Liter"

variable Kosten je Stück (Eigenfertigung)	80,00 €
jährliche Fixkosten gesamt (Eigenfertigung)	480.000,00 €
Stückkosten bei Fremdbezug	105,00 €
geplanter jährlicher Absatz	15.000 Stück

3.2.1 Fertigen Sie anhand obiger Werte eine Grafik an [Intervall x-Achse (15 cm): 2000 Stück; Intervall y-Achse (15 cm): 100 T €], in der folgende Verläufe dargestellt werden: • fixe Kosten (gesamt), • Kosten Eigenfertigung, • Kosten Fremdbezug

3.2.2 Ermitteln Sie grafisch und rechnerisch den Break-even-Point.

3.2.3 Beurteilen Sie das Ergebnis aus 3.2.2.

4. Eigner GmbH hat zu Beginn des Geschäftsjahres viel Geld in Marketing-Maßnahmen investiert.

4.1 Geben Sie an, welcher Bereich des Marketing-Mix (Produkt-, Preis-, Kommunikations- oder Vertriebspolitik) in den Beispielen A bis G betroffen ist:

A	Eigner GmbH hat einen Stand auf der f.re.e – Bayerns größte Reise- und Freizeitmesse.
B	Eigner GmbH hat den Backpacker-Rucksack „Kairo 80 Liter" verbessert. Zwei kleine Seitentaschen am Hüftgurt ermöglichen es, Kleinigkeiten griffbereit aufzubewahren, ohne den schweren Rucksack absetzen zu müssen.
C	Nach dem Motto „Ein falscher Rucksack am Rücken wird auf Dauer drücken!" sollen die Rucksäcke wegen einer besseren Beratung vor Ort in erster Linie über Sportfachgeschäfte angeboten werden.
D	Die Rucksäcke sollen künftig inklusive Imprägnierspray angeboten werden.
E	Eigner GmbH gewährt ab sofort fünf Jahre Garantie auf die Rucksäcke.
F	Das Modell „Kairo 80 Liter" wird aus werbepsychologischen Gründen dauerhaft für netto 161,99 € angeboten.
G	Eigner GmbH startet für die Mitarbeiter einer großen Outdoor-Kette Verkaufstrainings.

4.2 Geben Sie jeweils unter Angabe des Kennbuchstabens **A** bis **G** an, bei welchen Maßnahmen es sich um kurzfristige Verkaufsförderungsmaßnahmen und bei welchen es sich um langfristige Marketingmaßnahmen handelt.

4.3 Auf der European Outdoor Film Tour sollen für das Modell „Kairo 80 Liter" Flyer verteilt werden. Die Quittung für die Erstellung der Flyer über 950,00 € netto liegt vor. Bilden Sie den Buchungssatz.

Quittung

Nr. XX

	EUR	Cent
Netto	950	00
+ 19 % MwSt.	180	50
Gesamt	1.130	50

Gesamtbetrag EUR in Worten Cent wie oben: Tausendeinhundertdreißig

(Im Gesamtbetrag sind 19 % Mehrwertsteuer enthalten)

von Eigner GmbH

für Flyer-Druck European Outdoor Film Tour

Betrag dankend erhalten

Ort Holzkirchen　Datum 30.5.20..

Buchungsvermerke

Stempel/Unterschrift des Empfängers: Druckerei Frisch

4.4 Aufgrund erfolgreicher Marketing-Maßnahmen fragt das Sportfachgeschäft Alpin zusätzlich 50 Stück des Modells „Kairo 80 Liter" (k_v = 92,00 €) zu einem Verkaufspreis von 140,00 € nach. Das Unternehmen hätte hierfür noch ausreichend Kapazitäten frei. Begründen Sie rechnerisch, warum es sinnvoll ist, den Zusatzauftrag anzunehmen.

4.5 Ihnen liegt der Beleg für die Lieferung von 50 Rucksäcken des Modells „Kairo 80 Liter" an das Sportfachgeschäft Alpin vor. Bilden Sie den Buchungssatz.

Eigner GmbH – Rabanusstraße 8 – 83607 Holzkirchen

eigner GmbH

Sportfachgeschäft Alpin
Am Marktplatz 20
91054 Erlangen

Eigner GmbH
Rabanusstraße 8
83607 Holzkirchen
Internet: www.eigner.com
E-Mail: eigner@mail.de

Rechnung

Kundennummer: 2387

Wir lieferten am 18.06.20..:

Datum: **20.06.20..**	Rechnungs-Nr.: **0012**	USt-IdNr.: **DE896115324**

Artikelnr.	**Einheit**	**Ware**	**Einzelpreis**	**Gesamtpreis**
7635	50	Backpacker-Rucksack „Kairo 80 Liter"	140,00 €	7.000,00 €
		Frachtkosten		150,00 €
			Warenwert (netto)	7.150,00 €
			+ Umsatzsteuer 19 %	1.358,50 €
			Rechnungsbetrag	**8.508,50 €**

Vielen Dank für Ihren Auftrag. Bei Zahlung innerhalb von 8 Tagen gewähren wir 2 % Skonto, innerhalb von 30 Tagen rein netto.

Eigner GmbH
Rabanusstraße 8
83607 Holzkirchen

Allfinanzbank Holzkirchen
IBAN: DE41 7683 0000 0021 3498 22
BIC: ALFBDEGG

Amtsgericht München
HRB 8307

Operatoren des Anforderungsbereichs I (Reproduktion)

Operator	Erklärung	Beispiel
aufstellen	Sachverhalte zu einem bestimmten Zweck ordnen, formieren	Stelle die Verkaufskalkulation für die Damenblusen auf.
auswählen	zutreffende Informationen aus mehreren Alternativen herausfinden	Wähle aus der folgenden Auflistung diejenigen Aspekte aus, die im Rahmen der Produktpolitik überdacht werden sollten.
belegen	etwas durch ein Dokument, eine Berechnung, ein Gesetz o. Ä. nachweisen bzw. beweisen	Belege mit einem Paragrafen aus den vorliegenden Gesetzesauszügen die Tatsache, dass Inventare zehn Jahre lang aufbewahrt werden müssen.
beschreiben	einen Sachverhalt in eigenen Worten unter Berücksichtigung der Fachsprache sprachlich angemessen wiedergeben	Beschreibe eine konkrete Lebens- und Familiensituation, bei der die Telearbeit sinnvoll ist.
darstellen	einen erkannten Zusammenhang oder Sachverhalt strukturiert wiedergeben	Stelle je zwei Chancen und Risiken dar, die sich bei der Arbeitsform „Telearbeit/Home Office" ergeben können.
definieren	die Bedeutung eines Begriffs unter Angabe unveränderlicher Merkmale präzise bestimmen	Definiere den Begriff „körperliche Inventur".
einordnen	Sachverhalte begründet in einen Zusammenhang stellen	Ordne die vorliegenden Begriffe in den Buchungskreislauf ein.
erstellen	Sachverhalte übersichtlich und fachgerecht darstellen	Erstelle eine Mindmap, die die möglichen Preisstrategien im Rahmen der Preispolitik aufzeigt.
nennen	Informationen, Begriffe, Merkmale, ... ohne Erklärung wiedergeben	Nenne drei persönliche Eigenschaften, die nicht zu einem Unternehmertyp passen.
vervollständigen	geeignete Begriffe und/oder Zahlen in Belegen, Texten, Grafiken, Tabellen, etc. sinnvoll ergänzen	Vervollständige die Inventurliste mithilfe der vorliegenden Bestände.
zuordnen	Sachverhalte begründet in einen vorgegebenen Zusammenhang stellen	Ordne die untenstehenden Merkmale der Rechtsform zu.

Operatoren des Anforderungsbereichs II (Reorganisation)

Operator	Erklärung	Beispiel
abgrenzen	unterschiedliche Sachverhalte begründet voneinander trennen	Grenze die Begrifflichkeiten Inventar und Bilanz voneinander ab.
begründen	hinsichtlich Ursachen und Auswirkungen nachvollziehbare Zusammenhänge herstellen	Begründe, warum es ein Risiko darstellt, eine Maschine oder ein Gebäude kurzfristig zu finanzieren.
bestimmen / ermitteln	Zusammenhänge oder Lösungswege aufzeigen, um daraus ein Ergebnis zu gewinnen	Bestimme/Ermittle den idealen Unternehmensstandort.
buchen / buchhalterisch erfassen / Buchungssatz bilden	buchungstechnische Grundlagen anwenden (Buchungssatz und T-Konto)	Bilde den Buchungssatz zu vorliegendem Beleg.
berechnen	Informationen oder Ergebnisse von einem Ansatz ausgehend durch Rechenoperationen gewinnen	Berechne den gewährten Rabatt in Prozent.
charakterisieren	Sachverhalte in ihren Eigenarten erkennen und beschreiben	Charakterisiere die Anordnung des Anlagevermögens im Inventar.
einschätzen	etwas in bestimmter Weise beurteilen	Schätze ein, wie sich steigende Steuern auf das Unternehmen auswirken können.
entscheiden	bei Alternativen sich begründet auf eine Möglichkeit festlegen	Entscheide dich für eine konkrete Maßnahme aus den vier Marketinginstrumenten des Marketing-Mix, um den Absatzrückgang zu stoppen.
erklären / erläutern	Informationen und Sachverhalte so darstellen, dass Bedingungen, Ursachen, Folgen und Gesetzmäßigkeiten verständlich werden	Erläutere eine Situation, in der es sinnvoll ist, sich gegen das rechnerisch günstigste Angebot zu entscheiden.
ermitteln	Zusammenhänge oder Lösungswege aufzeigen, um daraus ein Ergebnis zu gewinnen	Ermittle den Erfolg des Geschäftsjahres.
formulieren	etwas in eine angemessene sprachliche Form bringen	Formuliere einen Zielkonflikt bei den Unternehmenszielen.
herausarbeiten	aus Materialien bestimmte Sachverhalte bzw. Positionen ermitteln und darstellen – auch wenn sie nicht explizit genannt werden	Arbeite aus der Grafik die Hauptaussagen heraus.

Fortsetzung nächste Seite

Operator	Erklärung	Beispiel
kalkulieren	gegebenes oder ermitteltes Datenmaterial in ein Kalkulationsschema einsetzen	Kalkuliere den Einstandspreis.
prüfen / überprüfen	Fragestellungen, Sachverhalte bzw. Probleme nach fachlich üblichen Kriterien beurteilen	Prüfe, ob die fachlichen Voraussetzungen für eine unternehmerische Tätigkeit ausreichen.
recherchieren	aus Quellen geeignete Informationen auswählen	Recherchiere weitere Rechtsformen.
skizzieren	die wesentlichen Eigenschaften eines Sachverhaltes darstellen	Skizziere den Zusammenhang zwischen der Schlussbilanz und der Eröffnungsbilanz des Folgejahres.
unterscheiden	anhand von Kriterien Sachverhalte voneinander abgrenzen	Unterscheide zwischen Inventar und Inventur.
vergleichen	Gemeinsamkeiten, Ähnlichkeiten und Unterschiede ermitteln und gegenüberstellen	Vergleiche die Ausgaben für den Umweltschutz in Fertigungsunternehmen im Jahr 20.. mit denen des Jahres 20..
zusammenfassen	den inhaltlichen Kern kurz und übersichtlich wiedergeben	Fasse die unterschiedlichen Meinungen von den beiden Mitarbeitern hinsichtlich der Arbeitszeitgestaltung zusammen.

Operatoren des Anforderungsbereichs III (Problemlösung)

Operator	Erklärung	Beispiel
ableiten	auf der Grundlage wesentlicher Merkmale sachgerechte Schlüsse ziehen	Leite aus der Portfolio-Matrix für jedes Produkt eine begründete produktpolitische Maßnahme für die künftige Positionierung am Markt ab.
abwägen	nach bestimmten Kriterien Gemeinsamkeiten und/oder Unterschiede ermitteln, einander gegenüberstellen und vergleichen	Wäge ab, welche Rechtsform für das Unternehmen von Max Inntaler geeignet wäre.
analysieren	wichtige Bestandteile oder Eigenschaften von Sachverhalten und Problemstellungen systematisch, gezielt und wertfrei herausarbeiten	Analysiere die Stellenanzeige in Bezug auf zwei sinnvolle und zwei problematische inhaltliche Elemente.
auf etwas schließen	auf der Grundlage wesentlicher Merkmale sachgerechte Schlüsse ziehen	Schließe aufgrund der vorliegenden Informationen auf die relevanten Standortfaktoren.

Operator	Erklärung	Beispiel
auswerten	Aussagen, Daten oder Einzelergebnisse in einen Zusammenhang stellen und ggf. zu einer abschließenden Gesamtaussage zusammenführen	Werte die Statistik aus.
beurteilen	zu einem Sachverhalt oder einer Aussage selbstständiges Urteil unter Verwendung von Fachwissen und Fachmethoden formulieren und begründen	Beurteile folgenden Satz: „Keine Entscheidung ohne Planung, keine Planung ohne Ziele, keine Planung und Entscheidung ohne Kontrolle."
bewerten	Stellungnahme zu bestimmten Problemen oder Sachverhalten unter Einbeziehung von vorgegebenen Wertmaßstäben	Bewerte den Erfolg des Unternehmens.
diskutieren	einen Sachverhalt untersuchen und das Für und Wider abwägen, um zu einem Ergebnis zu kommen	Diskutiere darüber, welche Auswirkungen eine allgemeine Lohnerhöhung auf das Unternehmen haben könnte.
entwickeln	zu einem Sachverhalt/einer Problemlösung ein konkretes Lösungskonzept begründet erstellen	Entwickle einen Kriterienkatalog, der beim anstehenden Vorstellungsgespräch mit den Bewerberinnen und Bewerbern herangezogen werden kann.
nachweisen	Aussagen oder Sachverhalte durch Berechnungen, Herleitungen bzw. logische Begründungen bestätigen	Weise nach, dass das Nettoentgelt ca. 67 % des Bruttoentgelts entspricht.
systematisieren	Informationen ordnen sowie Zusammenhänge aufdecken und darstellen	Systematisiere Gemeinsamkeiten im betrieblichen Fertigungsprozess verschiedener regionaler Fertigungsunternehmen.

Nach: Staatsinstitut für Schulqualität und Bildungsforschung (Hrsg.), Handreichung PlusPunkt BwR – Leistungskorrektur und Leistungsbewertung im Fach Betriebswirtschaftslehre/Rechnungswesen an Realschulen, München 2019 (ergänzt durch Redaktion)

A
Abgrenzungsbuchungen 41, 52 ff., 73
Abgrenzungsergebnis 133 ff., 136 ff., 138, 140 ff., 165
Abgrenzungsrechnung 136 ff., 138 ff., 140 ff., 165
Absatzrückgang 171, 177, 206
Absatzschwankungen 171, 172, 201
Absatzsteigerung 102 ff., 171, 200
Abschluss GUV-Konto 85 ff., 92, 100
Abschlussbuchungen 78, 85, 100, 117, 119
Abschreibung 10 f., 83, 122, 131, 137 ff., 172, 179, 206
Abschreibungen 79, 83, 92 ff., 100, 117
Aktien 13, 16
Anderskosten 122, 131, 139, 165
Anlageformen 15, 17
Anlagendeckung I 77, 80, 107 ff., 116, 118 ff.
Anlagendeckung II 77, 80, 109 ff., 116, 118 ff.
Aufbereitete Bilanz 78, 96 ff., 101 ff.
Aufbereitung der GUV-Rechnung 78 ff., 99
Auflösung von Rückstellungen 42, 68 ff.
Auftragsannahme 172, 184 ff., 206
Aufwand 40 ff., 47 ff., 52 ff., 63, 68 ff., 72, 122, 128 ff., 137 ff.
Aufwendungen 40, 43 ff., 48, 50 ff., 65 ff., 72, 125 ff., 128 ff.
Ausgaben 48 ff., 122, 130 ff.
B
Barliquidität 77, 80, 101 ff., 118 ff.
Barverkaufspreis (BVP) 124, 161 ff., 167
Beschäftigungsgrad 177 ff.
Bestandskonten 78, 81, 86
Bestandsveränderungen 78, 83, 155 ff., 161
Betriebsabrechnungsbogen (BAB) 122, 145 ff., 149, 166
Betriebsergebnis gesamt (BE) 127, 133 ff., 139 ff., 140 ff., 165, 172 ff., 187 ff., 191 ff., 206
Betriebsergebnis je Stück (be) 173
Betriebszweck 125, 128 ff.
Bezugspreis 203 ff.
Bilanzanalyse, horizontal 96, 99, 116
Bilanzanalyse, vertikal 101, 104, 107 ff.
Bilanzvergleich, Betriebsvergleich 95
Bilanzvergleich, extern 77 ff., 95, 116
Bilanzvergleich, innerbetrieblich 95
Bilanzvergleich, intern 77, 94 ff., 103 ff., 115 ff.
Bilanzvergleich, Zeitvergleich 95
Bilanzvergleich, zwischenbetrieblich 95
Bildung von Rückstellungen 42, 66 ff.
Börse 16
Break-even-Point (BEP) 173, 187 ff., 206
D
Darlehensarten 14
DAX 16
Deckungsbeitragsrechnung, Deckungsbeitrag gesamt (DB) 172 ff., 184 ff., 191 ff., 206
Deckungsbeitragsrechnung, Deckungsbeitrag je Stück (db) 172 ff., 184 ff., 191 ff., 206
Depotgebühren 17, 32
Dividende 32, 88, 121, 125, 129, 132
Dow Jones 16
E
Edelmetalle 17
Effektiver Zinssatz 13
Eigenfertigung 171, 174, 202 ff., 209
Eigenfinanzierung 13, 26 f.
Eigenkapitalquote 76
Eigenkapitalrentabilität 77, 80, 112 ff., 118 ff.
Eigenkapitalverzinsung 113
Einnahme 39 f., 43 f., 47, 49, 72, 74, 121 f., 130, 132
Einproduktunternehmen 172, 184, 206
Einzelkosten 122, 144 ff., 150 f., 153, 156, 158 ff., 163, 166 f., 172, 176, 178, 206
Einzelwertberichtigung 8, 97
Einzugsliquidität 77, 80, 104 ff., 116, 118 ff.
Erfolgskonten 78, 85
Eröffnungsbilanz 81, 88
Ertrag 12, 39, 40, 43f., 47 ff., 52, 55 ff., 61, 63, 70, 72 ff., 121 f., 125, 128 ff., 132, 136 f., 140, 169
Ertragskraft 94, 100, 112, 118
F
Factoring, echt 19
Factoring, unecht 19
Faktoren, messbar 202, 205
Faktoren, weich 202, 205, 207
Fertigungslöhne 123 f., 145, 153 f., 156 ff., 160 f., 163f., 167, 169, 172, 176, 178 f., 206
Fertigungsmaterial 124, 145, 153 f., 156 f., 159 ff., 163 f., 167, 169, 172, 176, 178 f., 206
Fertigungsprogrammplanung 193 ff., 207
Festgeld 15, 30 f.
Flüssige Mittel 80, 97, 101 ff., 118
Forderungen, abgeschrieben 18 f., 36
Forderungen, einwandfrei 18 f., 37, 84, 92
Forderungen, uneinbringlich 18, 36
Forderungen, zweifelhaft 18 f., 84, 92
Forderungsausfall 36
Fremdbezug 171, 174, 202 ff., 209
Führungsstile 9, 20
Führungstechniken 9, 20

G
Geldanlage 15 ff., 30 f., 34, 102, 118, 125
Gemeinkosten 121 f., 144 ff., 149 ff., 153, 158 ff., 166, 169, 172, 177, 203, 206
Geringwertige Wirtschaftsgüter 8, 10 f.
Gesamtergebnis 44, 46, 121, 126, 127 f., 133 ff., 140 ff., 165, 169
Gewinn- und Verlustrechnung (GUV) 77 ff., 81, 87, 94, 99 ff., 112 ff., 119
Gewinnschwelle 171, 173, 187 ff., 206, 208
Gewinnschwellenmenge 171, 187 f., 190, 208
Goldene Bilanzregel 107, 111
H
Hauptversammlung 16, 31 f.
Herstellkosten der Erzeugung (HKdE) 123, 154 ff., 167
Herstellkosten des Umsatzes (HKdU) 123, 156 ff., 163, 167
Hochwertige Wirtschaftsgüter 10 f.
I
Index 16
Indirekte Abschreibung 37
Insolvenz 17, 101, 105, 128
Insolvenzquote 36
Insolvenzverfahren 18, 35 f., 89
Investitionsrechnung 12, 26
Investitionsziele 12
J
Jahresabschluss 77 ff., 81, 87, 94 ff., 116
Jahresfehlbetrag (Reinverlust) 80, 99 ff., 105
Jahresüberschuss (Reingewinn) 79 ff., 99 ff., 112 ff., 118
K
Kalkulatorische Kosten 121 f., 130, 137 f., 140, 142 f., 165, 169
Kalkulatorischer Unternehmerlohn 131 f., 134, 137 ff., 142 f., 150, 165
Kapazität 26, 171, 173, 177, 184, 186, 188 ff., 193 ff., 198, 206 f., 210
Kapitalanlage 3, 30
Kapitalmarkt 114
Kaufabrechnung 33
Kennzahlen der Bilanz 80, 96, 116
Kennzahlen der GUV-Rechnung 80, 116 ff.
Kontokorrentkonto 30
Kosten- und Leistungsrechnung 3, 121, 125 ff., 133, 139, 144, 146, 166
Kosten, Eigenfertigung 171, 174, 202 ff., 209
Kosten, Einzelkosten 122, 144 ff., 150 f., 153, 156, 158 ff., 163, 166 f., 172, 176, 178, 206
Kosten, Fremdbezug 171, 174, 202 ff., 209
Kosten, Gemeinkosten (Fertigung, Material, Verwaltung, Vertrieb) 121 ff., 144, 146 f., 149 ff., 153 ff., 166 f., 169, 172, 176 ff., 203, 206
Kosten, Gesamtkosten 152, 161, 172 ff., 178 f., 182 f., 188 ff., 203, 206 f.
Kosten, kf 172 ff., 181 ff., 187 ff., 194, 196 f., 203 f., 206
Kosten, Kv 172 ff., 180, 182 ff., 187 f., 190 f., 194, 196 f., 203 f., 210
Kostenarten 122, 145, 151, 166
Kostenartenrechnung 121, 144, 166
Kostenminimierung 3, 171
Kostenrechnerische Korrekturen 122, 165
Kostenrechnung 144, 150, 166, 175, 198
Kostenstellenrechnung 121, 144 ff., 152, 166
Kostenträger 144 ff., 150, 152, 154 ff., 160 f., 166, 172, 177 f., 184, 206
Kostenträgerrechnung 121, 144, 146, 152, 161, 166, 169
Kostenträgerstückrechnung 121, 124, 152, 160 f., 163, 166 f.
Kostenträgerzeitrechnung 123, 152 f., 155, 160 f., 163, 166 f., 169
Kostenverläufe, degressiv 181
Kostenverläufe, proportional 180, 183
Kryptowährung 34
Kündigungsgeld 15, 30
L
Lieferantenkredit 15, 29
Liquidität 16, 101 f., 104, 106, 116, 174, 202
Listenverkaufspreis (LVP) 124, 152, 160 ff., 167, 175 f.
M
Magisches Dreieck der Geldanlage 16
Mahngebühren 17, 35, 125, 132
Mahnung 89
Make or Buy 174, 202 ff., 207
Mangels Masse 89
Marketing 199, 201, 209f
Marketing-Mix 171, 174, 193, 199, 201, 207, 209, 213
Marktzinssatz 112 ff., 118 ff.
Mieterträge 17, 63
N
Negativzinsen 15
Nettoverkaufspreis gesamt 188 ff., 208
Nettoverkaufspreis je Stück (nvp) 173, 184 ff., 189, 191 ff., 207f
Neutrales Ergebnis 137 f., 140 f., 165
O
Ordnungsgemäße Buchführung 81
Organigramm 9, 20
P
Pauschalwertberichtigung 8, 19, 37, 84, 92, 97
Periodenrichtige Erfolgsermittlung 39 f., 43 ff., 72, 84, 92
Point of Sale 199
Preisuntergrenze, kurzfristig 171, 174, 193, 196 ff., 207 f.

Preisuntergrenze, langfristig 171, 174, 193, 196 ff., 207 f.
Privateinlagen 80, 108 ff., 113 ff., 119
Privatentnahmen 80, 88, 113 ff., 115, 119
Privatkonto 8 f., 113
Produktionsstillstand 179, 181, 184
Promotionsmaßnahmen, außenorientiert 174, 200
Promotionsmaßnahmen, händlerorientiert 174, 200
Promotionsmaßnahmen, konsumorientiert 174, 200
Pull-Effekt 200
Push-Effekt 200

R

Rechnungsabgrenzung, aktiv 41, 43 f., 52 ff., 58 ff., 63 f., 73
Rechnungsabgrenzung, passiv 41, 43 f., 52, 55 ff., 61 ff., 73
Rechnungskreis I 121 f., 126, 128 f., 131, 133 f., 137 ff., 141, 165, 169
Rechnungskreis II 121 f., 126, 131, 133 f., 137 ff., 141, 165
Rendite 31, 34
Rentabilität 16
Reparaturen 12, 17, 66, 147
Risikoprämie 113 ff.
Rückstellung 84, 90, 92
Rückstellungen 8, 39, 42, 65 ff., 73, 75

S

Schlussbilanz
Selbstkosten des Umsatzes (SKdU) 123 f., 152, 156f. 159, 161, 167
Selbstkostenpreis (SKP) 161, 163, 167
Sichteinlage 30
Sondereinzelkosten der Fertigung 121 ff., 145, 153 f., 156 ff., 161, 163 f., 166 f., 169
Spesen 33 f.
Standortfaktor 177, 214
Stückkurs 33

T

Tagesgeldkonto 15, 31
Teilkostenrechnung 3, 171 f., 175, 177 f., 206
Termineinlage 15, 30
Totes Kapital 102, 105

U

Umsatzsteuerpflichtige Abgrenzungsfälle 58, 73
Unternehmensanalyse 78, 94 ff., 116
Unternehmensführung 3, 9, 20, 196
Unternehmenskennzahlen 80, 94, 101, 116
Unternehmerlohn 9, 21, 113 f., 118, 131 f., 134, 137 ff., 142 f., 150 f., 165

V

vereinfachte Bilanz 77
Verkaufsfördernde Maßnahmen (Verkaufsförderung), personenbezogen 174, 200
Verkaufsfördernde Maßnahmen (Verkaufsförderung), sachbezogen 174, 200
Versicherungen 12, 148
Verteilungsschlüssel 121, 146 f., 149 ff., 166
Verzugszinsen 17, 35
Vollkostenrechnung 121, 171 f., 175, 177 f., 206
Vorabschlussbuchungen 83, 92, 117

Z

Zahlungsausfall 17, 19
Zahlungsverzug 17
Zinsen 8, 13 ff., 28, 31, 51, 55, 74, 79, 99 f., 112, 115, 119, 131 f., 150 f.
Zinsertrag 17, 31
Zinsformel 13
Zinssatz p.a. 28 f., 31
Zusatzaufträge 171, 173, 193f., 207
Zusatzkosten 121, 130 ff., 138f., 165
Zuschlagskalkulation 160, 171f., 177
Zweiproduktunternehmen 173, 191, 206

Kontenarten

Mediencode 82226-03

Der Buchungskreislauf im Überblick

Mediencode 82226-04

Bildnachweis

Fotolia / pressmaster – Cover; Creditreform – S. 36; Statista GmbH, Hamburg – S. 34.